BIBLIOTHÈQUE DES SCIENCES MORALES ET POLITIQUES.

HISTOIRE
DE
L'ÉCONOMIE POLITIQUE

DEPUIS LES ANCIENS JUSQU'A NOS JOURS

SUIVIE

D'UNE BIBLIOGRAPHIE RAISONNÉE
DE L'ÉCONOMIE POLITIQUE

PAR

A. BLANQUI, DE L'INSTITUT.

QUATRIÈME ÉDITION, REVUE ET ANNOTÉE.

TOME PREMIER.

PARIS
GUILLAUMIN ET CIE, LIBRAIRES
Éditeurs du Journal des Économistes, de la Collection des principaux Économistes,
du Dictionnaire de l'Économie politique,
du Dictionnaire universel du Commerce et de la Navigation, etc.
14, RUE RICHELIEU, 14
1860

HISTOIRE

DE

L'ÉCONOMIE POLITIQUE

EN EUROPE.

SAINT-DENIS. — TYPOGRAPHIE DE A. MOULIN, SUCC^r DE M. DROUARD.

HISTOIRE

DE

L'ÉCONOMIE POLITIQUE

EN EUROPE

DEPUIS LES ANCIENS JUSQU'A NOS JOURS

SUIVIE

D'UNE BIBLIOGRAPHIE RAISONNÉE DES PRINCIPAUX OUVRAGES

D'ÉCONOMIE POLITIQUE

PAR

BLANQUI

MEMBRE DE L'INSTITUT

Quatrième Édition revue et annotée

TOME PREMIER

PARIS

GUILLAUMIN ET CIE, LIBRAIRES

Éditeurs du Journal des Économistes, de la Collection des principaux Économistes,
du Dictionnaire de l'Économie politique,
du Dictionnaire universel du Commerce et de la Navigation, etc.

RUE RICHELIEU, 14

1860

INTRODUCTION.

Il n'est peut-être pas inutile de faire connaître ici le motif qui m'a conduit à entreprendre cet ouvrage. Appelé, il y a environ douze années[1], à la chaire d'histoire et d'économie politique de l'Ecole spéciale du Commerce, que je dirige aujourd'hui, je ne tardai point à m'apercevoir qu'il existait entre ces deux sciences des rapports tellement intimes, qu'on ne pouvait les étudier l'une sans l'autre, ni les approfondir séparément. Elles se prêtent un appui de tous les instants ; la première fournit les faits ; la seconde en explique les causes et en déduit les conséquences. A mesure que j'avançais dans l'exposition des doctrines, les exemples me faisaient faute ; et l'étude des événements demeurait à son tour incomplète, tant que l'économie politique n'était pas venue l'éclairer. Peu à peu, en rapprochant et en fortifiant l'un par l'autre les travaux de mes deux cours, je fus amené à la rencontre d'une foule de préjugés qui passaient pour des vérités reconnues, même aux yeux

[1] La première édition de cet ouvrage a été publiée en 1837.

des hommes les plus instruits et les plus avancés. C'est ainsi que les auteurs de tous les traités d'Économie politique, sans exception, ne faisaient pas remonter la science au delà des premiers essais de Quesnay et de Turgot, comme si jamais, avant les ouvrages de ces hommes célèbres, aucun écrit systématique n'avait appelé l'attention des savants et des hommes d'État sur les phénomènes de la production des richesses.

Je m'attachai, dès lors, à rechercher avec sollicitude dans les historiens de tous les âges les faits les plus intéressants pour l'étude des questions économiques et sociales. J'eus bientôt trouvé des pauvres à Rome et à Athènes, comme il y en a à Paris et à Londres ; et il me faut avouer que les priviléges, les impôts, les vexations fiscales n'étaient pas plus rares chez les anciens que de nos jours. Alors, comme aujourd'hui, le moindre éclair de paix et de liberté était suivi d'une pluie de richesses et de prospérités ; les mêmes causes, enfin, produisaient les mêmes effets, malgré la différence des mœurs et des institutions. La détresse des peuples se reconnaît toujours à l'inégalité des charges, à la distribution vicieuse des profits du travail, et à la prédominance de quelques castes ingénieuses à placer les abus sous la protection de la loi.

Mais le monde n'est pas toujours demeuré indifférent, en présence de ces calamités sociales, et plus d'une fois de magnanimes protestations ont éclaté, dans le cours des siècles, en faveur des droits de l'humanité méconnus. Quelques nobles souverains se sont associés à ces efforts, tantôt suivis avec persévérance, tantôt interrompus par le malheur des temps. Il y a donc eu une économie politique chez les anciens comme chez les modernes, non pas une économie politique systématique et formulée, mais ressortant des actes et pratiquée avant d'être écrite. Telle a été, d'ailleurs, la marche de toutes les sciences depuis l'origine des sociétés. Les premiers venus conçoivent, agissent, exécutent; les derniers arrivés raisonnent, complètent et améliorent l'œuvre de leurs devanciers. Pour bien apprécier les travaux des économistes modernes, il convenait donc de connaître les principales phases du mouvement social qui se continue depuis les anciens au travers des révolutions, et qui présente dans sa marche tant de glorieux élans et de péripéties dramatiques.

C'est ce mouvement que j'ai essayé de retracer dans l'ouvrage que j'offre au public. Les grands États de l'antiquité et ceux du moyen âge ne sont pas tombés sans motifs; tant de richesses n'ont été ni créées, ni détruites sans que leur création et leur anéantissement se rattachent à des causes susceptibles d'analyse et dignes de méditation. Il est même impossible de ne pas reconnaître le doigt de la Providence dans ces transformations successives du principe social, qui se réfugie tantôt dans une institution, tantôt dans une autre, sans distinction de temps ni de lieu, comme pour se tenir sans cesse à la disposition et au service de l'humanité. Ici, c'est un grand homme qui conserve le feu sacré; ailleurs, c'est un esclave qui essaye de le rallumer : Socrates à Athènes, Spartacus à Rome. Du sein même de la barbarie jaillissent les premières lueurs du travail et de l'ordre : Charlemagne dompta le flot qui l'avait apporté; les villes anséatiques s'élevèrent du fond des marais qui servaient de retraite à la piraterie.

Le système féodal, si funeste aux travailleurs asservis à la glèbe, est tout plein d'enseignements précieux pour l'économie politique. C'était la division extrême de la souveraineté, comme nous assistons à la division plus extrême de la propriété. L'empire romain, un moment reconstitué par Charlemagne, avait vu la centralisation poussée au dernier degré; la féodalité nous fera voir cette grande puissance politique réduite en atomes. Ici nous assisterons à des synthèses gigantesques; ailleurs à des analyses presque microscopiques. Quelle différence ne devait-il pas y avoir entre l'économie politique du chef de quarante millions de sujets et celle d'un hobereau planant sur la campagne du haut de son donjon! Mais, en haine de ce donjon, les bourgeois commencent à se blottir dans les villes, à s'organiser en confréries, et à se faire respecter par le nombre. On ne leur prend plus leur argent, on le leur emprunte; et, de ce fait en apparence insignifiant, ressort pour l'économiste l'explication de tout un nouvel ordre social.

J'ai suivi pas à pas ces grands événements, et il m'a semblé que l'économie politique des anciens n'avait pas d'autres prétentions que celle des modernes. Dans toutes les révolutions, il n'y a jamais eu que deux partis en présence: celui des gens qui veulent vivre de leur travail et celui des gens qui veulent vivre du travail d'autrui. On ne se dispute le pouvoir et les honneurs que pour se reposer dans cette région de béatitude, où le parti vaincu ne laisse jamais dormir tranquillement les vainqueurs. *Patriciens et plébéiens, esclaves et affranchis, guelfes et gibelins, roses rouges et roses blanches, cavaliers et têtes rondes, libéraux et serviles,* ne sont que des variétés de la même espèce. C'est toujours la question du bien-être qui les divise, chacun voulant, si j'ose me servir d'une expression vulgaire, tirer la couverture à soi au risque de découvrir son voisin. Ainsi, dans un pays, c'est par l'impôt qu'on arrache au travailleur, sous prétexte du bien de l'État, le fruit de ses sueurs; dans un autre, c'est par les priviléges, en déclarant le travail objet de concession royale, et en faisant payer cher le droit de s'y livrer. Le même abus se reproduit sous des formes plus indirectes, mais non moins oppressives, lorsque, par le moyen des douanes, l'État partage avec les industries privilégiées les bénéfices des taxes imposées à toutes celles qui ne le sont pas.

Voyez les Romains dans les pays conquis et les Espagnols dans leurs colonies d'Amérique : à plus de mille ans de distance, vous retrouvez le même mépris de la vie humaine, les mêmes paradoxes abominables sur la nécessité pour les uns d'être exploités par les autres. C'est quelque chose de plus affligeant que ce qui se passe parmi les animaux, dont les espèces dévorantes vivent des espèces dévorées, sans ériger du moins leur voracité en système, et parce qu'elles ne peuvent pas faire autrement. Toutes ces horribles iniquités sociales se sont propagées au travers des âges, sous des formes diverses, quelquefois adoucies par le progrès de la raison humaine, mais toujours vivaces au fond et partout soutenues, tantôt avec audace, tantôt avec hypocrisie. Ici, c'est le clergé qui s'empare de tous les biens, et qui daigne faire l'aumône au genre humain dépossédé, menaçant d'anathème quiconque oserait troubler le repos de la maison de Dieu. Plus loin, la dîme appartient aux seigneurs, parce qu'ils sont des seigneurs et qu'il n'y a pas de seigneurs sans dîmes. Les paysans se vendent encore en Russie comme ustensiles d'agriculture [1], et l'a-

[1] Parmi les iniquités énumérées par l'auteur, en voilà une, du moins, qui cessera bientôt d'affliger l'Europe. La grande œuvre de l'émancipation des serfs a été entreprise d'une main vigoureuse par l'empereur de Russie actuel, et tout porte à croire qu'elle ne se réduira pas cette fois-ci, comme sous Alexandre Ier, à des intentions stériles. Malgré les lenteurs que doit entraîner

ristocratie anglaise marchande aux pauvres Irlandais quelques brins de paille, et quelques pommes de terre qu'ils partagent avec le bétail.

Il n'y a donc pas si loin qu'on le pense de l'économie politique grecque et romaine, cruelle, insatiable, inexorable, à l'économie politique de plus d'un pays en Europe. Dans notre belle France, si riche de pampres et de moissons, plusieurs millions d'hommes ne mangent pas de pain, et ne boivent que de l'eau. Le sel abonde sous leurs pieds, mais l'impôt pèse sur leurs têtes, et le *gabelleur*, l'odieux gabelleur du moyen âge n'a fait que changer de nom et d'habit. Si l'on découvre une plante nouvelle, le tabac par exemple, la loi en défendra la culture. C'est le cas de s'écrier avec Rousseau : Tout est bien en sortant des mains du Créateur ; tout dégénère entre les mains de l'homme. Ces pauvres filles de Lyon, dont les doigts de fée tissent le satin et la popeline n'ont pas de chemises ; les *canuts* qui décorent de leurs tentures magnifiques nos palais et nos temples, manquent souvent de sabots.

Non, ce n'est point là le dernier mot de la Providence, car de ceux qui jadis auraient été attachés haletants à la glèbe, plusieurs vivent aujourd'hui au sein de l'opulence, et ce nombre augmente tous les jours. Il n'y a pas un événement important de l'histoire qui ne concoure à ce grand résultat. Après les croisades, la terre commence à se diviser ; le commerce maritime ouvre de nouvelles sources de profits ; l'industrie émancipe des

nécessairement une réforme aussi radicale et la résistance que lui oppose une partie de la noblesse, on peut espérer que, d'ici à un petit nombre d'années, les paysans russes, non-seulement auront acquis le droit de disposer librement de leur personne, mais qu'ils jouiront aussi de la propriété foncière et de la liberté du travail.

(*Note de l'Éditeur.*)

milliers de vassaux. Écoutez les doléances des peuples : que demandent-ils, quand ils élèvent la voix? Des réductions de taxes. Que voulaient ces paysans effarés de la *Jacquerie*, las de se voir décimés par la famine, par la lèpre et par le désespoir? Une distribution plus équitable des profits du travail. Ils étaient plus modeste encore, ils demandaient à des gens qui ne travaillaient pas, de les laisser vivre au moins de la plus humble part du fruit de leurs sueurs. Les premiers qui eurent cette audace périrent dans les tortures, comme la chose se fût passée à Rome si quelque esclave avait osé demander le moindre droit à son maître.

Ainsi apparaissent à l'économiste toutes les luttes, dont les détails sanglants remplissent les pages de l'histoire. Ce serait une grande erreur de supposer que la pensée vraiment religieuse du bien-être général ait passé inaperçue au travers de ces deux mille ans de guerres et d'efforts soutenus pour la faire triompher. On verra dans le cours de cet ouvrage, que, plus d'une fois, le nuage qui la dérobait aux regards des peuples s'était dissipé pour les gouvernements d'élite, chargés des destinées de la civilisation. La plupart ont dû agir d'une manière empirique, et sans proclamer leurs projets, de peur de les faire échouer ; d'autres ont obéi, sans s'en douter, à la loi du progrès qui les entraînait malgré eux : mais jamais il n'y a eu disette complète d'hommes de cœur pour accélérer ce grand œuvre, et j'ai été surpris plus d'une fois, en parcourant l'histoire, de la hardiesse et de la netteté de leurs vues.

Les Capitulaires de Charlemagne, les institutions de saint Louis, les maximes du gouvernement commercial des républiques italiennes sont tout pleins de dispositions claires et précises, ayant pour but le développement de la richesse publique, selon les lumières et les préjugés du temps, sans doute, mais dans les intentions les plus généreuses et les plus élevées. Au sein des assemblées privées et publiques qui consacraient leurs discussions aux affaires, des avis remarquables furent souvent énoncés; j'ai eu occasion de citer des fragments très-curieux de ces opinions scientifiques. Si ces productions ne sont pas plus connues, c'est que jusqu'à nos jours les lecteurs ont préféré la narration des faits à l'analyse sévère des causes qui les ont amenés. D'ailleurs ces écrits, examinés isolément, ne semblent pas présenter une grande importance; c'est seulement quand on les compare entre eux et qu'on les étudie dans un ordre méthodique, qu'ils représentent réellement l'enchaînement des doctrines économiques adoptées à chaque époque mémorable comme règle de conduite par les gouvernements.

Parfois, lorsque après de longues discordes, les deux principes de l'exploitation et de la liberté semblent près de succomber l'un devant l'autre, et se font pour ainsi dire une dernière sommation, le problème social apparaît dans toute sa simplicité, tel que nos pères le posèrent dans la fameuse nuit du 4 août 1789; tel que l'avaient déjà soumis à Charles-Quint les communes d'Espagne insurgées par Padilla[1]; tel enfin qu'il tend à se formuler devant les communes d'Angleterre depuis la réforme de 1832. Toutes les théories de l'économie politique se réduisent alors à de courtes maximes qui la résument clairement aux yeux des peuples : liberté de travailler, liberté d'user de son travail. La réformation protestante, l'insurrection des Pays-Bas contre Phi-

[1] Voir le chapitre XXI de cette *Histoire*.

lippe II, l'émancipation des colonies américaines du Nord et du Sud, les guerres civiles et les guerres étrangères ne sont que des symptômes de ce mouvement irrésistible qui entraîne l'humanité. J'ai pensé qu'il valait mieux en signaler avec exactitude les principales phases économiques, que de négliger l'histoire européenne tout entière, et de faire commencer presque avec notre siècle une science aussi ancienne que les sociétés.

Cette marche m'eût été prescrite par un simple sentiment d'équité, quand la nature de mon sujet ne m'en eût pas fait un devoir. C'est une erreur de croire que, même en ne tenant aucun compte des systèmes essayés par les gouvernements, l'économie politique date seulement de la seconde moitié du dix-huitième siècle. Plus de deux cents ans auparavant, l'Italie avait vu paraître des traités fort remarquables sur une foule de sujets spéciaux qui en dépendent. Les républiques de Venise, de Gênes, de Florence savaient trop bien comment on multiplie les richesses pour n'avoir pas laissé de bons exemples à suivre et de bons livres à consulter. Plusieurs comptes rendus de leurs doges et de leurs podestats pourraient aller de pair avec les messages les plus complets des présidents américains. J'ai cité [1] un discours du doge Moncenigo empreint des maximes économiques les plus judicieuses et un budget de Florence, plus clair et plus circonstancié dans sa brièveté que ne le sont les nôtres dans leurs indéchiffrables colonnes. Et le système de Law, que nos auteurs affectent de rejeter dans les temps héroïques de l'économie politique, qu'était-ce donc, sinon l'aurore encore incertaine et douteuse du crédit public et privé, tel qu'il se développe de nos

[1] Chapitre XX.

jours ? Quoi ! les belles réformes financières de Sully, les essais hardis de Colbert, le fameux acte de navigation des Anglais, passeraient inaperçus avec la révolution causée par les croisades, avec les vastes opérations des Juifs, avec le bouleversement monétaire qui suivit la découverte du Nouveau-Monde !

Si l'étude des causes qui ont ralenti ou développé le progrès de la richesse publique n'était autre chose qu'une simple affaire d'arithmétique, il ne serait peut-être pas indispensable de remonter si haut ; je n'aurais compté pour rien l'avénement du christianisme, et je me serais borné à un simple exposé des belles dissertations des économistes sur *la valeur* et sur *l'utilité*. Mais c'est parce que j'ai cru voir dans l'économie politique une science vraiment sociale, plutôt qu'une théorie de finances, que j'ai voulu montrer, aussi loin que la vue de l'homme peut s'étendre, le fil providentiel qui dirige les peuples dans l'accomplissement de leur destinée. Je crois fermement qu'un jour il n'y aura plus de Parias au banquet de la vie, et je puise cette espérance dans l'étude de l'histoire qui nous montre les générations marchant de conquête en conquête dans la carrière de la civilisation. Par le chemin qu'on a fait, je juge celui qu'on doit faire encore, et quand je vois le travail échappé des bagnes romains se réfugier dans le servage féodal, puis s'organiser dans les corporations et s'élancer au travers des mers sur les ailes du commerce, pour se reposer enfin à l'ombre des libertés politiques, je sens qu'il y a dans la science économique autre chose que des questions de mots, et j'espère qu'on me pardonnera d'avoir esquissé à grands traits l'histoire de sa marche au travers des nations et des âges.

Le premier volume contient cet exposé depuis les anciens jusqu'au ministère de Colbert. Plus d'une fois, en le traçant, j'ai éprouvé le regret d'avoir circonscrit mon sujet dans les limites que je m'étais imposées. Les matériaux que j'avais sous la main étaient immenses, la plupart inédits, quoique extraits d'ouvrages fort connus. Leur seule mise en ordre formerait une monographie économique extrêmement curieuse et plus d'un lecteur instruit serait fort étonné de trouver, dans ces documents trop longtemps négligés, une mine inépuisable d'études et de méditations. Ce n'est pas là ce qu'on cherche habituellement chez les historiens, et la plupart d'entre eux ont si bien connu, à toutes les époques, l'indifférence du public pour les faits de ce genre, qu'ils en ont été très-sobres et qu'il faut les leur dérober presque par induction, tant ils ont craint d'en charger leurs annales. Les armées et les cours occupent le premier plan ; l'espèce humaine, celle qui ne tue ni ne pille, figure à peine au second, mais dans un lointain si obscur, qu'on a peine à savoir ce qu'elle est devenue pendant trente siècles.

Il faut excuser les écrivains d'économie politique d'avoir partagé à cet égard l'indifférence, ou, si l'on aime mieux, l'ingratitude générale. Ils datent presque tous du dix-huitième siècle, parce que c'est celui où, pour la première fois, l'humanité a réellement demandé ses comptes et rédigé en termes nets le programme de l'avenir. Mais, en vérité, cette science n'est pas sortie tout armée du cerveau des *Économistes* pendant ce siècle-là. Je n'en voudrais pour preuve que leurs tâtonnements, leurs disputes et leurs essais malencontreux. Il était réservé à leurs successeurs de l'école anglaise de jeter les véritables bases de l'édifice économique et de préparer les voies à la réforme qui doit s'accomplir de nos jours. C'est l'histoire de cette période, si riche en productions à jamais célèbres dans les annales de la science, qui forme la seconde partie de mon livre. On sent quels efforts j'ai dû faire pour me restreindre et pour ne pas dépasser les proportions nécessaires à l'unité de mon récit. J'emploie ce mot avec intention, afin de me justifier par avance d'un reproche que je crains d'avoir encouru de la part de quelques esprits exigeants. J'avais deux routes à prendre : je pouvais suivre l'ornière accoutumée, développer les discours préliminaires de J.-B. Say, de M. de Sismondi, de M. Mac Culloch sur la marche de l'économie politique depuis Quesnay, en y ajoutant quelques mots de politesse pour les siècles qui précèdent ; ou bien je devais prendre les choses de plus haut, et lier l'économie politique à l'histoire générale, en signalant leur influence réciproque depuis les anciens jusqu'à nos jours.

Le lecteur jugera si ce dernier parti, que j'ai pris, a été le meilleur. En me plaçant à ce point de vue, j'étais dispensé de me jeter dans les discussions des doctrines, dans la controverse, et par conséquent dans des longueurs interminables. Je parcourais l'histoire tout d'une haleine, en m'arrêtant seulement aux époques de grande influence sur le progrès des richesses et de la civilisation. Je montrais le travail trouvant toujours un refuge, soit dans un pays, soit dans un autre, et préparant partout la richesses pour auxiliaire à la liberté. J'essayais enfin de rattacher le présent au passé, au lieu de traiter la science comme une hybride éclose au souffle du dix-huitième siècle, *prolem sine matre creatam*. J'ai voulu des aïeux à cette belle science qui s'occupe du bonheur du genre humain, et qui tient en dépôt les moyens de lui en procurer la dose compatible avec les infirmités de notre nature et les exigences de notre état social. En voyant avec quelle lenteur arrivent les réformes, et en appréciant à leur juste valeur les obstacles qu'elles ont rencontrés, les plus ardents réformateurs de notre époque apprendront à modérer leur impatience et à ne demander au temps où nous vivons que sa part de concours au mouvement qui nous emporte. J'ai dit à ce sujet tout ce que nos conquêtes passées nous permettent d'espérer dans l'avenir le plus prochain. Je n'ai créé aucun système; j'avoue ingénument que je n'ai pas en portefeuille un plan de régénération et de prospérité universelles. J'ai raconté ce qu'ont fait nos ancêtres et ce qu'ont proposé nos devanciers pour réaliser la partie réalisable de cette généreuse utopie. Un jour, sans doute, j'agrandirai mon livre, si j'obtiens pour ce premier essai le seul succès que j'ambitionne, celui de populariser la science économique, en montrant qu'on en trouve les éléments dans l'histoire des peuples aussi bien que dans les écrits des économistes.

J'ai terminé mon travail par une bibliographie critique des ouvrages d'économie politique les plus importants qui aient été publiés dans toutes les langues européennes. Ce catalogue, assurément, est loin d'être complet; mais il est le plus étendu qui ait paru jusqu'à ce jour, et il peut servir de base à une bibliothèque spéciale assez importante [1]. J'ai lu et annoté la plupart des écrits dont j'ai donné les titres et analysé la substance, de manière que les amis de la science sauront désormais quel est l'esprit d'un auteur, avant de se compromettre avec lui. On croira facilement que cette partie de ma tâche n'a pas été la moins rude; mais

[1] La bibliographie a été complétée dans la présente édition jusqu'en 1859 inclusivement. (*Note de l'Éditeur.*)

j'espère avoir ainsi réhabilité plus d'un économiste ignoré et fait connaître à nos concitoyens une source féconde de recherches et d'informations. Ce simple catalogue suffirait à lui seul pour prouver que la science est plus ancienne qu'on ne pense et qu'elle était déjà majeure tandis qu'on la croyait encore au berceau. J'ai hésité un moment si je comprendrais dans ma nomenclature les écrivains vivants, et surtout si je pourrais me permettre de caractériser impartialement leurs ouvrages; mais leur absence aurait eu plus d'inconvénients que mon jugement ne me fait courir de hasards, et je me suis déterminé à parler de ces contemporains comme s'ils étaient morts, tout en faisant des vœux pour qu'ils vivent longtemps.

Une raison importante a surtout motivé ma détermination. La plupart des économistes vivants, sauf quelques exceptions, forment une école nouvelle, aussi éloignée des utopies de Quesnay que de la rigueur de Malthus, et je vois avec une satisfaction philosophique et patriotique que cette école a pris naissance en France et qu'elle se compose presque entièrement de Français. C'est elle qui tracera la marche de l'économie politique pendant le dix-neuvième siècle. Elle ne veut plus considérer la production comme une abstraction indépendante du sort des travailleurs; il ne lui suffit pas que la richesse soit créée, mais qu'elle soit équitablement distribuée. A ses yeux, les hommes sont *réellement* égaux devant la loi comme devant l'Éternel. Les pauvres ne sont pas un texte à déclamations, mais une portion de la grande famille digne de la plus haute sollicitude. Elle prend le monde tel qu'il est, et elle sait s'arrêter aux limites du possible; mais sa mission est d'agrandir chaque jour le cercle des conviés aux jouissances légitimes de la vie.

Je dis que cette école est éminemment française, et je m'en glorifie pour mon pays.

Qu'il me soit permis, en finissant, de lui rendre un hommage qui ne sera contesté par personne, puisqu'il ressort du simple exposé de ses titres. Voyez les livres que nous lui devons depuis une vingtaine d'années : les *Nouveaux principes* d'économie politique, de M. Sismondi ; le *Traité* de M. Destutt de Tracy, cet homme de cœur, sublime à force de bon sens et de probité ; le livre excellent de M. Duchâtel sur *la Charité ;* le *Nouveau Traité d'économie sociale* de M. Dunoyer, si profondément empreint de raison et de philanthropie ; le *Traité de législation* de M. Ch. Comte, qui a porté le dernier coup à l'esclavage colonial ; l'*Économie politique chrétienne* de M. le vicomte de Villeneuve-Bargemont, qui a signalé d'une manière si neuve et si remarquable la plaie du *paupérisme* en Europe ; l'*Économie politique* de M. Droz, qui a fait de la science un auxiliaire de la morale, et l'*Essai sur l'esprit d'association* par M. Delaborde, auquel nous sommes heureux de recourir aujourd'hui, au milieu du désarroi général de la concurrence illimitée. Ces ouvrages ont déjà puissamment modifié les théories austères de Malthus et les formules algébriques de Ricardo. Indépendants par la forme et souvent par le choix du sujet, ils se lient néanmoins par une pensée commune, qui est le bien-être général des hommes, sans distinction de nationalité.

Je n'ai pas méconnu non plus les services rendus à la science et à l'humanité par l'école saint-simonienne, à l'époque où le bon esprit de ses fondateurs avait su la préserver de l'invasion du mysticisme et des utopies. Cette école a semé en Europe les germes d'une réforme qui éclate de toutes parts ; elle a retrouvé les droits de la classe ouvrière, et les a défendus avec un talent et une conviction qui ont dû faire impression même sur ses plus chauds adversaires. Les saints-simoniens ont pu se tromper souvent, comme les *économistes* du dix-huitième siècle, avec lesquels ils ont plus d'un point de ressemblance ; mais quoi qu'on ait dit de leurs intentions et de leur moralité, c'étaient avant tout des hommes de cœur et de probité. L'Angleterre elle-même qui les avait raillés les imite, et les nouveaux ouvrages d'économie politique publiés dans ce pays sont tout imprégnés de leurs idées réformatrices. C'est l'école saint-simonienne qui a signalé avec le plus d'énergie les souffrances des classes laborieuses, et si le grand problème du soulagement de ces nombreuses populations n'est pas encore résolu, il est resté du moins à l'ordre du jour de tous les peuples civilisés.

C'est désormais sur ce terrain que doivent se décider toutes les questions d'économie politique. Le véritable but de la science est d'appeler désormais le plus grand nombre d'hommes au partage des bienfaits de la civilisation. Les mots *division du travail, capitaux, banques, association, liberté commerciale* n'ont pas d'autres signification. Telle est, du moins, la tendance de l'école moderne à laquelle je me fais gloire d'appartenir et sous les inspirations de laquelle paraît l'ouvrage que j'offre aujourd'hui au public. Si quelques esprits consciencieux s'étonnaient que j'aie pu renfermer en deux volumes l'histoire d'une science aussi importante et aussi vaste que l'économie politique, je leur répondrais avec un de ses plus illustres fondateurs [1] : « L'histoire d'une science

[1] J.-B. Say, *Cours complet d'Économie politique*, tome II, page 540, nouvelle édition.

ne ressemble point à une narration d'événements. Elle ne peut être que l'exposé des tentatives plus ou moins heureuses qu'on a faites à diverses reprises et dans plusieurs endroits différents, pour recueillir et solidement établir les vérités dont elle se compose. Elle devient de plus en plus courte à mesure que la science se perfectionne. »

HISTOIRE

DE

L'ÉCONOMIE POLITIQUE

CHAPITRE I.

L'économie politique est plus ancienne qu'on ne pense. Les Grecs et les Romains ont eu la leur. — Ressemblance qu'elle présente avec celle de notre temps. — Différences qui les séparent. — Modifications successives que cette science a éprouvées dans sa marche. — Vue générale du sujet.

C'est un beau spectacle et bien digne de méditation, que celui des efforts tentés, aux différents âges du monde, pour améliorer la condition physique et morale de l'homme. Chaque siècle apporte son tribut de fanatisme à cette grande croyance, qui compte parmi ses martyrs des nations et des rois. Jamais l'humanité ne se repose ; une expérience succède incessamment à une autre, et nous marchons au travers des révolutions, vers des destinées inconnues. Quand on étudie avec soin l'histoire du passé, on s'aperçoit que ce mouvement vient de loin, qu'il a poussé nos pères et qu'il nous entraîne avec nos enfants. Quelquefois les peuples paraissent y obéir en aveugles, comme quand l'Europe est envahie par les barbares ; plus souvent ils y cèdent avec un sentiment confus des lois éternelles qui le régissent. Ainsi s'expliquent les innombrables essais du gouvernement, qu'on voit néanmoins graviter sans cesse autour d'un petit nombre de principes immuables, tels que la sûreté des personnes et le respect de la propriété.

L'histoire de l'économie politique ne pouvait donc être que le résumé des expériences qui ont été faites chez les peuples civilisés pour améliorer le sort de l'espèce humaine. Les anciens ne sont pas dans cette carrière autant inférieurs aux modernes que beaucoup d'auteurs le supposent, et c'est bien à tort qu'on assigne communément à la science économique une origine aussi récente que la seconde moitié du dix-huitième siècle. Qui ne connaît les institutions de Sparte et d'Athènes, et les magnifiques travaux de l'administration romaine? Il nous semble difficile de passer sous silence l'économie politique de ces temps-là, surtout quand on y trouve l'origine de presque toutes les institutions qui nous gouvernent et des systèmes qui nous divisent. Certes, il y avait dans les lois de Lycurgue plus de saint-simonisme qu'on ne pense, et les querelles de patriciens et de plébéiens n'ont pas été plus vives à Paris à l'époque de la terreur, qu'elles ne le furent à Rome pendant les proscriptions de Sylla. Il y a des ressemblances bien plus frappantes encore entre l'insurrection des ouvriers de Lyon et la retraite du peuple romain au mont Sacré [1].

[1] L'auteur fait allusion à l'insurrection qui éclata à Lyon au mois de novembre 1831 et qui, tout étrangère à la politique, n'avait été motivée que par une question de salaires. Les ouvriers, qui avaient écrit sur leurs drapeaux : *Vivre en travaillant, mourir en combattant,* furent pendant deux jours maîtres de la ville; mais leur prise d'armes différa de la retraite du peuple romain sur le mont Sacré, en ce qu'elle ne changea rien à leur condition et qu'en effet elle ne pouvait rien y changer. (*Note de l'Éditeur.*)

Combien de fois, depuis Ménénius Agrippa, n'a-t-on pas eu l'occasion de débiter à des populations mutinées l'apologue fameux des membres et de l'estomac?

En écartant de l'histoire de l'économie politique tout ce qui avait rapport aux anciens, les économistes modernes se sont donc volontairement privés d'une source féconde d'observations et de rapprochements. Ils ont dédaigné deux mille ans d'expériences exécutées avec la plus grande hardiesse sur une vaste échelle par les peuples les plus ingénieux et les plus civilisés de l'antiquité ; ils ont méconnu l'histoire qui a recueilli soigneusement les moindres traces de ces expériences que nous refaisons aujourd'hui, trop souvent avec moins d'habileté et de nécessité que les Grecs et les Romains. Ce préjugé des économistes est dû à ce que les anciens n'ont laissé aucun ouvrage spécial qui résumât leurs vues sur la science économique ; mais si ces vues n'ont pas été exposées dans un livre, elles se retrouvent dans leurs institutions, dans leurs monuments, dans leur jurisprudence. Les relais de chevaux, établis depuis Rome jusqu'à York, les soins particuliers donnés par les Romains à l'entretien des routes et des aqueducs, attestent à un très-haut degré leur intelligence des principales nécessités de la civilisation. La législation des colonies grecques valait mieux que celle des colonies espagnoles dans l'Amérique du Sud.

Sparte, Athènes, Rome, ont eu leur économie politique comme la France et l'Angleterre ont la leur. L'usure, les impôts exagérés, les tarifs, les fermages exorbitants, l'insuffisance des salaires, le paupérisme, ont affligé les vieilles sociétés comme les nouvelles, et nos ancêtres n'ont pas fait moins d'efforts que nous pour se débarrasser de ces fléaux On se tromperait étrangement si l'on croyait qu'ils n'ont jamais réfléchi aux difficultés des réformes dont ils sentaient le besoin ; chaque page de leur histoire nous en offre la preuve ; et nous ne doutons pas que la grande insurrection des esclaves sous Spartacus n'ait fait passer de bien mauvaises nuits aux économistes du temps. Que si les historiens ne nous ont pas fait part de leurs angoisses, c'est qu'à Rome on n'osait pas parler de cette plaie secrète qui minait la république et qui faisait monter la rougeur au visage de ses plus grands citoyens. Quand plus tard les empereurs s'avisèrent de distribuer des vivres aux habitants de la ville éternelle, ne faisaient-ils pas de l'économie politique comme les moines en font en Espagne à la porte de leurs couvents? Y a-t-il beaucoup de différence entre les maximes des Athéniens qui prohibaient les figues à la sortie, et celles des Français qui prohibaient naguère la soie et les chiffons? Tout ce qu'on peut dire, c'est que les Grecs n'ont pas trouvé, comme nous, des auteurs pour appuyer ces absurdités par des sophismes ; mais cela ne nous donne pas le droit de les mépriser.

Quand on étudie avec attention la législation financière des Grecs et des Romains, on ne peut s'empêcher de reconnaître que les plus graves questions d'économie politique ont de tout temps attiré l'attention de ces peuples. Il suffit de voir avec quelle sollicitude ils veillaient sur leurs relations internationales, sur l'état civil des étrangers, sur la nature et les effets des impôts, sur les encouragements à donner à l'agriculture, et sur le régime de la navigation. J'aurai occasion de citer dans le cours de cet ouvrage des preuves irrécusables de leur parfaite intelligence de ces matières. Il n'est pas jusqu'aux phénomènes les plus compliqués de la division du travail qui aient pu échapper à leurs recherches, et l'on en trouve dans le second livre de la *République de Platon* une analyse qui ferait honneur au plus savant disciple d'Adam Smith. Les *Économiques* de Xénophon, jusqu'à ce jour mal étudiées, renferment des aperçus d'une grande netteté, et nous ne connaissons pas de meilleure définition de la monnaie que celle que nous en a donnée Aristote dans le premier livre de sa *Politique* [1].

On se tromperait néanmoins si l'on considérait les essais tentés par les gouvernements, ou préconisés par les écrivains de la Grèce et de Rome, comme le résultat d'un système économique conçu d'après des données vraiment scientifiques, ou inspiré par une haute philosophie. Les Grecs et les Romains méprisaient le travail et flétrissaient l'industrie comme une occupation indigne de l'homme libre. L'esclavage apparaît à chaque page de leur histoire pour donner un démenti aux écrits de leurs philosophes et aux théories de leurs économistes. Mais ne rencontre-t-on pas dans notre histoire des contradictions aussi choquantes? C'est en les étudiant chez les anciens, où nous pouvons les juger avec plus d'impartialité, qu'il est facile de reconnaître parmi nous le danger ou l'inutilité d'une foule de tentatives qui, pour paraître nouvelles, n'en sont pas moins renouvelées des Grecs et des Romains.

Les anciens ont essayé de tout, et nous leur ressemblons sous trop de rapports pour négliger leur économie politique. Sparte avait ses ilotes, comme le moyen âge a eu ses serfs, et nos colonies leurs esclaves. Quelques États modernes ont même encore leurs castes disgraciées, telle que celle des Juifs en Suisse, en Prusse et en Pologne : mais ce qui distingue principalement l'écono-

[1] *Politique d'Aristote*, liv. I, chap. VI et VII.

mie politique des anciens de celle des modernes, c'est la liberté du travail et l'emploi du crédit. Tout a changé autour de nous depuis l'invention de l'imprimerie, de la boussole et de la poudre. Nous connaissons et nous exploitons, dans des proportions colossales, des matières premières qui étaient inconnues à nos aïeux. Le coton, le fer, les vins, la houille, la vapeur sont devenus pour nous des sources inépuisables. Trois ou quatre plantes, la pomme de terre, la betterave, la canne à sucre, le thé, fournissent des aliments à des millions d'hommes, et des cargaisons à des milliers de vaisseaux. Les anciens vivaient de la conquête, c'est-à-dire du travail d'autrui; nous vivons, nous, de l'industrie et du commerce, c'est-à-dire de notre propre travail.

Le caractère distinctif de l'économie politique grecque et romaine, c'est l'esclavage; la tendance irrésistible de la nôtre, c'est la liberté. Nous verrons comment l'influence du christianisme a contribué à lui donner cette direction, interrompue tantôt par l'invasion barbare, tantôt par le fanatisme religieux; mais aucun obstacle sérieux n'a pu l'arrêter dans sa marche. La glèbe féodale a eu pour contre-poids les corporations qui étaient déjà un progrès, puisqu'elles développèrent l'esprit d'association; les corporations à leur tour ont disparu devant l'émancipation de l'industrie. Chaque pas a affranchi l'homme d'une servitude et l'a gratifié d'un produit utile, de sorte qu'on peut dire que la liberté n'est jamais venue sans apporter avec elle quelque bienfait. Les Grecs et les Romains, qui opprimèrent l'humanité sous des apparences trompeuses, manquaient de linge et n'avaient pas de vitres à leurs maisons; nous-mêmes, nous n'avons commencé à jouir de quelque aisance dans la vie matérielle que depuis la conquête de la liberté.

Pour apprécier à leur juste valeur ces différences radicales et aussi les ressemblances de l'économie politique des anciens avec la nôtre, il faut étudier à la fois leurs institutions et leurs écrits, c'est-à-dire les faits et les doctrines de leur époque. J'ai choisi de préférence pour cette étude, en Grèce, le moment de la plus haute prospérité d'Athènes, et à Rome, les premiers siècles de l'empire. C'est en effet Athènes qui représente le mieux la civilisation grecque, et Rome impériale la civilisation romaine. Les institutions et les écrits de ces époques mémorables ont exercé sur le monde contemporain une influence immense qui s'est étendue jusqu'à la postérité dont nous sommes les représentants. Les lois romaines décident encore à beaucoup d'égards les plus graves questions de notre état civil, président à nos mariages, règlent nos successions et gouvernent nos propriétés. Les douanes existaient à Rome avant le règne de Néron, et les Athéniens ont connu les emprunts publics. Ils savaient très-bien les richesses qu'on peut tirer du commerce ; ils prêtaient à la grosse aventure, et de tout temps ils donnèrent beaucoup d'attention à l'exploitation de leurs mines. Souvent en lisant leur histoire on croit lire la nôtre, tant les faits se ressemblent, et tant il est vrai que l'humanité s'agite dans une sphère de passions et de besoins semblables!

A la chute du monde romain, il s'opère une révolution profonde dans la marche de l'économie politique. L'esclavage prend une forme nouvelle, incessamment modifiée par l'influence du christianisme; les idées d'égalité commencent à se répandre. Au mépris affecté des richesses succèdent les premiers élements de l'art d'en acquérir. Quelques grands souverains donnent l'exemple de l'ordre et de l'économie : Charlemagne fait vendre au marché les œufs de ses poules et les légumes de ses jardins. Les conquérants deviennent conservateurs, et il est facile de trouver dans les *Capitulaires* [1] le germe des idées nouvelles qui vont remplacer la vieille politique romaine. Les croisades ont exercé plus tard leur part d'influence, en faisant la fortune des villes maritimes de l'Italie, qui devinrent le refuge de la civilisation contre la barbarie du moyen âge. La propriété des terres, jusque-là concentrée dans les mains des seigneurs, se divise aux mains des bourgeois qui les achètent aux guerroyeurs en Terre-Sainte. Le contact de l'Orient inspire des goûts nouveaux, fait naître des besoins de luxe que l'industrie des républiques italiennes s'empresse de satisfaire. Il n'est pas jusqu'aux erreurs du temps qui ne concourent à l'œuvre continuelle du progrès, et les Juifs persécutés créent la science du crédit et du change. Saint Louis paraît et organise l'industrie. Les métiers se divisent en confréries et se mettent sous la protection des saints, contre la tyrannie des barons. La commune se forme, et la bourgeoisie, où se recrute le clergé, commence contre l'aristocratie cette longue lutte qui finit à peine aux grands jours de 1789.

Trois grands événements, presque contemporains, la découverte de la poudre, celle de l'imprimerie et du nouveau monde changeront à leur tour la face de l'Europe et les conditions de la richesse publique. Les métaux précieux, jusque-là si rares, vont devenir abondants; des produits inconnus circulent plus rapides avec les idées: la force physique brutale est détrônée par la poudre. Je ne saurais comprendre comment, en présence de ces merveilleux éléments de régénération sociale, on

[1] Voyez le Capitulaire *de Villis*, art. 39, édit. de Baluze.

pourrait persister à ne faire dater l'économie politique que des dernières années du dix-huitième siècle. C'est pourtant alors que le paupérisme recommençait avec la concentration des fortunes ; c'est alors encore que le grand schisme du protestantisme, en renversant les couvents, frappa d'une mort lente, mais certaine, le principe des dîmes et l'exploitation religieuse de l'homme, qui avait elle-même remplacé l'exploitation militaire. Qui oserait affirmer que ces grandes révolutions n'ont modifié en aucune manière les institutions économiques des nations européennes ?

Il a fallu sans doute beaucoup d'événements semblables pour déterminer les hommes d'État et les savants à remonter à leurs causes premières, dont l'étude constitue aujourd'hui la science économique. Nos pères ont fait longtemps de l'économie politique sans en connaître les principes, comme vivent la plupart des hommes sans être initiés aux phénomènes physiologiques de la vie. Colbert seul, parmi tous les ministres auxquels il fut donné de rendre des édits sur ces graves matières, Colbert seul paraît avoir eu un système, comme plus tard Law devait avoir le sien, comme les *économistes* du dix-huitième siècle ont proclamé le leur. Mais ces hautes intelligences ne peuvent pas être considérées comme le foyer primitif d'où la science est sortie toute faite. Quand nous exposerons les idées de Platon, d'Aristote, de Xénophon, sur les questions si admirablement posées par Adam Smith, et si vivement controversées de nos jours, il sera difficile de ne pas reconnaître que ces génies antiques en ont entrevu l'importance et préparé la solution.

L'erreur générale vient surtout des écrivains du dix-huitième siècle, qui crurent avoir trouvé le secret de la science sociale, parce qu'ils avaient analysé avec une sagacité jusqu'alors inconnue quelques phénomènes essentiels de la production. Ils avaient ouvert la voie aux recherches d'une manière neuve et hardie, et ils passèrent pour avoir créé la science, parce qu'ils l'avaient entrevue au prisme de beaucoup d'illusions. Les services de l'agriculture avaient été trop méconnus ; l'école de Quesnay lui a rendu la place qu'elle devait occuper dans les agents de la production. Après lui, Adam Smith a réhabilité le travail et dévoilé les véritables causes de la richesse des nations. Malthus a jeté un cri d'alarme aux populations devenues, selon lui, trop nombreuses; J.-B. Say a préconisé la liberté du commerce et les avantages de la concurrence illimitée, dont M. de Sismondi signalait bientôt, dans un manifeste éloquent et paradoxal, les funestes conséquences. Ricardo a posé avec hardiesse les premières bases de l'édifice monétaire moderne, qui ne s'est élevé, selon ses vues, un moment, qu'en Amérique.

Telles sont les principales causes de l'indifférence générale que les savants ont toujours montrée pour l'étude des faits économiques de l'antiquité et des temps postérieurs éloignés de nous. J'ai pensé qu'il serait utile de combler cette lacune, et d'exposer succinctement et avec netteté les efforts de nos prédécesseurs dans la carrière que nous poursuivons. Je me bornerai aux faits et aux doctrines les plus caractéristiques des différentes époques qui passeront successivement sous nos yeux. Athènes, Rome, les Barbares, le christianisme, les croisades, la renaissance, la réforme, nous offriront des époques pleines de tentatives hardies et d'enseignements mémorables. Tout se tient, tout s'enchaîne dans l'histoire générale de l'homme : en présence de l'insurrection des esprits, qui se manifeste aux États-Unis contre l'émancipation graduelle des noirs, il est impossible de ne pas se rappeler les maximes odieuses des anciens sur l'esclavage, et de méconnaître, sous des noms différents, les mêmes préjugés.

CHAPITRE II.

De l'économie politique chez les Grecs. — Leurs idées sur l'esclavage. — Administration de leurs finances. — Ils vivent du travail des esclaves et des tributs des alliés. — Ce que c'était que le *théorique*. — Des *clérouquies* ou pays conquis. — Chaque citoyen se considérait comme rentier de l'Etat. — Ce qu'il fallait à une famille pour vivre. — Des propriétés publiques. — Des mines. — De la monnaie. — Le temple de Delphes est une véritable banque de dépôt. — Quel était en Grèce l'intérêt de l'argent. — Importance attachée aux finances. — Habitudes des Athéniens.

On lit dans le premier livre de la *Politique* d'Aristote[1] ces paroles remarquables : « La science du maître se » réduit à savoir user de son esclave. Il est le maître, » non parce qu'il est propriétaire de l'homme, mais » parce qu'il se sert de sa chose... L'esclave fait partie » de la richesse de la famille. » Xénophon[2] propose, comme moyen de revenu pour la république, d'accaparer les esclaves et de les louer au plus offrant, après les avoir marqués au front de peur qu'ils ne s'échappent. Toute la philanthropie des anciens est là, et aussi une bonne partie de leur économie politique. Il est évident que quand leurs philosophes parlent du peuple, ils entendent seulement une bourgeoisie domiciliée pour qui travail-

[1] Chap. IV.

[2] *Des Moyens d'augmenter les revenus de l'Attique*, chap. IV.

lent les masses asservies au joug le plus intolérable. Leur susceptibilité est extrême toutes les fois qu'il s'agit d'accorder à un homme le titre de citoyen, c'est-à-dire de le faire passer de l'état d'exploitation à celui d'indépendance. Il n'y avait pas jusqu'au particulier le plus modeste qui ne possédât un esclave pour l'entretien de sa maison. Les chefs de famille d'une fortune médiocre en employaient plusieurs à moudre le blé, à cuire le pain, à faire la cuisine et les habits. On en occupait plusieurs milliers dans des ateliers pour lesquels Athènes était renommée; mais généralement ils étaient astreints aux travaux les plus durs. On les envoyait boire à la rivière avec les chevaux.

C'est donc pour un petit nombre de privilégiés que les institutions de la Grèce étaient faites. Les Athéniens ne montraient pas plus de sympathie pour les souffrances de leurs esclaves que nos manufacturiers n'en éprouvent pour les rouages de leurs machines. Mais quand on se place au point de vue exclusif de ce cruel état social, on ne peut s'empêcher de reconnaître dans plusieurs de ses combinaisons beaucoup d'habileté et de profondeur. L'administration des finances était dirigée avec un ordre et une exactitude remarquables. Tous les impôts réguliers étaient affermés à des entrepreneurs qui en versaient le montant au trésor public, sous la surveillance des contrôleurs. On avait établi une distinction salutaire entre le domaine public proprement dit et les biens particuliers des communes. Le produit des amendes prononcées par les tribunaux, les revenus des temples, celui des douanes, étaient versés dans les mains de percepteurs responsables, qui prenaient note des sommes reçues et poursuivaient les retardataires. Un intendant des revenus publics, véritable ministre des finances, avait la direction de toutes les caisses payantes, ordonnançait les dépenses et balançait ces dépenses avec les recettes. Des administrations particulières étaient préposées à la confection des routes, à la construction des vaisseaux, des édifices. Toutes ces administrations avaient leurs écritures et par conséquent leurs greffiers, le plus souvent choisis parmi les esclaves, parce qu'on pouvait leur donner la torture pour en obtenir des aveux. La défiance populaire était même poussée si loin, que nul comptable ne pouvait s'éloigner, ni faire son testament, jusqu'à ce qu'il eût rendu ses comptes aux officiers publics établis pour les recevoir.

Tout ce qui concernait les finances était soumis au contrôle de la publicité. On gravait sur la pierre les comptes rendus, afin que chacun en prît connaissance et fût en état de les critiquer. Le temps nous a conservé presque intactes plusieurs inscriptions semblables et même quelques pierres sur lesquelles on trouve le cahier des charges de certaines adjudications, telles que le fermage des salines, de la pêche et des bois. Le dévastateur d'Athènes, lord Elgin, a rapporté une de ces pierres qui est déposée au Muséum britannique. Le peuple se montrait, d'ailleurs, impitoyable envers les prévaricateurs et les comptables en retard. Rien n'était plus dangereux que de devenir débiteur public. Dix jours après cette déclaration prononcée par jugement, la contrainte par corps était ordonnée ; le condamné était exclu à jamais des affaires publiques : ses enfants et ses petits-enfants devenaient responsables de ses malheurs ou de ses torts. Nul ne pouvait demander de remise, à moins que la faveur de parler à ce sujet ne lui fût accordée par décret rendu à l'unanimité de six mille voix. Cette extrême susceptibilité en matière de finances n'étonnera point ceux qui connaissent l'organisation sociale des républiques grecques.

A Athènes surtout, le trésor public était une espèce de bourse commune, non-seulement pour les besoins collectifs de la population, mais encore pour les dépenses de chaque particulier. Tout citoyen était rentier de l'État depuis l'institution du *théorique* sous Périclès, véritable jeton de présence accordé à la fainéantise patriotique et bavarde, et qui dégénéra bientôt en une taxe des pauvres. Dès lors le peuple athénien voulut être nourri et amusé aux frais du trésor public. Il y eut des festins périodiques, des fêtes ruineuses, dont les ordonnateurs recherchaient la popularité aux dépens de la prospérité réelle du pays. De là cette rage de confiscations et d'amendes qui se manifestait presque toujours dans les assemblées populaires, et dont Socrate, Miltiade, Thémistocle, Aristide, Thrasybule, Cimon et le grand Périclès lui-même ont été frappés ou menacés tour à tour. Ces amendes et ces confiscations étaient infligées aux plus grands crimes comme aux plus simples contraventions.

Le peuple était tracassier, parce qu'il était avide ; il bannissait sous le moindre prétexte des citoyens honorables qui devenaient conspirateurs pour rentrer dans leur patrie, et qui la désolèrent plus d'une fois parce qu'elle n'avait pas su être juste.

Les alliés n'étaient autres que des tributaires auxquels on imposait des contributions en échange d'un contingent de soldats tout à fait arbitraire[1]. La Carie, la

[1] Des travaux récents ont justifié la démocratie athénienne d'une grande partie des reproches dont elle a été l'objet de la part des historiens. M. Grote, notamment, a péremptoirement réfuté, dans son bel ouvrage sur l'*Histoire de la Grèce*, les accusations calomnieuses dont les écrivains des partis aristocratiques de l'antiquité

Thrace, les bords de l'Hellespont, Éphèse, l'île de Rhodes devinrent ainsi de véritables fiefs grecs. Aristophane comptait plus de mille villes asservies au joug hellénique, et il proposait plaisamment de mettre dans chacune d'elles vingt citoyens athéniens en pension. Quelquefois le despotisme métropolitain allait plus loin, et les Athéniens s'emparaient sous les moindres prétextes d'une portion du territoire de leurs alliés. Les

ont été si prodigues envers les libres institutions d'Athènes. La confédération des villes maritimes qui se forma sous les auspices d'Athènes deux ans après le combat de Mycale naquit tout spontanément des circonstances, et il n'est pas possible aujourd'hui de contester l'utilité dont elle fut pour la Grèce entière et les villes alliées elles-mêmes. La contribution à laquelle s'étaient engagées les cités confédérées consistait pour chacune en une somme d'argent et un certain nombre de navires de guerre; et, de l'aveu des intéressés, elle avait été réglée d'une manière parfaitement équitable par Aristide, au moment de l'établissement de la confédération. Si, une trentaine d'années plus tard, Athènes présidente devint, pour nous servir de l'expression de Grote, Athènes impériale, ce fut en grande partie par la faute des alliés eux-mêmes, qui préférèrent convertir leurs prestations en hommes et en vaisseaux en prestations pécuniaires, et qui proposèrent eux-mêmes de transférer à Athènes le trésor de la confédération déposé jusque-là à Délos. La contribution totale avait été fixée par Aristide, en 476 av. J.-C., à 460 talents (environ 2,600,000 fr.); au commencement de la guerre du Péloponèse, elle n'était encore que de 600 talents (environ 3,700,000 fr.), et cet accroissement ne provenait certainement pas de l'augmentation de la part proportionnelle imposée à chaque confédéré, mais de l'admission d'un grand nombre de nouveaux alliés et de la conversion des prestations en nature en contributions pécuniaires (Grote, *Hist. of Greece*, t. V). — A l'époque où commença la guerre du Péloponèse, le revenu total d'Athènes s'élevait à 1,000 talents environ (5,750,000 fr.), dont 400 provenaient des recettes propres à la cité elle-même et le reste de la contribution des alliés. Or, en temps de paix, les fonds produits par cette contribution n'étaient pas dépensés, mais étaient versés au trésor formé par Périclès, et qui s'éleva pendant un moment jusqu'à 9,700 talents. « Ce système d'épargne publique, dit Grote, qui consistait à mettre en réserve tous les ans des sommes considérables, et qui ne se trouve qu'à Athènes, car jamais les

terres ainsi conquises portaient le nom de *Clérouquies*. Les conquérants en firent de véritables colonies dont les Athéniens domiciliés composaient l'aristocratie, toujours dépendante du gouvernement central. Le père de Platon était clérouque. Les citoyens que l'État envoyait dans ces colonies recevaient habituellement des armes et de l'argent, et y devenaient bientôt odieux aux populations indigènes, qui se soulevèrent plus d'une fois pour re-

Etats du Péloponèse n'ont eu aucun fonds de réserve public, suffit à lui seul pour absoudre Périclès d'avoir dissipé les revenus de l'Etat en distributions pernicieuses destinées à le rendre populaire, et il disculpe en même temps le peuple athénien du désir insatiable de vivre aux dépens de la bourse commune qu'on a l'habitude de lui reprocher (Même ouvrage, t. VI, p. 10). »

Il serait injuste, d'ailleurs, de considérer comme dépenses improductives les édifices magnifiques que Périclès fit construire à Athènes, les œuvres d'art dont il orna les temples, les sommes considérables qu'il consacra aux fêtes et aux spectacles. Qu'on nous permette d'invoquer encore l'autorité de Grote sur ce point. « Les vues de Périclès étaient évidemment pan-helléniques. En fortifiant et en ornant Athènes, en développant toute l'activité de ses citoyens, en lui donnant des temples, des sacrifices religieux, des œuvres d'art, des fêtes solennelles, toutes choses d'un puissant attrait, il avait l'intention d'en faire quelque chose de plus grand qu'une cité impériale réunissant de nombreux alliés sous sa dépendance. Il désirait en faire le centre du sentiment grec, l'aiguillon de l'intelligence grecque et le type d'un fervent patriotisme démocratique, combiné avec la pleine liberté de l'aspiration et du goût individuel. Il ne désirait pas seulement retenir les Etats sujets dans l'union avec Athènes, mais attirer l'admiration et la déférence spontanée de voisins indépendants, de manière à assurer à sa patrie un ascendant moral bien plus étendu que son pouvoir direct. Et il y arriva en élevant la cité à une grandeur visible qui la faisait paraître plus forte encore qu'elle ne l'était en réalité, et qui avait en outre le résultat d'adoucir aux yeux des sujets la pensée humiliante de l'obéissance, en formant en même temps pour les étrangers de tous pays une sorte d'école normale d'action énergique sous l'empire même de la liberté la plus entière de la critique, de belles entreprises menées à fin économiquement, et de l'amour de la science sans affaiblissement du caractère (t. VI, p. 24). » (*Note de l'Éditeur.*)

conquérir leur indépendance. Tout était donc conséquent dans le système social des Athéniens : on rançonnait au dedans, on rançonnait au dehors, ici par les confiscations et les amendes, ailleurs par les contributions de guerre ou par les monopoles. Personne ne songeait aux ressources qu'on peut trouver dans le travail. La rage du *théorique* faisait inventer chaque jour des expédients nouveaux pour suffire aux consommations de ces discoureurs exigeants, qui délibéraient éternellement sans jamais rien produire.

Cependant, si le sentiment exagéré de leur supériorité civique n'eût pas détourné les Athéniens des voies régulières de la production, ils auraient peut-être résolu le grand problème de la répartition la plus générale des profits du travail. Toute leurs institutions avaient pour but de faire participer les citoyens aux bienfaits de l'association ; mais ils en excluaient les esclaves, qui formaient près des trois quarts de la population. L'état entretenait des médecins publics (Hippocrate l'a été à Athènes), des professeurs, des artistes chargés de l'embellissement des monuments dont chaque citoyen se considérait comme copropriétaire; les fonctions de notaire, celles de procureur, qui sont devenues, parmi nous, des sources d'exactions si onéreuses pour les familles, étaient salariées par l'État. L'enseignement était libre. Les enfants des soldats morts recevaient leur éducation aux frais du trésor public, et les orphelins trouvaient dans la sollicitude des magistrats une protection toute paternelle. Démosthènes commença sa réputation d'orateur en prenant à partie ses tuteurs, et il gagna contre eux son premier procès. Les Athéniens avaient en général pour principe qu'aucun citoyen ne devait être dans le besoin, et ils accordaient des secours à ceux que leurs infirmités corporelles rendaient incapables de pourvoir à leur subsistance. Mais cette libéralité dont ils usaient envers eux-mêmes, entraîna bientôt ses conséquences naturelles, en multipliant outre mesure le nombre des oisifs ou des imprévoyants, et quand les malheurs de la guerre du Péloponèse eurent tari les sources de l'impôt, la misère se montra dans toute son horreur. Il fallut établir une véritable taxe des pauvres dont le professeur Boeckh a discuté les chiffres incertains avec sa lucidité accoutumée, dans son excellent ouvrage sur l'*Économie politique des Athéniens* [1]. En même temps l'esprit d'association les aidait à lutter contre la détresse du trésor. Plusieurs particuliers se réunirent en une société appelée *Éranos*, à la condition de verser une cotisation qui était répartie selon les besoins de chacun. Cette société portait le nom de communauté des *Éranistes*, et le chef était appelé *Éranarque*.

C'est à ces habitudes antiéconomiques de vivre presque toujours aux frais du trésor public que les Grecs ont dû la perte de leur liberté et le peu de développement de leur puissance industrielle. Les distributions publiques ayant pris un caractère périodique, tous les ambitieux jaloux de popularité achetèrent la bienveillance de la multitude par des largesses qui épuisaient l'État sans enrichir les donataires. Platon remarque avec justesse que ce fatal système avait rendu les Athéniens paresseux, avides, intrigants et mobiles. Périclès, qui en fut l'auteur, ne se faisait point illusion sur ses inconvénients, mais il en avait besoin pour maintenir sa puissance, et il y persista. De là naquirent les menées

[1] Tome I, chap. XVII.

perpétuelles des orateurs qui avaient intérêt à flatter ce souverain aux vingt mille têtes qu'on appelait le peuple, et dont l'avidité ne pouvait être assouvie que par des impôts énormes sur les riches ou par des confiscations. Les démagogues en étaient venus au point de déclarer publiquement dans leurs harangues que si l'on ne condamnait pas tel ou tel citoyen, il serait impossible de suffire au salaire du peuple. Les riches menacés s'exécutaient quelquefois pour conjurer l'orage; il se faisait alors une distribution extraordinaire où tous les mécontents étaient appelés à la curée. Ainsi naquit le *théorique*, et Démade osa dire tout haut que les distributions d'argent étaient le ciment de la démocratie. Ne trouve-t-on pas, à plus de deux mille ans de distance, le même système renouvelé des Grecs dans le salaire de 40 sous par jour accordé en 1793 aux sectionnaires de Paris.

Tout était calculé chez les Grecs pour assurer des salaires à chaque classe de citoyens. Les orateurs se faisaient payer pour parler, et le peuple pour entendre; les juges, véritables jurés, ne s'étaient pas non plus oubliés. Soit par politique, soit plutôt pour assurer des positions aux notabilités populaires, on accréditait auprès de chaque puissance deux, trois et jusqu'à dix ambassadeurs à la fois. Certains crieurs publics, certains copistes des décrets du peuple se faisaient nourrir au Prytanée, dans lequel sans doute aussi l'État leur fournissait des logements. Il y avait des musiciens et des poëtes entretenus; enfin la foule des salariés était si grande, qu'il fallut établir des règles sévères contre le cumul, cette lèpre de nos finances modernes. Il est facile de se faire une idée de l'énormité des impôts qu'exigeait le payement de tous ces salaires, quand on sait que la plus pauvre famille de quatre personnes ne pouvait pas vivre à moins d'un revenu équivalent de 400 fr. de notre monnaie, si elle ne se contentait pas uniquement de pain et d'eau. Il fallait donc des ressources beaucoup plus considérables pour vivre décemment; en outre, la piété des Grecs envers les morts leur faisait souvent faire de grands frais pour les funérailles et pour les tombeaux; ils employaient une quantité notable de richesse en meubles, vêtements et bijoux. La plupart des bonnes maisons ne renfermaient pas seulement les objets nécessaires pour les usages ordinaires de la vie, mais généralement les instruments indispensables à l'exercice de plusieurs métiers, tels que le tissage, la boulangerie, pratiqués à domicile par les esclaves. La vanité avait conduit au luxe des vases précieux d'or et d'argent, et ils se multiplièrent tellement, que pour en fournir à ceux qui ne pouvaient y mettre le prix, on fut obligé d'en fabriquer dont l'épaisseur ne dépassait pas celle de l'épiderme. Maintenant si l'on considère qu'il y avait environ dix mille maisons à Athènes, indépendamment des constructions des ports, des petites villes et des villages, et environ 360,000 esclaves, on pourra se faire une idée de la richesse accumulée dans cette république, et, par analogie, de la puissance relative des autres républiques grecques.

On se demande toutefois avec surprise comment les Athéniens étaient parvenus à payer ces émoluments universels distribués aux différentes classes de citoyens. Dans le principe, les temples et les prêtres étaient entretenus au moyen des terrains sacrés, des dîmes foncières et des sacrifices [1]. Les magistrats de l'ordre judiciaire

[1] On immolait quelquefois à Athènes, dans certaines fêtes religieuses, jusqu'à trois cents bœufs, dont on distribuait au peuple la chair et les peaux.

recevaient des épices. Plus tard, lorsque Solon eût partagé le peuple en quatre classes selon leur degré de fortune, chaque classe fut taxée d'après le capital imposable dont elle était censée jouir, de manière pourtant que la plus riche payait dans une proportion de son revenu plus considérable que la plus pauvre : ce mode de taxation paraissait avoir tous les caractères de l'impôt de quotité. Pour l'établir sur une base équitable, il existait un cadastre des propriétés qui était revisé tous les quatre ans. Ce cadastre ne remplissait pas toutefois l'objet de nos registres d'hypothèques; le prêteur qui voulait prendre des sûretés se contentait de poser une borne, sur laquelle il inscrivait son nom, devant le champ de son débiteur. Outre l'impôt de quotité qui produisait seul des sommes considérables, et les tributs des alliés, espèce de contribution de guerre rigoureusement payée en temps de paix, les Athéniens avaient les revenus des mines, les amendes et les produits des confiscations dont nous avons déjà parlé, et les droits de douanes. L'État et les communes possédaient des propriétés dont le fermage produisait des sommes importantes. Ces propriétés consistaient ordinairement en pâturages, forêts, maisons et salines. On les donnait à bail à perpétuité ou à temps à un fermier général qui s'engageait à verser les revenus d'une manière régulière dans les caisses du trésor.

Les Grecs, et principalement les Athéniens, manifestèrent de bonne heure leur aversion pour tout ce qui ressemblait à un impôt personnel et surtout à l'impôt foncier. Il n'y avait pas chez eux de contribution des portes et fenêtres. Leurs revenus habituels provenaient des domaines publics et des biens des communes. Ils aimaient surtout à frapper des taxes sur les étrangers, et ils recouraient volontiers, même dans les circonstances ordinaires, à la ressource des impôts indirects, établis d'ailleurs avec une grande modération. Mais c'est surtout aux produits de leurs mines qu'ils attachèrent de tout temps une importance particulière. Celles de l'Attique et du Laurium paraissent avoir fourni dès l'origine des trésors considérables, puisque c'est au succès de leur exploitation que Thémistocle dut les moyens de porter à sa plus grande hauteur la puissance maritime de l'État. Toutefois ces mines ne tardèrent pas à s'épuiser, et du temps de Strabon on en retirait à peine de quoi couvrir les frais d'exploitation. Il est probable aussi que les connaissances imparfaites des anciens dans les sciences chimiques ne leur permirent pas d'en tirer le parti convenable. Ce travail était exécuté par des bandes d'esclaves naturellement peu instruits, assez mal disciplinés, et qu'on pourrait comparer avec exactitude à ces malheureux Indiens dont les Espagnols avaient peuplé leurs mines du Mexique et du Pérou, au commencement de la conquête. Aussi, rien n'égala le désespoir des Athéniens, quand ces ressources leur manquèrent tout à coup, et qu'ils se virent, comme les Espagnols de nos jours, réduits à chercher dans le travail dont ils avaient perdu l'habitude, un refuge contre la misère et la ruine. Cette révolution dut leur être d'autant plus pénible, que les mines étaient réparties entre un plus grand nombre de propriétaires ou de fermiers, jusque-là fort riches et placés sur la même ligne que les agriculteurs et les marchands les plus opulents.

Tout nous porte à croire que les anciens partageaient les préjugés modernes au sujet des métaux précieux. Nous verrons dans l'exposé des *Économiques* de Xénophon qu'ils considéraient l'or et l'argent comme la richesse par excellence, et que leur politique eut toujours pour but de faire affluer ces métaux sur le territoire national par tous les moyens possibles. C'est ainsi qu'ils avaient établi sur les marchandises étrangères l'impôt du *cinquantième*, qui était une taxe de douane. Cet impôt devait être acquitté au moment du déchargement des marchandises, en argent et non en denrées, opération facile si l'on considère que presque tout le commerce de la Grèce se faisait par mer. Il devait même exister à la porte de certaines villes un véritable octroi, source de fraude comme le nôtre, puisque les auteurs rapportent plusieurs cas extrêmement curieux de contrebande, entre autres celui d'un paysan qui introduisait des barils de miel dans des sacs d'orge, et qui fut découvert par des préposés accourus au secours de son âne abattu.

La monnaie d'or et d'argent était assez rare chez les Grecs avant leurs expéditions en Orient. La conquête d'une partie de l'Asie par Cyrus fit affluer vers l'Occident une masse immense de numéraire, et sans doute les fabuleux récits des richesses de Crésus et du Pactole aux sables d'or doivent leur origine à des faits vraisemblables que l'imagination des Grecs aura exagérés. La grande variété des monnaies importées donna naissance à l'industrie des changeurs qui spéculaient, comme ceux de nos jours, sur la conversion des espèces. Les Athéniens exerçaient d'ailleurs une surveillance sévère sur la fabrication de la monnaie, et la leur était de si bon aloi, qu'on la recherchait avec faveur sur tous les marchés. Quoique Pline le naturaliste [1], Strabon [2] et Diodore de Sicile [3] nous aient laissé de précieux documents sur les richesses métalliques des anciens, on n'en doit

[1] Liv. XXXII.
[2] Liv. III, IV et V.
[3] Liv. XXVII et XXXVI.

pas moins regretter la perte du livre spécial que Théophraste paraît avoir écrit sur l'art métallurgique 300 ans avant notre ère, et dont il nous est resté quelques fragments épars dans les ouvrages des écrivains ses successeurs. C'est là que tous ont puisé les documents relatifs à la question du numéraire dans l'antiquité. Philippe de Macédoine soutint la guerre contre les Grecs autant avec de l'or qu'avec du fer. Alexandre, son fils, rapporta des millions de son expédition de l'Inde, et il fit à ses soldats des libéralités extraordinaires. Les Ptolémées, ses successeurs, passent pour avoir réuni près d'un milliard de francs de notre monnaie en espèces. L'argent était d'ailleurs plus rare qu'aujourd'hui relativement à l'or. Au dix-neuvième siècle le prix de l'or est quinze fois plus élevé que celui de l'argent, tandis que du temps des Grecs il ne l'était que dix fois davantage. Une monnaie de billon, mêlée de fer et de cuivre, servait aux relations usuelles du petit commerce, et n'avait pas cours en dehors des frontières.

L'extrême importance attribuée à l'or et à l'argent donna naissance chez les Grecs à des institutions financières qui ne manquent pas d'analogie avec les nôtres. Le temple de Delphes recevait annuellement, sous la protection d'Apollon, des dépôts de sommes considérables appartenant à des particuliers et même à des villes. Les prêtres intéressés à voir l'or s'amasser au pied de leurs autels, encouragèrent ces dispositions, et le temple de Delphes devint une banque de dépôt respectée dans toute la Grèce. Cependant comme on ne retirait aucun intérêt des sommes qui y étaient déposées, plusieurs concurrences s'établirent, et la profession de banquier ne tarda pas à devenir très-lucrative. Le moindre taux de l'intérêt paraît avoir été de 10 pour

100, et le plus haut de 36. L'usure prit une extension démesurée, en raison des profits qu'on pouvait retirer des capitaux à l'aide des esclaves, et surtout à cause du peu de sécurité des prêteurs. Le même phénomène se reproduit encore de nos jours dans les pays à esclaves, ainsi qu'on le voit dans nos colonies, où d'ailleurs les formalités de l'expropriation sont si lentes, qu'un débiteur de mauvaise foi peut faire mourir son créancier à la peine. Aussi les prêteurs étaient dans l'habitude de prélever par avance la somme entière des intérêts, qu'ils prêtaient de nouveau à des conditions rigoureuses, bravant le mépris public mêlé de déférence et de flatterie qui s'attachait aux hommes d'argent dans ce temps-là comme de nos jours. L'usure reparaîtra, non moins hideuse, à Rome et dans toute l'Europe au moyen âge : symptôme fatal de l'ignorance des véritables lois de la production et du mépris des plus simples exigences de la morale. On peut juger par ces faits de ce que devaient être les loyers et les fermages, dont le taux se règle toujours plus ou moins d'après celui de l'intérêt de l'argent. Le professeur Boeckh évalue à huit et demi pour cent du capital le montant des loyers ; celui des fermages était un peu moins élevé. On bâtissait par spéculation des espèces d'hôtels dont les appartements étaient loués aux divers étrangers que la politique ou le commerce attirait à Athènes et qui n'y avaient pas droit de bourgeoisie.

Il est facile de concevoir, d'après ces données, sur quelles bases onéreuses devaient être effectués les emprunts publics. Le manque de sécurité et la tendance perpétuelle de ces peuples aux spoliations juridiques permettent de douter qu'un seul emprunt de ce genre ait été consenti librement. On aimait mieux recourir à des augmentations ou à des créations d'impôts, même sur la propriété foncière, quand les besoins de l'État devenaient trop pressants. Le temple de Delphes, celui de Délos prêtèrent plus d'une fois une partie des sommes qui leur avaient été confiées. On décrétait de temps en temps des anticipations d'impôt qui devaient être supportées par les riches, véritables emprunts forcés assez semblables à ceux que nous avons vus de nos jours. Enfin on alla jusqu'à créer une monnaie fictive de fer qui fut considérée comme réelle, et au moyen de laquelle on remplaça les espèces d'or et d'argent exportées par le commerce extérieur, jusqu'au moment où la monnaie de fer fut rachetée et annulée, à l'instar de nos assignats. Puis vinrent des altérations de monnaies plus honteuses et plus déplorables, des alliages d'argent et de plomb, d'argent et de cuivre, expédients ordinaires des gouvernements aux abois; mais ces écarts furent toujours de peu de durée, et si l'on excepte Sparte, où la monnaie consista longtemps en barres de fer lourdes et grossières par des motifs inhérents à la constitution de cette république utopique, la Grèce n'a cessé de se montrer fidèle à la réputation de son système monétaire.

Les hommes d'État de ce pays ont toujours attaché une grande importance aux affaires de finances. C'était une science difficile dans un temps où les dettes publiques ne permettaient pas de grever l'avenir des charges du présent. Les dépenses extraordinaires pesant de tout leur poids sur le contribuable, il fallait s'ingénier de mille manières pour ne pas atteindre le capital, et par conséquent la production dans sa source. Malheureusement l'intervention populaire, souvent peu éclairée, donna lieu à de graves dilapidations; les monuments des arts s'élevèrent avec profusion pour satisfaire la vanité nationale; l'habitude de vivre aux dépens des alliés détourna les citoyens des voies régulières du travail. L'existence de l'État dépendait donc ainsi de l'extérieur, et devenait par conséquent très-incertaine. C'est ce qui avait frappé Xénophon lui-même, lorsqu'il écrivit son traité des *revenus de l'Attique*, dont nous aurons bientôt occasion de parler.

Un semblable système devait nécessairement exercer une grande influence sur les mœurs des habitants de la Grèce. Les Athéniens étaient enclins au jeu et à l'oisiveté; on les voyait souvent assis devant les portiques de leurs monuments, raisonner d'affaires politiques, discuter les nouvelles du jour, puis visiter les boutiques, les marchés et les bains publics, une canne à la main. Quelquefois ils se faisaient suivre par un esclave portant un pliant qu'ils déployaient pour s'y asseoir quand ils étaient fatigués. Leurs repas étaient généralement somptueux, et le pain qu'on vendait, même aux plus simples ouvriers, était d'un goût exquis et d'une blancheur éblouissante. Leurs marchés étaient fournis de gibier, de poisson, de légumes et de fruits de toute espèce. A Sparte, c'était tout le contraire, et cependant les conséquences du système lacédémonien diffèrent peu de celles des habitudes d'Athènes. Les Spartiates ne se sont jamais élevés à la hauteur d'une nation civilisée, parce qu'ils ont cherché à étouffer tous les besoins; et les Athéniens en sont promptement descendus, pour avoir voulu les satisfaire à tout prix, et s'en créer chaque jour de nouveaux.

« Si l'on jette les yeux sur l'ensemble de l'économie politique des Athéniens, à laquelle ressemblaient plus ou moins les systèmes financiers des autres Grecs qui jouissaient de la liberté, à l'exception de Sparte, on reconnaît que beaucoup de ses parties étaient *calculées* avec sagesse. Les Grecs n'étaient ni pauvres ni indifférents pour les richesses ; mais la masse des métaux précieux en circulation n'était pas aussi considérable que dans les États de l'Europe moderne, et l'on faisait en conséquence beaucoup de choses avec peu d'argent ; comme les biens donnaient d'assez forts revenus, les particuliers pouvaient supporter des charges élevées. Athènes fit de nobles dépenses pour le culte des dieux, pour perpétuer les pensées généreuses et les grandes actions par des monuments qui manifestaient un sentiment exquis des beaux-arts. Mais les distributions et les salaires engendrèrent l'oisiveté ; le peuple se persuada que l'État devait le nourrir, et que son unique occupation devait être de diriger l'administration générale. C'était comme un problème pour les hommes publics de rechercher comment ils pourraient enrichir le peuple, non par le travail et l'industrie, mais en lui sacrifiant les revenus de l'État ; car on regardait la chose publique comme une propriété commune, qui devait être partagée entre les particuliers [1]. »

[1] Boeckh, *Économie politique des Athéniens*, liv. IV, ch. 21.

CHAPITRE III.

Des systèmes économiques essayés ou proposés en Grèce. — Des lois de Lycurgue. — *République* de Platon. — *Économiques* de Xénophon. — *Politique* d'Aristote.

Nous ne pensons pas qu'on ait hasardé en aucun pays du monde un système d'économie politique aussi extraordinaire que les lois de Lycurgue à Sparte. La règle la plus austère d'une communauté, les réformes les plus radicales décrétées par la Convention nationale, les utopies harmoniques des *Owenistes*, et, dans ces derniers temps, les prédications aventureuses du saint-simonisme n'ont rien qui puisse être comparé à ces lois, en fait de hardiesse et d'originalité. Elles semblent le rêve d'un contemplateur plutôt que le fruit des méditations d'un homme d'État, et cependant elles ont eu une existence assez longue, et elles ont pénétré assez profondément dans les mœurs d'un peuple célèbre pour occuper une place dans l'histoire de la science. Le principal caractère qui les distingue, c'est d'avoir été, pour ainsi dire, improvisées et appliquées sans transition à l'administration d'un peuple qui en avait eu jusqu'alors de fort différentes. On croirait, en les lisant, parcourir le règlement d'un collége plutôt que le code d'une nation. Tout y est tellement singulier, que l'existence même de leur auteur est mise en doute par beaucoup de savants, persuadés qu'il y a eu plus d'un Lycurgue, comme on a longtemps pensé qu'il avait existé plus d'un Homère.

Toutefois, quelle que soit l'origine des lois de Lycurgue, il est bien avéré qu'elles ont présidé pendant plusieurs siècles, plus ou moins intactes, aux destinées des Spartiates. Elles passent pour avoir réalisé l'utopie d'un partage général des propriétés, et d'une éducation commune à tous les citoyens. Elles renfermaient à la fois un système complet d'économie politique, un catéchisme pour les croyances, un manuel universel pour les industries. Elles réglaient l'ordre de succession au trône, et celui des mets dans les repas. Quoi de plus étrange que la division du territoire de Sparte en neuf mille portions, et le reste du pays en trente mille autres parts, assignées à autant de pères de famille, à condition d'en distribuer les produits à leurs femmes et à leurs enfants? Combien devait durer cette égalité passagère des fortunes? J'avoue que j'ai peine à comprendre une société dans laquelle il est défendu d'acheter ou de vendre une portion de terrain, ni de la léguer par testament. Comment concilier cette défense avec le droit d'aînesse qui existait à Sparte, à moins de supposer que l'aîné de chaque famille fût obligé d'entretenir ses frères, et alors que devenait l'égalité, ce but imaginaire des lois de Lycurgue?

Il n'était pas permis de constituer une dot aux filles, mais on les épousait probablement sans inquiétude de l'avenir, puisque l'État se chargeait d'élever et de nourrir les enfants à qui elles donnaient le jour. Heureux pays où chaque citoyen n'avait qu'à se mettre à table, certain d'y trouver un repas, pourvu qu'il apportât son contingent en orge ou en légumes! Pour comble de prodige, il n'y avait pas d'impôts ni de trésor public; et cependant, si nous en croyons Aristote, ce peuple philosophe trouvait quelquefois le moyen de prêter de l'argent. Les députés de Samos ayant recouru à sa bourse, Aristote nous assure que l'assemblée générale ordonna un jeûne universel de vingt-quatre heures, *hommes et animaux compris*, pour obtenir une petite économie, et en gratifier les alliés. Mais puisqu'il était défendu d'acheter et de vendre, à quoi servait l'argent à Sparte? Malgré tout notre respect pour l'antiquité, je crains bien que ces histoires d'emprunts et beaucoup d'autres encore ne soient de véritables mystifications. Ce qu'il y a de certain, néanmoins, c'est qu'il a existé une époque où le sentiment de la propriété parut s'éteindre à Sparte, pour faire place à une insouciance patriotique fondée sur l'absence presque entière de besoins personnels; car la législation de Lycurgue était parfaitement conséquente. En détruisant les bases de la propriété, elle devait faire une guerre infatigable au désir d'acquérir, et par suite à tous les goûts qui l'enflamment.

C'est, en effet, ce que le législateur avait prévu. Tous les enfants, soustraits dès l'âge le plus tendre à l'influence maternelle, cessaient d'appartenir à leurs familles pour devenir la propriété de l'État. On les élevait en commun, quelle que fût leur origine, d'après des principes invariables, sous la surveillance des magistrats et presque sur la place publique. Le fouet est décrété l'institution par excellence; les enfants sont dépouillés de leurs cheveux dans l'intérêt de la propreté; ils marchent sans chaussure dans toutes les saisons; ils couchent sur une litière de feuilles de roseaux. On leur apprend à voler des fruits pour leurs repas, et on les fustige quand ils se sont laissé découvrir. Parvenus à l'adolescence, un nouvel apprentissage commence pour eux, celui de la guerre, et ils en font l'exercice avec une telle audace, que le sang coule dans ces arènes dégoûtantes, où ils se déchirent demi-nus, sous les yeux de leurs mères. « Tu me mors comme une femme, dit l'un ; non, mais comme un lion, répond l'autre, » et les spectateurs d'applaudir à ces furieux qui se servaient avec grâce de leurs ongles et de leurs dents. Quel détestable peuple ! et quel nom donnerions-nous à de telles vertus !

L'éducation des femmes ne présentait pas des anomalies moins choquantes, et notre raison se refuse à admettre la prétendue efficacité morale du système adopté à leur égard. Un critique spirituel a pu dire avec justesse qu'on les considérait à Sparte comme les femelles plutôt que comme les compagnes de l'homme. On ne les estimait qu'en raison de l'énergie de leurs formes et de la vigueur de leur tempérament. Elles étaient exercées de bonne heure à manier le javelot, à courir presque nues dans l'arène, en présence de tous les citoyens et même des jeunes hommes de leur âge. Parlerai-je de l'usage infâme de remplacer les maris par des amants, dans une foule de circonstances légalement prévues ? Faut-il rappeler les unions incestueuses et les combinaisons de haras qui conduisirent ce peuple grossier à la promiscuité des sexes, sous prétexte d'embellir la race et de fortifier les générations ? Je ne suis pas surpris que le temps ait détruit les monuments de Sparte, si toutefois Sparte a eu des monuments. Nous lisons dans Plutarque que les maisons des Lacédémoniens étaient très-petites et construites sans art. On ne travaillait les portes qu'avec la scie et les planchers qu'avec la cognée ; des troncs d'arbres à peine dépouillés de leur écorce servaient de poutres, habitations bien dignes d'un tel peuple, et qui semblent plutôt appartenir à des tribus nomades qu'à une nation civilisée. N'avaient-ils pas horreur du beau langage, des sciences qu'ils appelaient des vices, et de tout ce qui fait la gloire ou le charme de la vie? Sur leur théâtres mêmes, ils préféraient les boxeurs aux poëtes ; c'est tout dire.

Il n'est pas surprenant que les arts industriels tiennent peu de place dans leur histoire. Quelle industrie était nécessaire à des gens qui vivaient de brouet noir, qui s'asseyaient sur des madriers mal équarris, qui marchaient le plus souvent sans chaussure et nu-tête! Le peu d'artisans qu'on voyait à Sparte exerçait, comme en Égypte, la profession de leur père, et la plupart des habitants n'en exerçaient aucune. Ces hommes, si différents des Athéniens pour tout le reste, leur ressemblaient complétement par l'horreur du travail manuel. Le travail était pour eux le symbole de l'esclavage, déplorable erreur qui a perdu la civilisation antique, et qui retient aujourd'hui dans un état voisin de la décrépitude nos jeunes républiques de l'Amérique du Sud. Malheur aux peuples qui se reposent sur des esclaves du soin de pourvoir à leurs besoins et qui remettent en de telles mains la production nationale! Entre les ilotes de Sparte et les nègres des colonies européennes, où est la différence? et quelle différence y a-t-il aussi entre les Spartiates chassant aux ilotes et les Espagnols chassant aux Indiens! La fin de cette double domination a été la même, car la force brutale peut bien conquérir, mais il n'appartient qu'à la vraie liberté de conserver et de civiliser.

Cependant les institutions de Sparte ont excité au plus degré l'admiration des anciens et celle des modernes.

Aristote, Platon, Xénophon nous en ont laissé des peintures vives et animées. Mais ces peintures ne doivent-elles pas être considérées comme des ouvrages d'imagination, plutôt que comme des traits scientifiques sérieux? Ne faut-il pas y voir une thèse de philosophie, au lieu d'une doctrine économique? Je ne saurais me ranger entièrement à cet avis. Les institutions de la Grèce ne sont pas nées du hasard; la plupart d'entre elles ont été le fruit des méditations de plusieurs hommes célèbres, qui en ont poursuivi le développement avec une inflexibilité de logique tout à fait systématique. On eût dit qu'ils voulaient voir la fin de leurs expériences, comme chez nous le pouvoir exécutif tient à l'application des lois que son initiative a fait rendre. Quand Platon écrivait les dialogues qui composent son *Traité de la République*, il prouvait assez clairement que l'économie politique, telle que nous la comprenons de nos jours, n'était pas étrangère à ses contemporains les plus éclairés. Il a signalé les avantages de la division du travail avec une lucidité parfaite et qui nous semble avoir ravi à Adam Smith le mérite de cette découverte, sinon la priorité de la démonstration. C'est ici le moment de citer les passages les plus curieux de ce dialogue si naturel, si vrai et si admirable de justesse et de simplicité [1].

« Ce qui donne naissance à la société, c'est l'impuissance où nous sommes de nous suffire à nous-mêmes, et le besoin que nous avons d'une foule de choses. Ainsi, le besoin ayant engagé l'homme à se joindre à un autre homme, la société s'est établie dans un but d'assistance mutuelle.— Oui; mais on ne communique à un autre

[1] *République de Platon*, liv. II.

ce qu'on a, pour en recevoir ce qu'on n'a pas, que parce qu'on croit y trouver son avantage.— Assurément.— Bâtissons donc une ville par la pensée. Nos besoins la formeront. Le premier et le plus grand de tous, n'est-ce pas la nourriture?— Oui.— Le second besoin est celui du logement; le troisième est celui du vêtement.— Sans doute.— Comment notre ville pourra-t-elle fournir à ces besoins? Ne faudra-t-il pas, pour cela, que l'un soit laboureur, un autre architecte, un autre tisserand? Ajouterons-nous un cordonnier ou quelque artisan semblable?— Je veux bien.— Toute ville est donc composée de plusieurs personnes; mais faut-il que chacun des habitants travaille pour tous les autres; que le laboureur, par exemple, prépare à manger pour quatre et qu'il y mette quatre fois plus de temps et de peines, ou ne serait-il pas mieux que, sans s'occuper des autres, il employât la quatrième partie du temps à préparer sa nourriture et les trois autres parties à se bâtir une maison, à se faire des habits et des souliers?— Il me semble que la première manière serait plus commode pour lui. En effet, nous ne naissons pas tous avec les mêmes talents, et chacun manifeste des dispositions particulières. Les choses iraient donc mieux, si chaque homme se bornait à un métier, car la tâche est mieux faite et plus aisément quand elle est appropriée aux goûts de l'individu et qu'il est dégagé de tout autre soin.»

Certes, jamais les avantages de la division du travail n'ont été plus clairement définis que dans ce passage remarquable. Nous allons bientôt voir avec quel art ingénieux l'auteur sera conduit à la définition de la monnaie. « Voilà donc, reprend l'un des interlocuteurs de Platon, les charpentiers, les forgerons et les autres ouvriers, qui vont entrer dans notre petite ville et l'agrandir. Il sera presque impossible, dès lors, de trouver un lieu d'où elle puisse tirer tout ce qui est nécessaire à sa subsistance.— La ville aura besoin de personnes qui aillent chercher dans le voisinage ce qui pourra lui manquer.— Mais ces personnes reviendront sans avoir rien reçu, si elles ne portent aux voisins de quoi satisfaire aussi à leurs demandes.— Assurément, et il faudra des gens qui se chargent de l'importation et de l'exportation des marchandises. Ce sont ceux qu'on appelle commerçants.— C'est ce que je pense, et même, si le commerce se fait par mer, voilà encore une foule de gens nécessaires pour la navigation.— Mais, dans la ville, comment nos citoyens se feront-ils part les uns aux autres de leur travail?— Il est évident que ce sera par vente et part achat.—Il nous faut donc encore un marché et une monnaie, symbole du contrat. »

Ne croirait-on pas, en lisant ces lignes si simples et si précises, parcourir l'un de nos meilleurs traités d'économie politique? Il est difficile, en effet, d'exposer avec plus de clarté la marche naturelle du développement industriel dans une ville qui commence. A mesure que cette ville imaginaire s'enrichit, sa situation se complique; la distribution des richesses s'y fait d'une manière inégale et soulève bien des questions qui ne sont pas faciles à résoudre. « Qu'est-ce qui perd les artisans? dit Adimante[1]. — Et Socrate répond : l'Opulence et la Pauvreté. — Comment cela? — Le voici : le potier devenu riche s'embarrassera-t-il beaucoup de son métier? — Non. — Il deviendra de jour en jour plus fai-

[1] *De la République*, liv. II.

néant et plus négligent? — Sans doute. — Et par conséquent plus mauvais potier? — Oui. — D'un autre côté, si la pauvreté lui ôte les moyens de se fournir d'outils, et de tout ce qui est nécessaire à son art, son travail en souffrira; ses enfants et les ouvriers qu'il forme en seront moins habiles. — Cela est vrai. — Ainsi les richesses et la pauvreté nuisent également aux arts et à ceux qui les exercent. — Il y a apparence. — Voilà donc deux choses auxquelles nos magistrats prendront bien garde de donner entrée dans notre ville, l'opulence et la pauvreté : l'opulence, parce qu'elle engendre la mollesse et la fainéantise; la pauvreté, parce qu'elle produit la bassesse et l'envie : l'une et l'autre parce qu'elles conduisent l'État vers une révolution. » Il faut encore reconnaître ici la compétence parfaite des anciens à examiner les plus graves questions de l'économie politique. Après plus de deux mille ans, nous n'avons pas encore obtenu la réalisation de l'utopie de Platon, de ce juste milieu économique assurant à chacun une égale répartition des profits du travail. Nous avons toujours de ces potiers enrichis qui négligent leur art et des ouvriers pauvres auxquels il faut fournir des outils qu'ils sont hors d'état de se procurer. Il y a donc bien longtemps qu'on y pense, à ces terribles problèmes de l'état social, que les révolutions abordent toujours sans les résoudre jamais! Dictature, esclavage, liberté, pillage, association, aristocratie, démocratie, on y a tout usé : l'énigme demeure encore indéchiffrable; heureuse notre génération, si la science lui en donne le mot quelque jour!

Après avoir si ingénieusement défini la cité et analysé la division du travail, Platon s'arrête tout à coup et conseille la communauté des femmes et des enfants.

« Je propose, dit-il que les femmes de nos guerriers soient communes *toutes à tous;* qu'aucune d'elles n'habite en particulier avec aucun d'eux ; que les enfants soient communs et que ceux-ci ne connaissent pas leurs parents, ni les parents leurs enfants [1] ». Je cite littéralement ce passage étonnant, pour donner une idée du degré de hardiesse où l'esprit de système a pu conduire un des plus beaux génies de l'antiquité. La communauté des biens, autre chimère, est aussi considérée par Platon comme un remède souverain aux plaies les plus invétérées de la société. Il n'y aurait plus ni troubles, ni désordres, ni insolence, ni servilité. L'usure disparaîtrait avec l'avarice et les vices qu'un amour immodéré des richesses multiplie chez les hommes. Plus de procès, partant plus de chicane ; nous vivrons tous comme des frères. « N'espérons pas toutefois, ajoute Platon, réaliser le plan de cette parfaite république. Comme les peintres habiles dessinent à grands traits des modèles d'une beauté idéale, impossible à trouver dans les individus, de même nous ne voulons que donner un type accompli ; plus les législateurs se rapprocheront de ce modèle, plus leur constitution sera propre à conduire les hommes au bonheur. » Telle est l'opinion que Platon lui-même avait de ses doctrines, mélange remarquable d'aperçus plein de justesse et d'utopies indignes d'attention. On ne sait comment concilier, en effet, les rêves d'égalité qui agitent ce philosophe, avec son profond mépris pour les classes laborieuses. « La nature, selon lui, n'a fait ni cordonniers, ni forgerons ; de pareilles occupations dégradent les gens qui les exercent, vils mercenaires, misérables sans nom qui sont exclus, par

[1] *De la République,* liv. v.

leur état même, des droits politiques. Quant aux marchands, accoutumés à mentir et à tromper, on ne les souffrira dans la cité que comme un mal nécessaire. Le citoyen qui se sera avili par le commerce de boutique *sera poursuivi pour ce délit.* S'il est convaincu, il sera condamné à un an de prison. La punition sera doublée à chaque récidive. Ce genre de trafic ne sera permis qu'aux étrangers qu'on trouvera être les moins corrompus. Le magistrat tiendra un registre exact de leurs factures et de leurs ventes. On ne leur permettra de faire qu'un très-petit bénéfice[1]. Xénophon n'est pas moins explicite. Il pense que « les arts manuels sont infâmes et indignes d'un citoyen. La plupart déforment le corps. Ils obligent de s'asseoir à l'ombre ou près du feu. Ils ne laissent de temps ni pour la république ni pour les amis. »

C'est cette doctrine des *hommes de loisir*, ressuscitée parmi nous, qui résume toute l'économie politique des anciens. M. de Sismondi[2] fait remarquer avec beaucoup de sens que du moins ils avaient toujours reconnu que la richesse n'a de prix qu'autant quelle contribue au bonheur général, et que c'est pour ne l'avoir pas considérée abstraitement qu'ils avaient souvent eu en cette matière des idées plus justes que les nôtres. L'économie politique des Grecs était éminemment gouvernementale et réglementaire. Leurs écrivains veulent que la loi se mêle de tout et ne laisse presque rien à la liberté individuelle des citoyens. La cité n'est pour eux qu'une vaste association où chaque habitant joue un rôle convenu, ou bien une grande machine dont il représente

[1] Platon, *Traité des lois*, liv. XI.
[2] *Nouveaux principes d'économie politique*, liv. I, ch. 2.

un des rouages. Ils s'occupent exclusivement des masses et négligent l'individu, dangereux excès auprès duquel il n'y a rien de plus dangereux que l'excès contraire, où paraissent tomber de nos jours les grandes nations civilisées par l'industrie. Et encore quand on parle des masses à Athènes, il ne faut pas perdre de vue qu'il s'agit seulement de ce petit nombre d'hommes libres qui se faisaient nourrir par des armées d'esclaves. C'est en ce sens que M. Dunoyer a eu raison de dire [1] « que l'esclavage des professions utiles avait été le régime économique de toute société nouvellement fixée. » Rousseau prétend que ce régime était indispensable, « parce qu'il est des positions malheureuses où l'on ne peut conserver sa liberté qu'aux dépens de celle d'autrui et où le citoyen ne peut être parfaitement libre que l'esclave ne soit extrêmement esclave [2]. » Cette singulière doctrine prouve jusqu'à quel point les plus beaux génies ont pu s'égarer dans leur aveugle admiration pour les institutions de l'antiquité ; mais il n'est plus permis aujourd'hui de s'égarer avec eux. Une étude plus philosophique de l'histoire ancienne nous montre les Grecs en proie aux dissensions civiles, à la guerre étrangère, aux intrigues de la place publique, par suite du désœuvrement où leur permettait de vivre le travail des esclaves. Ils excellaient à conduire un char dans la carrière, à ergoter sur des finesses grammaticales, à faire de la mauvaise musique, et, devenus rhéteurs après avoir été pillards, ils ont succombé faute de courage pour se défendre et faute d'argent pour se faire défendre par des mercenaires.

[1] *Nouveau Traité d'économie sociale*, t. I, p. 234.

[2] *Contrat social*, liv. III.

L'économie politique de Xénophon ne repose pas sur d'autres bases que celle de Platon. Toutes les fois qu'il s'agit d'analyser les opérations du travail, de remonter à la source du revenu, de déterminer l'utilité des choses, la lucidité de cet écrivain est admirable ; mais dès qu'il est question de la répartition des profits, les préjugés grecs reprennent leur empire et l'auteur retombe dans la politique de Platon et d'Aristote, fidèles interprètes de l'oligarchie contemporaine. Quel malheur que ces hommes, si habiles à exposer les phénomènes essentiels de la production, n'en aient pas tiré plus judicieusement les conséquences ! Écoutez Xénophon dans ses définitions : « Il ne faut entendre par *bien* que ce qui peut nous être utile. — Les terres que nous cultivons ne sont plus des biens, lorsque nous perdons à leur culture.—L'argent même n'est pas un bien, si l'on n'en fait pas usage. » J.-B. Say n'a pas donné une meilleure définition des capitaux productifs et improductifs. L'auteur grec dit ailleurs ces paroles remarquables : *On a les bras bien longs; quand on a ceux de tout un peuple.* Il propose d'accorder des gratifications à ceux du tribunal des négociants qui termineraient les contestations avec le plus de justice et de célérité ; mais il nous semble moins heureux lorsqu'il soutient que la grande abondance de l'argent ne le ferait pas baisser de prix. Au surplus, les écrits de Xénophon, bien que remplis de conseils ingénieux aux agriculteurs et de considérations très-importantes pour les philosophes, ne peuvent pas nous donner une idée complète des véritables vues économiques des anciens. L'auteur s'est borné à recommander la tempérance, l'activité, la bonne distribution du travail. Il a soigneusement tracé les attributions de l'homme et de la femme sous l'influence du mariage, les avantages de l'ordre, de l'émulation et des récompenses. Enfin, il a manifesté avec énergie le profond mépris que lui inspiraient les travaux manuels : « Les gens qui s'y livrent, dit-il, ne sont jamais élevés aux charges, et on a bien raison. La plupart condamnés à être assis tout le jour, quelques-uns même à éprouver un feu continuel, ne peuvent manquer d'avoir le corps altéré, et il est bien difficile que l'esprit ne s'en ressente. Outre cela, le travail emporte tout le temps ; on ne peut rien faire pour ses amis, ni pour l'État. »

Telle est la conclusion obligée de toutes les théories économiques des anciens. On ne conçoit pas, en lisant ces philippiques véhémentes contre la classe ouvrière, que leurs plus grands auteurs aient daigné descendre jusqu'à écrire de si belles choses en faveur de ces travailleurs, qu'ils accablent en toute occasion de leurs sarcasmes et de leur mépris. L'agriculture seule passait aux yeux des anciens pour une industrie respectable ; c'est pour elle seule qu'ils ont réservé leur sollicitude et leur admiration. Xénophon lui consacre la partie la plus importante de ses *Économiques*. Il y traite des moyens de former de bons fermiers, de connaître les propriétés d'un terrain, des temps favorables au labour, des semailles, des plantations, des défrichements, du commerce des grains ; mais si succinctement, et d'une manière tellement sentimentale, que son livre, malgré les données excellentes qu'il renferme, ressemble plutôt à un catéchisme de morale qu'à un traité scientifique. Cependant on y retrouve avec intérêt les préjugés habituels des anciens sur certaines questions importantes de la science, notamment en faveur des métaux précieux. « L'argent, dit Xénophon, ne ressemble point aux autres productions de la terre. Que le fer ou le cuivre deviennent communs, au point que les ouvrages faits de ces matières se vendent à trop bon marché, voilà les ouvriers ruinés complétement. Je dis la même chose des cultivateurs, dans les années où le blé, le vin ou les fruits sont très-abondants. Pour l'argent, c'est tout le contraire. Plus on en trouve de mines et plus on les exploite, plus on voit de citoyens s'efforcer d'en devenir possesseurs... En cas de guerre, l'argent est nécessaire aussi pour nourrir les troupes et payer les alliés. On m'objectera peut-être que l'or est pour le moins aussi utile que l'argent : je me garderai bien de soutenir le contraire. Je remarquerai seulement que l'or devenu plus commun que l'argent ferait hausser celui-ci et baisserait lui-même [1]. »

Ainsi, dans ces gouvernements de la Grèce, si souvent cités comme des modèles de patriotisme, on ne faisait la guerre qu'avec de l'argent, on ne trouvait des défenseurs et des alliés qu'à ce prix. Et comment aurait-il pu en être autrement? La classe riche était seule investie du privilége de la cité ; elle était sans cesse occupée d'intrigues politiques et se voyait obligée de confier à des mercenaires l'honneur de protéger l'indépendance nationale. Un jour vint où les lois de Lycurgue et celles de Solon eurent une destinée commune. Les parts que ces législateurs avaient cru assurer à chaque citoyen dans la propriété du territoire, furent enfin absorbées par quelques ambitieux ; et, quand les dangers extérieurs éclatèrent, personne ne voulut défendre une patrie qui était devenue la propriété de quelques familles.

Cette crise fatale paraît encore plus inévitable quand on lit les traités économiques d'Aristote. A vrai dire,

[1] *Des moyens d'augmenter les revenus de l'Attique*, ch. IX.

ces écrits appartiennent beaucoup plus à la politique qu'à l'économie politique; mais ils exposent avec une clarté et un ordre si parfait les doctrines économiques des Grecs, qu'on doit les considérer comme le monument le plus précieux de leur histoire. La *Politique* d'Aristote est divisée en huit livres; il y examine successivement les éléments de la formation des sociétés, les qualités qui distinguent le bon citoyen, les différentes formes de gouvernement, les causes des révolutions, et les bases sur lesquelles doit reposer toute bonne législation. Rien n'est plus singulier que les raisonnements au moyen desquels ce publiciste ingénieux a cherché à justifier l'esclavage comme une institution de droit naturel. « C'est la nature elle-même, dit-il [1], qui a créé l'esclavage. Les animaux se divisent en mâles et femelles. Le mâle est plus parfait, il commande. La femelle est moins accomplie, elle obéit. Or, il y a dans l'espèce humaine des individus aussi inférieurs aux autres que le corps l'est à l'âme ou que la bête l'est à l'homme; ce sont ces êtres propres aux seuls travaux du corps et qui sont incapables de faire rien de plus parfait. Ces individus sont destinés par la nature à l'esclavage, parce qu'il n'y a rien de meilleur pour eux que d'obéir... Existe-t-il donc, après tout, une si grande différence entre l'esclave et la bête? leurs services se ressemblent; c'est par le corps seul qu'ils nous sont utiles. Concluons donc de ces *principes* que la nature crée des hommes pour la liberté et d'autres pour l'esclavage; qu'il est utile et qu'il est juste que l'esclave obéisse. »

Après avoir proclamé les étranges principes sur les-

[1] *Politique*, liv. III, ch. I.

quels repose tout l'édifice de sa politique, Aristote examine sous le nom de *spéculation* la théorie des richesses dont il voudrait faire une science à part, et qu'il propose d'appeler la *chrématistique*. M. de Sismondi a paru attacher beaucoup d'importance à l'adoption de cette dénomination exclusive, qui ne tendrait à rien moins qu'à borner l'économie politique aux simples éléments de la production des richesses. Mais les efforts du savant professeur de Genève n'ont pu parvenir à imposer aux économistes modernes cette subtilité du philosophe de Stagyre. Il y a autre chose pour nous que l'étude de la production matérielle dans la science dont j'entreprends d'écrire l'histoire : tout le monde s'accorde à y trouver les moyens d'améliorer le sort de l'espèce humaine, et le livre d'Aristote lui-même en offre la preuve incontestable. Pourquoi aurait-il lié à ses essais hardis d'organisation sociale tout ce qui concerne la science des richesses, s'il n'eût pas considéré ces grandes questions comme inséparables? Et plût à Dieu qu'il eût été aussi heureux dans les premières qu'il s'est montré éclairé dans les secondes !

A peine a-t-il exposé en quoi consistent les biens qu'il appelle naturels, il se livre à l'étude de ceux qu'il nomme artificiels. « Tout objet de propriété, dit-il [1], a deux usages, tous deux inhérents à l'objet, avec une destination particulière. L'un est l'usage naturel, l'autre est l'usage artificiel. Ainsi l'usage naturel d'une chaussure est de servir à marcher, son usage industriel est d'être un objet d'échange. » Ne croirait-on pas lire la définition de la valeur en usage et de la valeur en échange, popularisée par Adam Smith, et devenue de nos

[1] *Politique*, liv. I, ch. VI.

jours la base de tous les traités d'Économie politique? Aristote n'a pas exposé avec moins de vérité et de clarté les avantages de la monnaie. Après avoir jeté un coup d'œil sur les différents genres de commerce, il explique très-bien comment le besoin fit inventer la monnaie. « On convint, ajoute-t-il, de donner et de recevoir dans les transactions une matière utile et d'une circulation aisée. On adopta pour cet usage le fer, l'argent et d'autres métaux. Ce premier signe d'échange ne valut d'abord qu'à raison du volume et du poids : ensuite on le frappa d'un signe qui en marquait la valeur, afin d'être dispensé de toute autre vérification. Après l'adoption nécessaire de la monnaie pour les échanges, il se fit une révolution dans la manière de spéculer : le trafic parut. Peut-être fut-il peu compliqué dans l'origine; bientôt il se fit des combinaisons plus habiles, afin de tirer des échanges le plus grand bénéfice possible. Il est arrivé de là qu'on s'est accoutumé à restreindre l'art de la spéculation à la seule monnaie ; on a pensé que l'unique fonction du spéculateur était d'amasser des métaux précieux, parce que le résultat définitif de ses opérations est de procurer de l'or et des richesses. Cependant la monnaie ne serait-elle pas un bien imaginaire ? Sa valeur est toute dans la loi. Où est celle qu'elle a de la nature ? Si l'opinion qui l'admet dans la circulation vient à changer, où est son prix réel? Quel besoin de la vie pourrait-elle soulager? A côté d'un monceau d'or, on manquerait des plus indispensables aliments. Quelle folie d'appeler richesse une abondance au sein de laquelle on meurt de faim ! »

Il est impossible de caractériser d'une manière plus juste les véritables propriétés de la monnaie. Ailleurs Aristote a apprécié avec la même exactitude les conséquences de l'usure et celles de l'esprit d'accaparement. « Un Sicilien, dit-il, avait une somme d'argent en dépôt. Il en acheta tout le fer qui se trouvait dans les forges, Bientôt les marchands arrivèrent de différentes contrées et ne trouvèrent du fer que chez lui. Il n'en avait pas trop élevé le prix ; cependant il doubla sa mise de fonds, qui était de cinquante talents. »

On a reproché avec quelque raison à plusieurs Économistes modernes de n'avoir compris dans leurs appréciations de la richesse publique que les producteurs matériels, comme si le magistrat, qui dispense la justice ou qui dirige l'administration, ne rendait pas à la société autant de services que les instituteurs ou les agriculteurs. Platon lui-même était tombé dans cette erreur, qui est réfutée avec vivacité par Aristote : « Eh quoi ! la cité ne serait constituée que pour les besoins physiques ! des cordonniers et des laboureurs suffiraient à tout ! — Quelle est la partie de l'homme qui le constitue essentiellement ? C'est l'âme plutôt que le corps. Pourquoi donc les seules professions qui pourvoient aux premiers besoins composeraient-elles une cité, plutôt que la profession d'arbitre impartial des droits ou celle de sénateur délibérant pour le bien de l'État? Ces professions ne sont-elles pas l'âme agissante de la cité [1] ? » Ainsi, Aristote avait réhabilité bien avant J.-B. Say ces créateurs de produits immatériels dont le classement passait pour une découverte de notre époque. Il avait aussi indiqué avec une précision admirable les causes de la vieille lutte qui existe depuis les premiers âges du monde entre la richesse et la pauvreté. « Toute société politique, disait-il, se divise en trois classes, les riches, les

[1] *Politique*, liv. IV, ch. IV.

pauvres et les citoyens aisés qui forment la classe intermédiaire. Les premiers sont insolents et sans foi dans les grandes affaires ; les seconds deviennent fourbes et fripons dans les petites choses : de là mille injustices, résultat nécessaire de la tromperie et de l'insolence qui les rendent également déplacés dans un conseil, dans une tribu, et très-dangereux dans une cité. Les riches sucent l'indépendance avec le lait : élevés au sein de toutes les jouissances, ils commencent dès l'école à mépriser la voix de l'autorité. Les pauvres, au contraire, obsédés par la détresse, perdent tout sentiment de dignité : incapables de commander, ils obéissent en esclaves, tandis que les riches, qui ne savent pas obéir, commandent en despotes. La cité n'est alors qu'une agrégation de maîtres et d'esclaves; il n'y a point d'hommes libres. Jalousie d'un côté, mépris de l'autre ; où trouver l'amitié et cette bienveillance mutuelle qui est l'âme de la société ? *Quel voyage avec un compagnon qu'on regarde comme un ennemi !* »

« Aussi, continue Aristote, la classe moyenne est-elle la base la plus sûre d'une bonne organisation sociale, et la cité aura nécessairement un bon gouvernement, si cette classe a la prépondérance sur les deux autres réunies ou du moins sur chacune d'elles en particulier. C'est elle qui, se rangeant d'un côté, fera pencher l'équilibre et empêchera l'un ou l'autre extrême de dominer. Si le gouvernement est entre les mains de ceux qui ont trop ou trop peu, il sera ou une fougueuse démagogie ou bien une oligarchie despotique. Or, quel que soit le parti dominant, l'emportement de la démocratie et la morgue oligarchique conduisent droit à la tyrannie. La classe moyenne est bien moins exposée à tous ces excès. Elle seule ne s'insurge jamais ; partout où elle est en majorité, on ne connaît ni ces inquiétudes, ni ces réactions violentes qui ébranlent les gouvernements. Les grands États sont moins exposés aux mouvements populaires. Pourquoi? parce que la classe moyenne y est nombreuse. Mais les petites cités sont souvent divisées en deux camps. Pourquoi encore? parce qu'on n'y trouve que des pauvres et des riches, c'est-à-dire des *extrêmes* et pas de *moyens.* »

Il semble que ces lignes soient écrites d'hier et jetées aux lecteurs par une des mille voix de notre temps. Je les ai citées avec quelque extension, parce qu'elles donnent une idée exacte des vues économiques des plus grands écrivains de l'antiquité. En plaidant avec tant de chaleur la cause des classes moyennes, ils ne se laissaient pas égarer à la poursuite d'une vaine utopie ; ils savaient ce qui se passe dans les luttes civiles où s'agitent des questions sociales entre le riche et le pauvre. « Le parti qui l'emporte ne reste pas le maître sans résistance. Il se garde bien d'établir une constitution suivant le juste équilibre de l'égalité. Le vainqueur regarde le gouvernement comme le prix de la victoire : il lui donne la livrée de son parti [1]. » Plus on relit Aristote, plus on reconnaît que ce grand écrivain a résumé en toutes choses les idées les plus avancées de la civilisation de son temps. Car il y a eu en Grèce, à Rome, comme dans le reste de l'Europe depuis l'ère chrétienne, des époques et des hommes qui ont mérité le privilége de représenter mieux que les autres le caractère et la pensée de plusieurs générations. C'est ainsi qu'on peut s'expliquer la puissante influence des grands hommes et des grands écrivains de la Grèce, malgré la diversité d'intérêts de

[1] *Politique*, liv. IV, ch. XI.

toutes les républiques qui ont occupé ce petit territoire. En dépit des nombreux changements que les institutions de ces républiques ont éprouvés aux divers âges de la Grèce, elles reposaient sur des principes à peu près invariables, mais dont l'esclavage formait toujours la base. Tout ce qui n'était pas grec était considéré comme barbare; les prêtres, les philosophes législateurs, les guerriers et les orateurs, ont passé tour à tour par le pouvoir sans ébranler les vieux fondements de la civilisation grecque, l'horreur du travail industriel, le mépris du commerce, l'indifférence pour tout ce qui était étranger ou esclave. En vain, les grandes expéditions d'Alexandre et les développements de leur puissance maritime auraient facilité aux divers nations grecques l'établissement d'un grand empire oriental : leurs divisions intestines et l'abus du servage leur ont fait perdre cette chance glorieuse, et le fédéralisme grec a disparu devant l'unité romaine, dès qu'il a plu à celle-ci de se montrer.

CHAPITRE IV.

Des colonies grecques et de leurs relations avec la métropole. — Elles ont contribué à répandre dans une grande partie de l'Europe les idées dont le foyer était à Athènes et à Sparte. — Elles ont été fondées, comme les nôtres, par des émigrations, mais elles ont joui d'une plus grande indépendance.

L'histoire de la Grèce ancienne présente, comme celle de l'Europe moderne, le phénomène remarquable d'une fédération de petits peuples qui tiennent en respect des contrées immenses, par le seul ascendant de leur supériorité morale. La carte des colonies grecques ressemble à un monde, quand on la compare à celle du Péloponèse et des autres dépendances métropolitaines de terre ferme. Les Grecs avaient en effet des colonies dans l'Asie-Mineure, sur les bords de la mer Noire, à Chypre, en Crète, en Sicile, en Gaule, en Espagne et en Afrique. Ils y comptaient les villes par centaines, et l'on ne saurait douter que la plupart de ces villes aient joui de la plus grande opulence, même dans le sens que nous attachons aujourd'hui à ce mot. Dans le principe, elles furent le produit de la conquête ; on s'emparait des habitants comme esclaves, et de leurs terres comme d'un domaine public. Plus tard, les nations conquises furent reçues à capitulation ; les Grecs y envoyèrent l'excédant de leur population famélique et turbulente, et il se forma une association véritable entre les indigènes et les émigrants. Tant que la métropole pouvait les maintenir dans l'obéissance au moyen de ses flottes, la dépendance était réelle ; mais il suffisait d'une interruption dans les communications pour remettre sa suprématie en question. C'est ainsi que la défaite d'OEgos-Potamos fit perdre à Athènes toutes ses *clérouquies*.

On ne saurait douter, néanmoins, que le régime colonial des anciens n'ait été, en général, plus indépendant que le nôtre de l'influence des métropoles. Les Grecs n'avaient point à leur disposition les flottes immenses des peuples modernes, ni la puissance de l'artillerie qui agit de loin, sans nécessiter des débarquements. Toutes les fois qu'une de leurs colonies s'insurgeait, ils étaient obligés d'y transporter des troupes à grands frais, et ces troupes devaient être très-nombreuses pour résister au choc de l'ennemi. Aussi la plupart des établissements grecs ont-ils fini par devenir entièrement libres de toute influence extérieure. Le travail y était honoré, le commerce florissant et l'aisance beaucoup plus généralement répandue que dans les grandes cités métropolitaines. Éphèse, Smyrne, Phocée et Milet, se sont élevées à un degré de prospérité inouï. Milet seule avait quatre ports et une flotte de plus de cent vaisseaux. On sait les merveilles de Rhodes, la richesse de Smyrne, la hardiesse des navigateurs Phocéens, fondateurs de Marseille. Les Grecs asiatiques ont perfectionné de bonne heure la teinture des laines, l'exploitation des mines, la fonte des métaux. Leurs savants ont tous contribué aux progrès des sciences; la philosophie, l'astronomie leur doivent de brillantes découvertes ; les beaux-arts des monuments magnifiques. Ils eurent aussi leurs constitutions particulières et devinrent assez puissants pour faire des conquêtes. L'île de Crète a longtemps maintenu son indépendance par le commerce et n'a succombé que devant la domination Romaine.

Une grande partie de l'Europe actuelle, la Gaule, l'Espagne, l'Italie méridionale ont longtemps existé à l'état de colonies grecques. La Sicile seule était un véritable empire, et les établissements situés dans la portion actuelle du royaume de Naples qui se termine aux deux Calabres, parvinrent à un tel degré de splendeur qu'ils effacèrent l'éclat de la mère-patrie et méritèrent le nom de *Grande Grèce*. Tous ces États commerçaient librement entre eux, et avec leurs métropoles. Mais les richesses mêmes qu'ils retirèrent du commerce contribuèrent à leur décadence, en affaiblissant leur tendance guerrière et en créant au sein de leurs cités une démocratie effrénée et amollie par les plaisirs, également impropre à supporter un gouvernement et à le remplacer. Voyez Corinthe : quelle magnifique situation pour le commerce ! Elle était assise sur deux mers ; elle ouvrait et fermait le Péloponèse. Elle avait un port pour recevoir les marchandises de l'Asie ; elle en avait un autre pour recevoir celles de l'Italie, et l'Italie c'était l'Europe de ce temps. Que de magasins ! que de vaisseaux ! que de monuments ? mais bientôt elle se mit à bâtir des temples à Vénus et à y entretenir des milliers de courtisanes ; déplorable abus de la civilisation et de la richesse qui a fait fuir de ces beaux lieux la richesse et la civilisation ! ainsi ont péri toutes les colonies grecques, devenues des nations. Elles ont consacré au luxe et aux plaisirs des trésors qu'elles auraient pu employer à consolider leur indépendance, et nous ne trouvons plus aujourd'hui que sous l'herbe les traces de leur ancienne splendeur. Elles n'ont rien fait pour le malheur et pour la pauvreté, point d'asiles, point de secours pour les classes disgraciées ; point d'économies, créatrices de capitaux. Elles ont vécu au jour le jour, consommant leurs fonds avec leurs revenus, jusqu'au moment où, entraînées dans l'orbite du monde romain, elles y ont englouti leur indépendance et leur fortune.

CHAPITRE V.

De l'Économie politique chez les Romains, aux différents âges. — Ils sont essentiellement guerriers et pillards sous la République. — Ingénieurs et administrateurs sous l'empire. — Leur mépris pour le travail. — Immenses dévastations qu'ils commettent. — Ruine de Carthage. — Premiers essais d'organisation sous les empereurs.

On distingue trois grandes époques, parfaitement caractérisées, dans l'histoire des onze siècles qui séparent la fondation de Rome de l'avénement de Constantin. La première, presque sauvage, finit au commencement de la guerre punique; la seconde, toute guerrière, se termine à la bataille d'Actium; la troisième comprend le règne des empereurs : c'est celle du despotisme et de l'administration. La véritable économie politique des Romains ne date que du siècle d'Auguste; jusqu'alors ils n'ont été qu'agriculteurs ou conquérants : sous l'empire, ils commencent enfin à se civiliser. C'est alors seulement que le gouvernement exerce une influence universelle et qu'ils deviennent réellement les maîtres du monde. Cependant, malgré ces modifications successives dans leur constitution et dans leur politique intérieure, les Romains conservent, depuis les premiers jours de leur histoire jusqu'à la chute de l'empire, une physionomie toujours égale et des tendances presque uniformes. Placés, à leur début, au milieu d'États indépendants, tels que les Èques, les Volsques, les Sabins, les Samnites, ils se font conquérants pour n'être pas conquis. Vainqueurs, ils conservent leurs habitudes militaires, dont le principal caractère est le mépris du travail. Le travail, à leurs yeux et dès les premiers temps, est une affaire de prisonniers et d'esclaves. Aussi un de leurs historiens peut-il dire avec justesse qu'à cette époque leur unique métier est de broyer le grain et les hommes. Leur religion est à la hauteur de leurs mœurs, et ils élèvent des temples à Jupiter pillard, *Jovi prædatori*. Les beaux-arts, l'industrie, le commerce, leur sont encore inconnus. A l'époque de la première guerre punique, ils ne savent que faire des belles peintures qu'ils trouvent dans la ville de Tarente. A Corinthe leurs soldats jouent aux dés sur les plus magnifiques tableaux des plus grands maîtres, et l'un de leurs généraux ose dire sérieusement au patron d'un navire chargé de transporter à Rome les chefs-d'œuvre de la Grèce : « Si tu en perds, tu les remplaceras. »

A cette époque leur langue même n'existait pas ; elle était ce qu'est à la nôtre la langue exécrable des notaires, des avoués et des huissiers. Le changement des années se marquait par un clou planté solennellement tous les ans sur les murs du temple de Jupiter, au commencement du mois de septembre. Il n'y avait que trois divisions du jour ; une monnaie de cuivre grossière suffisait à tous les besoins, et toute l'industrie, comme dans les républiques grecques, était concentrée aux mains des esclaves. Leurs premiers poëtes ont appartenu à cette caste flétrie : Ennius, Plaute, Térence et beaucoup d'autres grands écrivains en étaient. Les

Romains de ce temps avaient surtout en horreur la navigation, et leur ignorance dans cet art leur a causé de sinistres mécomptes. Aussi faisaient-ils de la destruction des vaisseaux la première condition de leurs traités avec les vaincus ; ils en brûlèrent plus de 500 à Carthage. Cette aversion pour la marine dégénéra chez eux en une vraie monomanie, et quand ils devinrent maîtres de la mer, ce ne fut pas par leurs vaisseaux, mais par l'absence de vaisseaux ennemis. Sans les pirates, qui les bravaient impunément dans la Méditerranée, jusqu'au point de bloquer leurs ports et d'enlever leurs fonctionnaires publics, ils eussent volontiers renoncé à la navigation, qui ne se soutint d'ailleurs chez eux qu'avec des équipages étrangers, grecs, égyptiens ou siciliens. Auguste lui-même, qui gagna la bataille navale d'Actium, avait une peur horrible de l'eau.

C'est au moment de leurs premières luttes avec Carthage qu'on voit aussi apparaître les édits proscripteurs du commerce. « Les peuples commerçants doivent travailler pour nous, disent-ils : notre métier est de les vaincre et de les rançonner. Continuons donc la guerre qui nous a rendus leurs maîtres, plutôt que de nous adonner au commerce qui les a faits nos esclaves. » Cicéron lui-même, malgré la haute supériorité de son esprit, partageait encore, à une époque plus avancée de la république, les préjugés antisociaux de ses concitoyens. « Que peut-il sortir d'honorable d'une boutique ? s'écriait-il avec naïveté ; le commerce est chose sordide, quand il est de peu d'importance, car les petits marchands ne peuvent pas gagner sans mentir ; c'est un métier tout au plus tolérable quand on l'exerce en grand et pour approvisionner le pays. [1] » Avec de telles

[1] Cicéron, *Traité des devoirs*, liv. I, sect. 42. Il faut citer ce

doctrines sur le commerce, il n'est pas étonnant que les Romains aient cherché, dans la conquête et dans le pillage, des ressources qu'ils trouvaient indigne d'eux de demander au travail. Leurs premières richesses ont commencé par du butin, et leur histoire ressemble pendant plusieurs siècles à celle d'un peuple de flibustiers. On ne lit dans leurs écrivains que des récits de vols et de dévastations : tantôt, c'est le pillage de Syracuse, puis celui de Tarente, de la Syrie, des villes de Numidie, puis enfin le triomphe de Paul Émile dont le char est suivi de 250 chariots remplis d'or et d'argent. Manlius dévalise l'Asie-Mineure ; Sempronius, la Lusitanie ; Flaccus, l'Espagne. 70 villes d'Épire sont saccagées et détruites ; 150 mille habitants sont réduits en esclavage ; la seule ruine de Carthage produit 500 millions de nos francs. Ce fut un beau jour pour Rome que celui où elle dépouilla cette rivale, dont les temples étaient doublés de feuilles d'or, produit des mines d'Espagne et du commerce immense de la Méditerranée !

On s'est demandé bien des fois ce qui serait advenu de la civilisation, si Carthage eût triomphé de Rome et si l'esprit commercial de la grande cité africaine l'eût emporté sur la politique guerrière de son implacable ennemie. Il suffit de dire que Carthage était tout à la fois une ville industrieuse et commerciale, et qu'elle approvisionnait tous les ports de la Méditerranée de ses marchandises et de ses matières premières. La navigation y était portée à un très-haut degré de perfection

passage curieux : « *Ne quidquam ingenuum potest habere officina... Mercatura, si tenuis est, sordida putanda est; sin autem magna et copiosa, multa undique apportans, non est admodùm vituperanda... Nihil enim proficiunt mercatores, nisi admodùm mentiantur.*

pour le temps, si nous en jugeons par le *périple d'Hannon,* qui est un des plus beaux monuments de cette science dans l'antiquité. On doit donc regretter à jamais qu'une puissance qui portait dans son sein tous les germes de civilisation pacifique ait succombé sous les coups d'un peuple exclusivement guerrier. Le capital immense détruit dans cette catastrophe aurait alimenté des travaux d'un grand intérêt pour l'humanité, et il alla se perdre à Rome dans les caisses des patriciens pour y donner naissance aux plus infâmes débordements d'usure qui aient souillé l'histoire d'une nation. Il semble dès lors que Rome soit en proie à une fièvre de spéculation et d'agiotage ; on n'entend plus parler que de citoyens poursuivis pour dettes, de châteaux qui s'élèvent, de malheureux qu'on exproprie. Brutus et Cassius, Antoine, Sylla, le grand Pompée lui-même, se font prêteurs à la petite semaine, et ne rougissent pas de prélever des intérêts de 48 et même de 70 pour cent. Un Verrès parvient à épuiser la Sicile ; Salluste construit des jardins fabuleux avec le produit de ses rapines en Numidie. Cicéron, gouverneur de Cilicie, se croit le bienfaiteur de la province, pour avoir abaissé l'intérêt à 12 pour cent et une commission, en cas de retard ou de renouvellement. Juvénal enfin peut s'écrier plus tard : *nous dévorons les peuples jusqu'aux os*, après que Salluste aura dit que *ses contemporains tourmentaient l'argent de toutes les manières* [1]. Voilà les hommes que nous admirons et la civilisation qu'on nous donne pour modèle, dès notre plus tendre enfance ! Voilà l'économie politique du peuple romain jusqu'aux premières années de l'empire [2] !

[1] *Pecuniam omnibus modis vexant.*

[2] L'histoire économique de l'Italie ancienne offre un fait des

CHAPITRE VI.

De l'économie politique des Romains depuis le commencement de l'empire. — Abus des conquêtes. — Mépris du commerce. — Condition des classes laborieuses. — Aristocratie insolente. — Populace famélique. — On se réfugie dans le célibat. — Égoïsme public et privé. — Absence de manufactures. — L'utilité sacrifiée à la grandeur.

Au milieu du chaos de guerres et de conquêtes dans lequel Rome s'agite jusqu'aux premiers temps de l'empire, on voit apparaître quelques essais de rénovation sociale, et la production s'établir sur des bases régulières. Le génie pacificateur d'Auguste entreprendra cette

plus remarquables, qui n'a été pleinement mis en relief que par des écrivains récents, notamment par Dureau de la Malle, dans son *Économie politique des Romains*. C'est la dépopulation de l'Italie causée par la disparition de la petite propriété et la concentration des terres aux mains d'un petit nombre de familles, qui finirent par posséder tout le sol de la péninsule. Avant les guerres Puniques, l'Italie était couverte d'une population serrée de paysans laborieux qui cultivaient eux-mêmes leurs petits fonds de terre, et parmi lesquels se recrutaient ces armées romaines qui ont conquis l'Occident. Déjà, au temps des Gracques, cette population vigoureuse avait sensiblement diminué, et le but auquel tendaient avant tout les réformateurs du parti démocratique était de la reconstituer par le partage des terres de l'État. Mais ce but ne fut pas atteint. Sur les débris de la petite propriété se formèrent d'immenses domaines (*latifundia*); la petite culture fut remplacée par l'exploitation en grand au moyen d'esclaves ; les champs de blé se convertirent en pâturages ; la même terre qui avait nourri cent à

grande tâche, qui n'a jamais été complétement abandonnée par ses successeurs. Un recensement général de la population et des ressources de l'empire, un véritable *domesday book*, qui malheureusement n'est pas parvenu jusqu'à nous, lui fournira les éléments essentiels des ré-

cent cinquante familles de paysans libres fut cultivée par une cinquantaine d'esclaves, pour lesquels il n'existait pas de mariage ni par conséquent de postérité. Dans ces circonstances la dépopulation devait être rapide, et il était facile d'en saisir les causes. Déjà Pline a dit : *Latifundia perdidêre Italiam*. Mais ce qui était plus difficile à comprendre, c'était la raison économique de cette absorption de la petite propriété par la grande, de cet appauvrissement du cultivateur au sein des richesses croissantes du pays. M. Th. Mommsen nous semble avoir parfaitement expliqué ce fait dans son *Histoire romaine*, et nous croyons que le lecteur nous saura gré de lui faire connaître quelques passages de cet ouvrage intéressant. L'auteur, après avoir traité de l'économie rurale de l'Italie au sixième siècle de Rome, poursuit en ces termes :

« Pour apprécier les résultats du système de culture usité en Italie, il est nécessaire de considérer le taux des valeurs et notamment les prix des grains à cette époque. En moyenne ces prix étaient d'une modicité effrayante, due en grande partie à la faute du gouvernement romain, qui dans cette question importante s'est laissé entraîner aux mesures les plus funestes, non pas autant par un défaut d'intelligence que par la manière impardonnable dont il a favorisé le prolétariat de la capitale aux dépens du paysan italien. Il s'agit avant tout ici de la concurrence des grains d'outremer avec le blé produit en Italie. Les blés livrés par les provinciaux, soit gratuitement, soit contre une faible bonification du gouvernement romain, étaient en partie affectés sur place à l'entretien du personnel des employés romains ou de l'armée romaine, en partie cédés aux fermiers des dîmes, soit contre de l'argent, soit à la condition qu'ils en livrassent des quantités déterminées à Rome ou partout où on en avait besoin. Depuis la deuxième guerre de Macédoine, les armées romaines furent en général nourries avec du blé d'outre-mer ; et bien que cette mesure fût avantageuse pour le trésor public, il n'en résulta pas moins pour le cultivateur italien la suppression d'un débouché important. Mais ce n'était là qu'un mal accessoire. Comme de raison, le gouvernement avait depuis longtemps l'œil ouvert sur le prix des céréales, et, à plusieurs reprises, il avait cherché à prévenir des disettes en achetant des blés à l'étranger. Une fois que les livraisons des pays sujets four-

formes qu'il médite. La statistique vient en aide à l'administration. On sait le nombre des propriétaires fonciers, celui des soldats, des esclaves, des affranchis.

Les impôts sont levés avec plus d'ordre, de discernement et d'impartialité. Le droit de succession est fixé

nirent annuellement de grandes masses de grains, plus grandes sans doute qu'il n'était nécessaire en temps de paix, et qu'en outre il fut devenu facile d'avoir des blés étrangers à des prix très-modérés, on fut porté naturellement à faire abonder le blé sur les marchés de la capitale et à le vendre à des prix qui en eux-mêmes, ou du moins en comparaison des prix italiens, étaient dérisoires. Déjà, dans les années 551 à 554, et, à ce qu'il paraît, à l'instigation de Scipion, la ville céda aux citoyens à 24 et même à 12 as (1 fr. 20 et 60 cent.) 6 modius (scheffel prussien = 54.96 litres) de froment espagnol et africain; quelques annés après (558), plus de 160,000 scheffels de blé sicilien furent distribués à ce prix minime de 12 as. Caton réclama vainement contre cette politique à courte vue; la démagogie, qui commençait, s'en mêla, et ces distributions extraordinaires, mais probablement assez fréquentes, de grains à vil prix, sont devenues le germe des lois frumentaires postérieures. Mais, même lorsque les grains d'outre-mer n'arrivaient pas aux consommateurs par ces voies extraordinaires, ils pesaient sur l'agriculture italienne. Non-seulement les masses de grains cédées par l'Etat aux fermiers des dîmes étaient en règle acquises à si bon compte par ceux-ci, qu'à la revente ils pouvaient les donner au-dessous du prix de revient; mais il est probable que dans les provinces, et notamment en Sicile, le prix de revient était généralement moins élevé qu'en Italie, soit par suite de la supériorité du sol, soit à cause de l'exploitation en grand par les esclaves, suivant le système carthaginois; quant au transport du blé sicilien ou sarde dans le Latium, il ne coûtait certainement pas plus cher, s'il ne revenait pas à meilleur marché, que le transport, dans la même contrée, du blé de l'Etrurie, de la Campanie et même du nord de l'Italie. Le cours naturel des choses suffisait donc à lui seul pour faire affluer dans la péninsule le blé d'outre-mer et déprimer le prix de celui qui était produit en Italie. Dans cette situation, où l'ordre naturel des échanges était perverti par la concurrence du travail des esclaves, un droit protecteur accordé au blé italien contre le grain d'outre-mer eût peut-être pu se justifier; mais on paraît au contraire avoir pris la voie opposée et appliqué dans les provinces un système prohibitif en faveur de l'importation du blé d'outre-mer en Italie, car s'il fut permis par une

au vingtième; une taxe générale de consommation de un pour cent atteint toutes les denrées. Les douanes, ce poison si doux et si fatal en même temps à l'industrie moderne, sont organisées sur le pied le plus rigoureux, non pas à titre de protection, mais comme moyen de

faveur spéciale aux Rhodiens d'exporter une certaine quantité de grains de Sicile, il faut bien qu'en règle l'exportation des provinces n'ait pu se faire que pour l'Italie, et que par conséquent le blé d'outre-mer fût monopolisé par la mère-patrie.

» Les résultats de ce système économique s'aperçoivent clairement... Déjà, au temps de Caton, la Sicile est appelée le grenier à blé de Rome. Dans des années fertiles on cédait dans les ports italiens le blé de Sicile et de Sardaigne au prix du fret. Dans les contrées de la péninsule les plus riches en blé, dans la Romagne et la Lombardie d'aujourd'hui, on payait, du temps de Polybe, pour la nourriture et le logement à l'auberge, un demi-as (2 centimes et demi), par jour; le scheffel prussien de blé valait là un demi-denier (40 centimes). Ce dernier prix moyen, qui formait à peu près le douzième du prix normal ordinaire, prouve de la manière la plus irrécusable que la production italienne manquait complétement de débouchés et que la valeur du blé, comme de la terre qui le produisait, était complétement dépréciée.

» Dans un pays de grande industrie, où l'agriculture ne peut nourrir la population, un résultat pareil aurait pu être considéré comme utile, ou du moins comme n'étant pas absolument nuisible; un pays comme l'Italie, où l'industrie était peu importante et où l'agriculture était la chose tout à fait principale, fut ruiné systématiquement par cette voie, et le bien général fut sacrifié de la manière la plus funeste aux intérêts de la population essentiellement improductive de la capitale, qui à la vérité ne pouvait pas avoir le pain à trop bon marché... A partir du moment où la petite propriété ne fournit plus de produit net réel, la classe des paysans fut perdue sans remède, d'autant plus que dans son sein aussi, plus lentement, il est vrai, que dans les autres classes, les mœurs sévères et les habitudes économiques de l'époque républicaine antérieure disparurent peu à peu. La rapidité avec laquelle les fonds italiens de paysans allaient être rachetés et absorbés dans la grande propriété, n'était plus qu'une question de temps... Les circonstances auraient suffi à elles seules pour que la petite culture fût remplacée partout par la grande exploitation ; et il était difficile de les combattre par la voie de la législation. Mais on fit une bien grande faute en défendant par la loi Claudia (peu avant

revenu; les matières premières y sont sujettes ainsi que les marchandises. On remboursait les droits en cas de réexportation, faute de vente; mais les douaniers, il faut l'avouer, n'étaient pas plus tolérants que les nôtres. Ils étaient autorisés à ouvrir les ballots et même à décacheter les lettres, comme Térence l'affirme expressément. L'omission de la déclaration en temps utile entraînait la confiscation [1] ou, si elle était reconnue involontaire, le payement du double droit. Néron voulut un jour supprimer cet impôt pour se rendre populaire; mais le sénat lui représenta que si celui-là succombait, on attaquerait bientôt tous les autres, et l'empereur se rendit à ces tristes raisons. L'histoire nous a conservé un de ces tarifs, et la connaissance que j'en ai prise ne me permet pas de douter qu'en fait d'absurdité nos douanes ne l'emportent de beaucoup sur celles des anciens [2].

Plus tard, quand l'empire fut partagé, sous Dioclétien, en quatre grandes préfectures qui contenaient plusieurs royaumes, il s'établit une remarquable unité dans toutes les branches de l'administration romaine. Les lois étaient les mêmes du Tibre au Danube, de l'Espagne à la mer Noire. Trente légions, formant un effectif d'environ 400,000 hommes, maintenaient dans le devoir une foule de peuples différents de langage,

536) aux maisons sénatoriales de se livrer aux spéculations commerciales et on les obligea ainsi à placer de préférence en terres leurs immenses capitaux, c'est-à-dire à substituer aux anciens domaines des paysans des fermes et des pâturages (Th Mommsen, *Rœmische Geschichte*, 2e édit. Berlin, 1856, t. I, p. 814 et suiv.)
(*Note de l'éditeur*).

[1] *Quod quid professus non est, perdat.*

[2] On voit figurer dans ce document *le poivre, la cannelle, la myrrhe, le gingembre*, quelques *parfums*, des *peaux de bêtes, l'ivoire, les diamants* et autres *objets de luxe;* mais nos tarifs n'ont rien épargné, pas même les allumettes!

d'habitudes et d'intérêts. Des routes magnifiques liaient entre eux ces vastes campements assis au bord des fleuves, à l'entrée des montagnes ou sur la lisière des contrées encore insoumises. Des relais de poste entretenus avec un soin extrême portaient sur tous les points de l'empire les ordres du gouvernement central. D'immenses aqueducs approvisionnaient d'eau les villes opulentes, dont le nombre nous semble aujourd'hui fabuleux. Malgré les prodiges dont notre siècle a été le témoin, cette grandeur romaine nous étonne encore et nous subjugue ; les plus vastes monarchies de l'Europe moderne pâlissent devant les cent millions de sujets de l'empereur Claude. Mais on s'est contenté jusqu'à ce jour d'admirer la hauteur imposante du colosse impérial, sans la mesurer, sans remonter aux causes premières de son élévation et sans chercher l'explication de cette étonnante existence. Par quels moyens pouvait-on suffire à la consommation de ces myriades d'hommes? Dans quel budget puisait-on les ressources nécessaires pour nourrir et pour vêtir ce monde si différent du nôtre? Y avait-il des pauvres? Travaillait-on par grandes entreprises, en atelier, ou, comme pendant la république, autour du foyer domestique? Quel était le sort du cultivateur et de l'ouvrier? Comment faisait-on le commerce? L'économie politique attend la solution de ces graves questions, dont les écrivains romains ne semblent pas avoir soupçonné l'importance.

L'esclave apparaît toujours comme élément social dans la constitution de l'Etat. Ce n'est plus l'esclavage grec, ni même celui de l'époque moyenne de la république, qui avait le caractère d'une simple domesticité : l'empire est devenu si grand qu'on ne peut plus demander aux esclaves seuls la masse énorme de travail indispensable à l'entretien d'une population aussi considérable. Il faut que le peuple lui-même mette la main à l'œuvre et, en effet, Rome était pleine de manufactures [1] où des ouvriers salariés partageaient avec les esclaves dévoués aux plus rudes tâches les fatigues, sinon les profits, de la fabrication. Les sénateurs les plus opulents exploitaient ces usines au moyen de leurs capitaux et des esclaves qu'ils possédaient par milliers. On naturalisait chaque jour des productions nouvelles, des fruits inconnus, des plantes utiles, telles que le lin et la luzerne. Mais que de terres abandonnées ou tombées en friche ! Que de magnifiques domaines transformés en parcs stériles, tandis que les cultivateurs mouraient de faim ! Pline l'ancien déplorait cet abus que nous retrouvons signalé avec la même énergie dans les écrits de Columelle. On désertait peu à peu les occupations industrielles pour se livrer aux professions qui devenaient à la mode, et il fut un temps où les histrions, les gladiateurs, les astrologues, les cuisiniers étaient les hommes les plus recherchés. Le peuple eut bientôt adopté les habitudes des grands ; il lui fallut des parfums comme aux patriciens ; et l'empereur Adrien en fit faire des distributions publiques à tous les citoyens, un jour de grande représentation. L'ivoire, l'ambre, l'encens devinrent des objets de première nécessité, et il fallut les importer au prix d'une masse énorme de numéraire, car le peuple romain n'avait pas de produits à donner en échange.

Ici commence à se manifester la principale cause de

[1] Il ne faut pas entendre ce mot selon l'acception ordinaire qu'on lui donne aujourd'hui. Les Romains n'avaient pas, en effet, de manufactures comme celles de nos jours, mais de vastes établissements où ils faisaient travailler leurs esclaves sous la direction de contre-maîtres libres.

la décadence de l'empire et l'une des plaies les plus profondes de son économie politique. Les Romains voulaient, avant tout, consommer sans produire, et cette erreur amena l'exportation permanente de la majeure partie du numéraire qu'ils avaient enlevé aux peuples vaincus. Les constructions monumentales dont ils couvraient l'Europe en absorbaient aussi des quantités notables, et ces immenses capitaux passaient dans leurs mains sans y laisser de traces ni de profits. Ils se croyaient les pensionnaires de l'univers, et ils ne supposaient pas que ce revenu si aisé à consommer finirait par ne plus se reproduire. Ils faisaient la *sieste* après leur repas, dans des galeries ornées de fleurs, où leurs clients venaient les saluer le matin de bonne heure (*officia antelucana*), après s'être fait annoncer par des esclaves *nomenclateurs*, huissiers de ces demeures presque royales. Les familles patriciennes s'organisaient peu à peu en une puissante aristocratie dont les membres se faisaient appeler *votre sincérité, votre gravité, votre excellence, votre altesse,* devenue chez nous, depuis lors, *sérénissime*. Leurs chars, parsemés d'ornements d'argent ciselé, traversent les rues au galop des chevaux, suivis d'une horde d'esclaves qui brûlent des parfums. Le peuple, à son tour, veut sa part des réjouissances perpétuelles auxquelles se livrent les seigneurs de l'époque; on lui distribue des bons de pain, de viande, d'huile et même de bains. Les spectacles sont envahis dès la pointe du jour ; les plus pressés y passent quelquefois la nuit.

Dans ce désordre général des mœurs et des coutumes qui remontaient aux derniers temps de la république, on vit s'élever à Rome et dans toute l'étendue de l'empire une véritable conspiration contre le mariage. Tout le monde se réfugiait dans le célibat comme dans un asile inaccessible aux soucis et aux charges de la famille, et plus d'un empereur, depuis Auguste, se vit obligé de poursuivre par des édits cette manie qui renaît pour d'autres causes, au temps où nous vivons. Un censeur invitait sérieusement les citoyens au mariage comme à une corvée patriotique, et l'État s'emparait des successions dévolues aux célibataires récalcitrants. Tous les Romains étaient saisis d'une invincible répugnance pour l'esprit d'ordre et d'entreprise, pour tout ce qui exigeait de la prévoyance ou de l'économie. Les ouvriers prolétaires rencontraient dans les esclaves-ouvriers une concurrence d'autant plus redoutable que ces esclaves étaient nourris aux frais de leurs maîtres, et, par conséquent, en état de nuire aux travailleurs salariés. Aussi le nombre des indigents était-il considérable ; ils vivaient entassés dans des demeures étroites et fétides, en proie aux excès les plus hideux, aux privations les plus cruelles. Leurs vêtements, généralement confectionnés en tissus de laine et rarement renouvelés, auraient bientôt propagé parmi eux des épidémies meurtrières, si l'usage des bains [1], universel à Rome, n'en eût prévenu l'invasion. La bienfaisance publique, inconnue dans ces temps de despotisme et d'esclavage, n'avait pas encore organisé des asiles pour la misère et pour la maladie, et Voltaire a pu dire avec raison : « Quand un pauvre diable tombait malade à Rome sans avoir les moyens de se faire soigner, que devenait-il ? il mourait. »

Ainsi, au milieu des magnificences de la puissance romaine, on n'aperçoit qu'une masse confuse de prolé-

[1] On prenait un bain pour 2 liards ; *quadrante lavari*, a dit un poëte.

taires esclaves, affranchis, domestiques et artisans, qui travaillent pour suffire aux consommations improductives des grands propriétaires de capitaux ou de terres. Les arts libéraux, si glorieux et si nobles, y sont abandonnés à des mains serviles ; la médecine elle-même n'est exercée que par des esclaves. Le commerce demeure toujours dans l'enfance, à moins qu'on n'appelle commerce l'opération banale d'échanger l'or des pays conquis contre les marchandises qu'on en apportait. On ne cite aucune ville romaine célèbre par quelque fabrication spéciale, comme nos grandes cités industrielles, Birmingham, Lyon ou Manchester. Aucun port de l'empire ne peut être comparé à ceux de Marseille, de Liverpool ou de New-York [1]. Et cependant les grandes villes sont nombreuses sur toute la surface du monde romain, et leur incroyable opulence a toujours quelque chose qui nous accable ; mais cette opulence ne ressemble en rien à celle de nos États contemporains, où les plus modestes particuliers disposent de plus de jouissances que les privilégiés de l'empire. Toute la grandeur romaine était extérieure et théâtrale ; on multipliait les monuments par ostentation, rarement dans un but d'utilité. A côté de ces monuments fastueux, le peuple habitait des demeures indignes de la splendeur nationale, et dont les appartements mal éclairés n'en étaient pas moins exposés à l'intempérie des saisons. Nous jugerions très-mal du régime alimentaire des masses, si nous ne considérions que l'élégance des ustensiles dont elles se servaient communément pour les usages domestiques. Leurs formes gracieuses excitent

[1] Cicéron disait : *Nolo eumdem populum imperatorem esse terrarum et portitorem.*

notre admiration, et semblent n'avoir pu convenir qu'à un peuple riche ou artiste; mais ces objets étaient bien loin de répondre à tous les besoins et de remplir la destination des ustensiles semblables dans les temps modernes. Les Romains ne connaissaient ni le papier ni les plumes; ils écrivaient en lettres majuscules sur des feuilles de papyrus ou sur du parchemin, avec des poinçons de fer ou de bois. Leurs siéges étaient élégants, mais fort durs, et leurs chars, assis sur l'essieu, sans ressorts ni soupentes, n'étaient guère plus commodes que nos chariots de roulage. On ne peut admirer sans réserve parmi les productions de leur génie industriel que les aqueducs et les grands chemins, et encore y a-t-il lieu de s'étonner que des constructions aussi gigantesques n'aient été établies que dans un intérêt purement militaire et pour l'embellissement de quelques cités.

CHAPITRE VII.

De l'importance des moyens de communication chez les Romains. — Services que leurs grands chemins auraient pu rendre à la civilisation et au commerce. — Esquisse des principales lois romaines en matière d'économie politique. — Vue générale de leur commerce.

Les grands chemins de l'empire romain ont dépassé en grandeur et en solidité tout ce qui a été exécuté de plus magnifique en ce genre, de temps immémorial; leurs ruines, que nous admirons encore sous l'herbe qui les couvre, ne permettent pas de douter de toute l'importance qui s'attachait au perfectionnement de ces prodigieux éléments de puissance et de civilisation. Et cependant, ces grands chemins ne semblent pas avoir rendu à la civilisation tous les services qu'elle en retire aujourd'hui; ils ne sont pas devenus pour Rome la source d'une grande prospérité commerciale; ils ont rarement prévenu la disette et les malheurs qu'elle entraîne à sa suite. Les Romains n'y ont vu que le moyen de transporter rapidement leurs armées du centre à la frontière, en un mot, qu'un instrument de conquête et non pas d'industrie. Jamais, en aucun pays du monde, des trésors plus nombreux ne furent consacrés à cette œuvre importante, et jamais aucun peuple ne recueillit un moindre profit d'aussi grands sacrifices [1].

La raison de ce fait est fort simple. Les Romains ne s'occupaient que de l'agriculture, dont les produits étaient généralement consommés sur place, ou dans un rayon fort peu éloigné des centres de production. Les grands approvisionnements de la capitale se faisaient habituellement par mer, la seule voie par laquelle arrivaient les blés de la Sicile et de l'Égypte, ces deux greniers de l'empire. On ne peut donc s'expliquer la magnificence des voies romaines que comme une conséquence nécessaire du système militaire de ce peuple antiindustriel et anticommercial. Ils y faisaient contribuer avec une égale ardeur leurs soldats, leurs administrateurs et leurs sujets. La surveillance des routes était une magistrature imposante dont les plus grands citoyens se montraient honorés. Aucun impôt ne paraissait trop élevé quand il s'agissait de les entretenir, et la sévérité du gouvernement était si grande à cet égard, que l'on vit plus d'une fois des légions se révolter, par suite des travaux excessifs auxquels elles étaient condamnées pour suffire à ce soin. Quelles qu'aient été les vicissitudes de l'empire, jamais l'entretien des routes ne fut abandonné ; les plus méchants princes y ont veillé avec la même sollicitude que les plus justes : Néron et Caligula en ont construit presque autant que Trajan et Adrien [2]. On y travaillait par corvées et par contributions, chacun suivant l'importance de ses propriétés riveraines, estimées par arbitres et taxées en conséquence. Les communications étaient partagées en deux grandes classes, les

[1] *Opera magna potiùs quàm necessaria,* disait Suétone.

[2] Voyez Bergier, *Histoire des grands chemins de l'Empire romain,* liv. I, chap. 16

routes royales ou militaires, et les chemins vicinaux ou communaux [1]. Les premières étaient entretenues par l'État, et les secondes par les bourgs ou villages.

Les sympathies populaires ont été acquises de tout temps aux princes, aux magistrats et même aux simples particuliers qui se dévouaient à cette tâche difficile. On leur prodiguait les couronnes, les médailles et les arcs de triomphe. Aussi l'histoire est-elle toute pleine des efforts extraordinaires qui ont été faits pour mériter ces hautes preuves de reconnaissance du peuple romain. Dès le règne de Tibère, on pouvait parcourir l'Italie tout entière, la Gaule et une partie de l'Espagne avec une rapidité inouïe, et Pline raconte que ce prince fit, dans un voyage vers la Hollande, près de cent lieues en vingt-quatre heures. La nature de cet ouvrage nous interdit de rappeler ici des détails, d'ailleurs bien connus, sur le mode de construction des chemins impériaux; mais il faut avouer que sous ce rapport nous sommes bien inférieurs aux anciens, et quoique leurs routes n'aient pas eu une grande influence sur les destinées du commerce, on ne peut s'empêcher d'admirer qu'elles aient duré plus de mille ans, quand les nôtres, plus nécessaires, durent à peine quelques années intactes. Rien n'y était oublié; les piétons avaient leurs trottoirs, et les cavaliers leurs bornes de repos pour monter à cheval et pour en descendre; les monuments consacrés aux morts s'élevaient habituellement dans leur voisinage, comme pour obtenir les respects des vivants. La voie Appienne est en ce genre le plus

[1] *Viarum omnium non est una et eadem conditio. Nam sunt viæ publicæ regales, quæ publicè muniuntur : sunt et vicinales viæ quæ de publicis divertunt in agros ; hæ muniuntur per pagos.* Siculus Flaccus, *De conditionibus agrorum.*

admirable chef-d'œuvre qui soit sorti des mains de l'homme.

Il semble donc que les Romains auraient dû retirer des profits immenses du beau système de routes dont ils avaient couvert l'empire comme d'un vaste réseau. Mais ces routes voyaient rouler plus souvent les chars des guerriers que les paisibles voitures du commerce et de l'industrie ; elles ne contribuaient en aucune manière à la hausse ou à la baisse des profits et des salaires, parce que le travail libre n'existait pas encore, et que tout était constitué pour la grandeur, comme nous l'avons dit, plutôt que pour l'utilité. Les grands chemins de l'empire n'avaient pour but que de faciliter le transport des soldats et du produit des contributions [1]. Le mouvement d'espèces qui s'opérait continuellement de tous les points de la Gaule vers la ville de Lyon pour le compte du trésor public était immense, mais il n'y avait aucune circulation commerciale dans le sens que nous attachons à ce mot. Chose étrange ! il a suffi parmi nous de l'invention de la lettre de change pour remplacer la principale utilité des grandes routes des Romains, et le service spécial pour lequel elles semblent avoir été créées est précisément celui dont on se passe le mieux aujourd'hui. Ainsi, les magnifiques travaux de l'administration romaine en matière de chemins publics n'ont exercé aucune influence sur la production générale, parce qu'ils participaient du caractère exclusivement militaire de la nation et de l'esprit général de ses institutions.

Toute la législation romaine depuis les beaux jours de

[1] *Ut omnia tributa velociter et tutô transmitterentur,* dit Procope.

la république jusqu'à la chute de l'empire, n'est que la reproduction fidèle des préjugés incurables de ce peuple contre le travail et l'industrie. Un coup d'œil rapide suffira pour en donner une idée. Dans le commencement de leur puissance, ils rendent une foule de lois agraires [1], toutes inspirées par un vain désir de partage des terres et d'équilibre entre les fortunes. La loi *Terentia* portait qu'il serait distribué à chaque citoyen indigent cinq boisseaux de blé par mois ; la loi *Sempronia* créait un *maximum* pour le prix des grains que l'État devait leur vendre; la loi *Claudia* en ordonnait la fourniture gratuite. Une autre loi fixait la dépense des repas; la loi *Caninia* défendait d'affranchir des esclaves au delà d'un certain nombre. En même temps qu'on encourageait ainsi par des largesses inconsidérées l'accroissement du nombre des indigents, des primes véritables étaient accordées à la fécondité; tout homme, père de trois enfants, jouissait d'une foule de priviléges, dont le principal consistait en une triple distribution gratuite de blé. Dans d'autres circonstances, la loi autorisait les débiteurs à se libérer, en payant seulement le quart de leurs dettes.

Tandis que l'esprit d'indépendance et d'entreprise était paralysé par cette législation protectrice de l'oisiveté, on maintenait dans la plus stricte subordination toutes les classes de citoyens, à partir du foyer domestique, où régnait en maître absolu le père de famille, armé du droit de vie et de mort sur ses enfants. La femme tombée en tutelle n'était que la servante de son mari. Au dehors, chaque affranchi reconnaissait un patron, cha-

[1] *Leges Cassia, Licinia, Flaminia, Sempronia, Cornelia, Servilia, Flavia, Julia*, etc.

que soldat un supérieur. L'organisation militaire planait sur toute la cité, comme un joug de fer auquel personne n'osait se soustraire. Nul citoyen ne pouvait sortir de sa caste, même pour déchoir, et les travaux industriels étaient interdits comme chose vile et sordide à ceux qui n'y avaient pas été condamnés par leur naissance. Auguste prononça la peine de mort contre le sénateur Ovinius pour avoir dérogé jusqu'à conduire une manufacture, et cet arrêt, si extraordinaire à nos yeux, parut aux Romains une chose naturelle. Qui ne s'explique, dès lors, comment toute industrie fut impossible à Rome, puisqu'on en excluait les intelligences pour n'y tolérer que les machines? Et quelles machines que ces malheureux esclaves, abrutis par les coups, par la débauche de leurs maîtres, et surtout par l'absence de toute espèce de salaire! Dans les campagnes, ces conséquences furent les mêmes : point de fermiers, point de cultivateurs instruits. L'agriculture ressemblait à celle de nos colonies à esclaves, avec cette différence que le sol du tropique supplée par sa fécondité à l'insuffisance du travail de l'homme, tandis que les campagnes romaines n'offraient aucune compensation. La concurrence et l'intérêt personnel, ces grands mobiles, n'agissaient pas sur les esprits, préoccupés des idées de guerre et de plaisirs. On voyait sans cesse accourir à Rome des myriades d'aventuriers, d'intrigants, de vagabonds attirés par les distributions de vivres et par les spectacles de tout genre que les empereurs prodiguaient à la populace pour en obtenir quelques applaudissements [1]. Les faubourgs de Rome devenaient des villes, et le gouvernement n'avait pas peu de difficultés à vaincre pour

[1] Mengotti, *Del commercio de' Romani.*

suffire à la nourriture de cette foule innombrable de consommateurs improductifs.

Malgré les précautions infinies qu'on prenait pour l'éviter, la famine exerçait par moments de funestes ravages dans la capitale et dans les provinces. En vain la flotte chargée des approvisionnements portait-elle le nom de *flotte sacrée*, un coup de vent empêchait quelquefois son arrivée et mettait en péril la sécurité impériale. L'art de gouverner ne fut bientôt plus que celui de pourvoir aux besoins quotidiens d'un peuple fainéant et mobile ; et la moindre circonstance donnait naissance à des abus sans nombre que leur fréquente répétition faisait passer en force de loi. La mort d'une maîtresse du prince, la naissance d'un successeur, une guerre sanglante, un triomphe innocent nécessitaient également de copieuses distributions. Les empereurs romains conservaient à ce prix leur couronne, et ne maintenaient leur autorité qu'en payant exactement la taxe des pauvres à leurs sujets affamés. « Ces chiens, disait un des Césars, ne cessent d'aboyer que lorsqu'ils ont le ventre plein. » On compte par le nombre des famines celui des améliorations opérées dans les affaires du commerce et de la navigation. Une première famine sous Auguste est suivie de l'établissement d'une flotte et de magasins publics pour la vente des blés ; une seconde famine sous Tibère donne lieu au système des primes à l'importation des grains. Une troisième sous Claude décide le prince à faire réparer le port d'Ostie ; une quatrième sous Néron procure aux marchands de blé une exemption de droits et des médailles ; une autre sous Antonin le Pieux fait rétablir le port de Terracine et le phare du môle de Gaëte. Pendant le règne de Marc-Aurèle, nouvelle famine suivie d'un approvisionnement pour sept ans ;

enfin, durant l'administration de Commode, des catastrophes du même genre deviennent fatales aux marchands de blé, poursuivis et châtiés comme accapareurs. Voilà tout ce qu'on savait faire à Rome pour le commerce, j'ai presque dit pour le seul commerce en honneur, celui des subsistances. Nulle part on ne trouve une seule trace de mesures régulières ; on vit au jour le jour, sans songer aux ressources qu'il était facile de développer au sein de l'empire, et à peine donne-t-on quelque attention aux autres branches de la production.

Ainsi la laine, matière première presque unique de tous les tissus employés à Rome, depuis le vêtement des sénateurs jusqu'à celui des derniers soldats, la laine dont on faisait des draps de lit, des rideaux, des tapis, des meubles de toute espèce, n'a jamais été de la part des empereurs l'objet d'aucun système d'encouragement. Jamais un homme d'État romain n'est descendu à des détails industriels qui puissent faire supposer qu'il comprît l'importance de ces hautes questions. Chaque pays fournissait son tribut : l'Arabie ses parfums : l'Afrique ses céréales : l'Espagne la cire et le miel ; la Gaule ses vins, ses huiles et ses métaux ; la Grèce les objets d'art et de goût ; les bords de la mer Noire des cuirs et des peaux : Rome consommait et payait avec l'or des impôts. Quand ceux-ci ne répondaient pas aux prévisions du budget impérial, on établissait une contribution nouvelle sur l'industrie ; c'est ce que fit plusieurs fois Alexandre Sévère. A mesure que les empereurs s'entouraient de légistes et de jurisconsultes, leurs dispositions devenaient chaque jour plus menaçantes pour les professions laborieuses. Des compilateurs de lois leur suggéraient des expédients honteux qu'ils justifiaient par des sophismes ; ce fut un procureur qui leur apprit à falsifier les monnaies. Constantin, leur plus digne élève, assimilait aux filles de joies les marchandes en boutique et poursuivait de ses anathèmes redoutables les hommes qui avaient l'honneur de gagner leur vie à la sueur de leur front.

La manière dont les impôts étaient levés ne témoigne pas moins de la rigueur des Romains en matière de finances. Des nuées de *publicains* étaient postés à l'entrée des ports, à l'embouchure des rivières, au débouché des vallées, et y taxaient impitoyablement les marchandises. Ils joignaient même souvent à leurs remises de percepteurs les profits du monopole de certains articles de consommation. Il n'y avait aucune limite légale au chiffre des impôts, devenus tellement élastiques entre les mains de ces fonctionnaires, que le cultivateur ne pouvait jamais savoir exactement sur quelle part de ses produits il avait le droit de compter. Néron lui-même eut plus d'une velléité de réprimer ces abus qui faisaient la fortune de ses favoris ; mais il rencontra des difficultés devant lesquelles sa puissance absolue fut obligée de reculer. On sait jusqu'où pouvaient aller, déjà du temps de Cicéron, les exactions des proconsuls, et les procédés financiers de Verrès n'ont rien à envier aux expédients des pachas turcs.

Une seule branche de commerce paraît avoir résisté pendant longtemps aux entraves de tout genre que la cupidité du gouvernement et de ses agents opposait aux relations avec l'étranger, c'est le commerce des parfums et des épiceries de l'Inde, dont la consommation à Rome dépassait tout ce que nous pouvons imaginer. Des sommes extravagantes étaient prodiguées par de simples particuliers à l'achat de ces denrées ruineuses et inutiles, qui occupaient presque autant de navires que l'approvisionnement de la capitale. Outre les dangers réels qu'on bravait pour en aller chercher vers les côtes les plus éloignées, on faisait valoir des périls imaginaires, des dragons ailés, des bêtes féroces qu'il avait fallu vaincre pour arriver au pays du poivre et de la cannelle. Partout on respirait dans les appartements des Romains l'odeur des parfums les plus exquis : leurs cheveux et leurs vêtements en étaient imprégnés. Les salles de bains, les lieux de réunion publique n'offraient pas moins de luxe, sous ce rapport, que la demeure des citoyens les plus opulents. Un beau jour l'empereur Adrien inonda le vestibule des théâtres d'un flot d'essences les plus suaves. Les soldats s'en frottaient le corps, et ce genre de ration n'était pas de ceux dont les empereurs pussent impunément négliger la distribution. Les diamants et les pierres précieuses, autres inutilités, partageaient avec les parfums la frénésie du peuple romain ; dès le siècle d'Auguste, on en comptait des collections immenses, et Mécène rédigeait le catalogue de la sienne, qui nous a été conservé en substance dans les écrits de Pline le naturaliste. L'usage des anneaux devint si général, que les Romains en portaient à toutes les articulations de la main et en changeaient tous les jours de la semaine. Voilà où s'abîmaient des capitaux immenses, dont un meilleur emploi aurait suffi pour préserver l'empire des malheurs qu'il eut depuis à essuyer. Tibère lui-même en était effrayé, car dans une lettre qu'il écrivait au sénat [1], il déplorait la sortie du numéraire, occasionnée par ces débordements du luxe et de la vanité. Un de ses édits prohibait l'emploi de l'or dans la fabrication de la vais-

[1] Tacite, *Annales*, liv. III, chap. LIII.

selle de table, l'usage de la soie dans la confection des vêtements. Malgré toutes ces prohibitions, les Romains s'accoutumaient de jour en jour davantage aux objets de fabrication étrangère les plus brillants et les plus chers. Les tapis de Perse, les mousselines de l'Inde, les dents d'éléphant, le bois d'ébène, l'écaille de tortue, les plumes d'oiseaux rares, avaient fini par devenir pour eux des articles de première nécessité. Que de richesses ils durent stérilement consommer à l'achat de ces produits fastueux, en échange desquels ils n'avaient à donner que de l'or[1] !

On s'expliquerait difficilement, en présence de ce système de profusion, de luxe et de fainéantise, comment les Romains ont pu couvrir le monde des monuments de leur architecture et des magnifiques travaux de leurs ingénieurs; mais il faut considérer que ces travaux étonnants leur ont coûté fort peu de chose. L'invention seule leur en appartient tout entière; l'exécution est l'œuvre des peuples vaincus. La majeure partie de ces édifices a été construite au moyen de corvées ou de contributions spéciales, qui se cumulaient avec les impôts ordinaires. Des captifs ou des esclaves formaient la classe ouvrière de leur temps, et marchaient à l'œuvre comme des troupeaux sans murmurer ni se plaindre. Nous retrouverons ce système dans la corvée des temps féodaux, quand l'Europe chrétienne s'est couverte à son tour de monuments inspirés par d'autres croyances, mais exécutés par les mêmes moyens.

Au surplus, les Romains n'ont jamais manqué de res-

[1] *Minimâ computatione millies centena millia sestertiûm annis omnibus India et Seres, peninsulaque illa, Arabia, imperio nostro adimunt; tanti nobis deliciæ et feminæ constant!*

Pline, *Hist. nat.*, liv. XII, chap. XVIII.

sources toutes les fois qu'il a fallu suppléer par des impôts sur eux-mêmes à l'insuffisance des trésors fournis par la conquête et le pillage [1]. Ils avaient trois sortes de taxes, le *portorium* ou les droits de douanes (un quarantième de la valeur), qui se payaient sur les importations et les exportations, et dont les collecteurs prenaient le nom de *portitores* ou de douaniers ; les dîmes, *decumæ*, comprenant la dixième partie du blé et la cinquième des autres fruits, c'était l'impôt foncier ; enfin, la taxe connue sous le nom de *scriptura*, espèce d'octroi sur les propriétés communales, telles que pâturages et bois publics. Il y eut pendant longtemps un impôt sur le sel, mais il fut supprimé à une époque que les auteurs ont négligé de déterminer. Toutes ces taxes étaient affermées avec publicité et concurrence par les censeurs à des soumissionnaires qui donnaient caution et qui partageaient avec leurs répondants les chances de perte ou de gain. Une foule d'autres taxes passagères furent établies sous les empereurs ; ainsi, Auguste décréta l'impôt du vingtième sur les successions, qui existe encore parmi nous ; Caligula mit sur les comestibles une taxe, dont la perception excita les plaintes les plus amères [2] ; Vespasien inventa la taxe des urines. Le droit de cinq pour cent sur toutes les marchandises rapportait aussi des sommes considérables. On ne le payait que pour les effets exposés en vente sur la place

[1] L'an 586 de Rome, on fit au peuple la remise des tributs annuels, le trésor ayant été rempli des sommes immmenses qu'y déposa Paul-Emile, après la défaite de Persée.

[2] *Vectigalia nova atque inaudita, primùm per publicanos, deindè, quia lucrum exuberabat, per centuriones, tribunosque prætorianos exercuit, nullo rerum aut hominum genere misso, cui non tributi aliquid imponeret.*

SUÉTONE, *in Calig.* cap. 40.

publique, les foires et les marchés, ou vendus par adjudication ; mais nous ne pouvons évaluer l'importance de ces revenus que d'une manière approximative, à cause de la perte du fameux *rationarium imperii*, cette précieuse statistique de l'empire, rédigée sous Auguste et détruite sous ses successeurs. M. Guizot estime néanmoins le montant des impôts à la somme de 960 millions de francs par année [1].

[1] Notes de sa traduction de Gibbon, t. I, p. 377.

CHAPITRE VIII.

Décadence rapide de l'empire. — Ses principales causes. — Première apparition du christianisme. — Influence des mœurs asiatiques à Constantinople. — Modification dans les idées civiles, religieuses, industrielles, commerciales.

Au sein de cette prospérité apparente, le monde romain renfermait des germes actifs de décadence et de dissolution. La grande quantité de peuples étrangers que la conquête avait succesivement réunis à l'empire, en modifiant insensiblement ses mœurs, affaiblissait sa puissance. Ces peuples ne s'étaient pas tous fondus sans résistance dans cette grande unité, et plusieurs gardaient fidèlement le souvenir de leur ancienne indépendance. Les nombreux privléges dont jouissaient les habitants de Rome étaient ambitionnés par tous les hommes importants des provinces conquises, de sorte que personne ne voulait plus être de l'empire, mais seulement de la cité. Une transformation profonde s'opérait ainsi peu à peu, favorisée par l'avénement au trône de cette longue série de candidats italiens, espagnols, gaulois ou bataves, poussés au pouvoir par le meurtre, l'intrigue ou les séditions militaires. Puis vient le tour des Barbares ; depuis les Antonins, on ne voit plus que des Thraces, des Pannoniens, des Dalmates, des Illyriens, se disputer l'empire : il en périt de mort violente soixante en un siècle et demi. Le premier qui ouvre cette série néfaste, Maximin, choisi pour sa taille et sa force colossales, grossier, parlant à peine la langue des peuples qu'il gouverne, excelle à traîner un chariot, à fendre les arbres, à réduire les pierres en poudre, à dompter les chevaux sauvages ; il remplit plusieurs coupes de sa sueur. Ainsi le règne de l'intelligence finit pour faire place à la force brutale.

L'économie politique ne se charge pas d'expliquer les longues saturnales de l'empire pendant cette période d'infamie et de décrépitude. Qui pourrait se faire une idée exacte d'un tel mouvement de décomposition, compliqué par l'esclavage, par l'invasion, par le mélange des races, des langues, des coutumes, des vices, sorte de chaos social où la science s'arrête et l'imagination s'égare ? Quelle organisation politique aurait pu résister aux extravagances de monstres tels que Commode, Caracalla, Héliogabale ? Quand de semblables êtres paraissent sur la terre, ils n'y peuvent figurer que comme éléments de dissolution, et quelque lumière nouvelle ne saurait tarder à sortir de la nuit qu'ils ont faite. Cette lumière, qui luit aux derniers horizons de l'empire, c'est le christianisme : essayons de l'étudier à sa naissance et d'expliquer sa grande influence, destinée à changer la face du monde. Quand il commença à paraître, on ne prévoyait guère la brillante carrière qu'il devait parcourir, et cependant déjà tout concourait à préparer son triomphe. La philosophie attaquait les dieux païens ; le scepticisme grec arrivé du pays de Platon, faisait déjà la guerre aux vieilles croyances romaines, et désormais les augures ne pouvaient plus se regarder sans rire. En vain chaque métier avait pris un dieu pour protecteur : les matelots Neptune, les forgerons Vulcain, les laboureurs Cérès, les vignerons Bacchus, et les marchands Mercure ; déjà les dieux avaient peine à se protéger eux-mêmes et s'apprêtaient à faire place à d'autres patrons plus puissants.

Des légions campées aux frontières et composées de soldats levés dans les pays conquis, se retournaient vers le centre et d'auxiliaires devenaient ennemies. Pendant ce temps, les rhéteurs déclamaient dans les villes ; les esclaves exercés par leurs maîtres aux voluptés et aux subtilités, se fatiguaient du joug ; Lucien, le Voltaire du temps, se moquait des supériorités sociales ; les stoïciens, les épicuriens, les académiciens prêchaient des doctrines hardies : tout le vieil édifice des Romains s'écroulait. Une réaction violente les avait déjà avertis sous Mithridate de se défier de la fortune, le jour où il en fit égorger soixante mille ; et à une autre époque, Spartacus, ce grand chef d'esclaves, avait battu quatre de leurs généraux. Qui donc voudrait désormais verser son sang pour la vieille cause nationale ? il n'y avait plus de nation proprement dite, mais un assemblage confus de nations. L'empire se composait de villes séparées par des déserts, des forêts ou des marais impénétrables; les habitants des villages, *rustica proles*, s'étaient peu à peu infiltrés dans les villes, où les spectacles, les distributions, les jouissances de tout genre les appelaient sans cesse et les énervaient.

C'est au moment de cette décadence universelle que le christianisme commença à se montrer sur quelques points de l'empire. La première information officielle qu'on en reçut se trouve dans une lettre de Pline le jeune, gouverneur de Bythinie [1], et tout aussitôt la doctrine nouvelle se répandit comme un éclair, timidement d'abord, mais sans qu'on ait eu le temps de s'en apercevoir. A peine on achevait de lire ce qu'en disaient les gouverneurs de provinces que déjà Tertullien s'écriait hardiment : « Nous ne sommes que d'hier, et nous remplissons vos cités, vos colonies, l'armée, le palais, le sénat, le forum ; nous ne vous laissons que vos temples. » En vain quelques persécutions sanglantes essayent d'étouffer dans sa source la religion nouvelle ; Constantin lui donne des temples et ses destinées s'accomplissent. Les historiens de cette grande époque ont suffisamment retracé toutes les circonstances qui l'ont préparée ; notre rôle est d'en étudier les résultats humanitaires et de rechercher par quelle heureuse transition l'esclavage grec et romain a dû faire place au respect du travail, au régime de la liberté et de l'égalité.

La division de l'empire en deux vastes lambeaux a singulièrement favorisé cette révolution inouïe. Constantinople était plus propre que Rome à recevoir le Dieu des chrétiens ; ville toute neuve, elle convenait merveilleusement à un culte nouveau. C'est par ingratitude que ce culte adopta, depuis, Rome pour berceau ; le véritable berceau du christianisme est à Constantinople. C'est là que la religion chrétienne, devenue religion de l'Etat,

[1] Voici un passage de cette lettre : « La chose m'a paru digne de consultation, principalement à cause du nombre des accusés; car on met en péril plusieurs personnes de tout âge, de tout sexe et de toute condition. Cette superstition a infecté non-seulement les villes, mais les bourgades et la campagne... Ils ont accoutumé de s'assembler un jour avant le lever du soleil et de dire ensemble, à deux chœurs, un cantique en l'honneur du Christ comme d'un Dieu. »

a commencé à s'organisér sur des bases régulières ; c'est là qu'elle s'est établie, radieuse, au sortir des catacombes de Rome et des asiles obscurs de la persécution. Peu à peu toutes les hautes intelligences, lasses du polythéisme romain, s'y sont ralliées, et les prêtres ont pris partout la place des *curiales* qui étaient les municipaux de l'époque. Les lois ont commencé à leur donner des attributions que la confiance des peuples a ratifiées, et que partout ils s'efforçaient de justifier par leur savoir et leur habileté. Rien n'est plus curieux à étudier que la transition au moyen de laquelle cette révolution s'est opérée. Constantin publiait dans la même année deux édits, dont l'un recommandait l'observation du dimanche et l'autre prescrivait de consulter les augures. En même temps s'établissaient les premières distinctions entre le pouvoir spirituel et le pouvoir temporel. D'un autre côté, les légistes envahissaient l'empire avec des textes, substituant ainsi l'influence des lois à celle de l'épée, et devenant, sans s'en douter peut-être, les plus puissants auxiliaires de la religion. Rome mourante s'éteignait dans un linceul de monuments ; Constantinople naissante s'élevait sur des monceaux de livres. Les avocats et les prêtres succédaient aux architectes et aux hommes de guerre. Les *Pandectes*, les *Institutes*, l'*Évangile* se partageaient désormais le respect des peuples et l'influence universelle. Un immense bourdonnement de plaidoiries succédait au cri des batailles, et le seul préfet du prétoire employait sept cent cinquante avocats. Le patriciat n'était plus qu'une dignité viagère ; on lui avait ôté l'hérédité. L'empire, divisé en plusieurs *diocèses*, grands comme des royaumes et gouvernés par des *vicaires*, voyait s'achever l'œuvre de la décentralisation qui devait favoriser tout à la fois les attaques des Barbares et les abus de justice et de procédure. Le monde allait être en proie aux gens de loi, qui le menacent bien plus sérieusement au moment où j'écris. Leurs fortunes étaient si rapides, et leurs exactions si scandaleuses, que le code théodosien dut les menacer de la peine de mort [1]. On trouve à ce sujet dans Ammien Marcellin [2] des détails qui pourraient donner lieu à de singuliers rapprochements avec les abus de nos jours.

La division du siége de l'empire apporta aussi de notables changements au système des impositions. Constantin et ses successeurs préférèrent une taxe simple et directe au régime plus compliqué des contributions d'origine romaine. Le recouvrement de cet impôt était opéré par les villes et formait une des charges les plus lourdes des membres de leur sénat municipal, les *décurions*. Ces administrateurs étaient responsables sur leurs biens personnels de la rentrée de l'impôt, et on les força même de prendre à leur propre compte les terres abandonnées par les possesseurs qui ne pouvaient suffire aux organes du fisc. A eux seuls étaient dévolues les fonctions pénibles de répartiteurs, qui les exposaient au mécontentement et souvent aux violences des populations. Toutes les terres de l'État, sans excepter le patrimoine de l'empereur, étaient assujetties à la taxe, et chaque nouveau propriétaire devait payer les dettes de l'ancien. Un cadastre exact, revisé tous les quinze ans, permettait de fixer les cotes avec assez d'impartialité, puisque l'on avait soin de désigner sur les registres la nature particu-

[1] « *Cessent rapaces jàm nunc officialium manus; cessent, inquam; si moniti non cessaverint, gladiis præcidentur.* » Liv. I, tit. 7, loi 1.

[2] Liv. XXX, chap.

lière de chaque propriété, dont la valeur était estimée d'après la moyenne d'un revenu de cinq ans. L'impôt se payait généralement en monnaie d'or ; mais il y en avait une forte partie exigée en denrées de toute espèce, blé, vins, huiles, bois et fourrages, qui devaient être transportés aux frais des contribuables dans les magasins de l'empereur, et qui donnaient lieu à d'effroyables concussions. Les plaintes étant devenues générales, les empereurs eurent recours à d'autres expédients, parmi lesquels on peut ranger l'invention des patentes imposées à tous les genres d'industrie et de commerce. On fut même obligé de payer les fonctionnaires publics en nature, et Lampride [1] nous apprend qu'indépendamment d'un traitement d'environ 4,000 fr. de notre monnaie en espèces, les gouverneurs de province recevaient six cruches de vin, deux mulets et deux chevaux, deux habits de parade, un habit simple, une baignoire, un cuisinier, un muletier, et enfin, quand ils n'étaient pas mariés, une concubine ; *quod sine his esse non possent*, dit l'auteur. Quand ils sortaient de charge ils étaient toujours obligés de rendre les mulets, les chevaux, le muletier et le cuisinier. Si l'empereur était content de leur administration, ils gardaient le reste, sinon ils étaient obligés de le rendre au quadruple. On voit dans d'autres écrits que les gouverneurs de deux grandes provinces ont reçu de l'huile pour entretenir quatre lampes. Il s'introduisait chaque jour quelque chose des mœurs asiatiques dans le gouvernement financier et dans les habitudes de l'empire. Les eunuques, les espions, les fonctionnaires de la domesticité se multipliaient outre mesure, et avec eux les bassesses, la délation et le favoritisme. Ce fut

[1] Chap. 42.

alors que les Barbares répandus sur les bords de la mer Noire, aux bouches du Danube et sur plusieurs autres frontières, commencèrent à reconnaître les parties vulnérables de l'empire et à préparer la grande invasion qui devait changer la face du monde, après que le christianisme les aurait changés eux-mêmes. Examinons donc quelle a été l'influence du christianisme sur le développement social européen, et quelles modifications son établissement définitif a fait éprouver à l'économie politique des anciens.

CHAPITRE IX.

Changements survenus dans l'économie sociale de l'Europe par l'influence du christianisme. — Son organisation vigoureuse et savante. — Les monastères créent la vie de communauté. — Le principe religieux donne naissance aux hôpitaux, aux asiles.— Le prêtre est aujourd'hui au-dessous de sa tâche. — Opinion à ce sujet.

La sensation fut grande en Europe quand le christianisme, jusque-là proscrit et humilié, s'éleva tout à coup au rang de religion dominante et poursuivit à son tour ses persécuteurs. Quelle péripétie! tout change presque à la fois, tout se réorganise comme par enchantement sur des bases nouvelles. Le pouvoir politique, jusque-là uniquement appuyé sur la force, cherche des auxiliaires dans la raison, dans les croyances; il s'entoure et se fortifie du prestige de l'autorité religieuse, qui a déjà poussé de profondes racines dans les cœurs. C'est chose merveilleuse à voir que la promptitude avec laquelle le monde, encore païen pour le culte, se hâte de tirer les conséquences de la parole évangélique, et l'admirable instinct avec lequel chaque opprimé devine que l'heure de la liberté va sonner pour lui. Quoique l'Église chrétienne apparût tout organisée avec sa hiérarchie noble et sévère, tout le monde eut bientôt compris le principe de l'égalité qu'elle portait dans son sein. Elle plaisait aux grands par ses dogmes de subordination et d'obéissance, et aux petits par ses doctrines d'indépendance et de nivellement devant Dieu. Elle élevait l'esclave sans rabaisser le maître et présentait à l'espèce humaine courbée sous le joug un refuge contre la tyrannie de ce monde dans les espérances de l'autre. Le paganisme s'était rarement mêlé à la politique, mais les premiers prêtres chrétiens prirent part aux affaires, et ils gouvernaient déjà, que personne ne se doutait de leur puissance. Les hérésies mêmes qui désolent le christianisme à sa naissance, ne furent pas inutiles à la cause du progrès social : elles ont ouvert en Europe le droit de discussion.

On a beau n'être pas un chrétien bien austère, la majesté de ce bel édifice étonne et commande le respect. On ne peut voir sans une vive admiration cette organisation vigoureuse et luxuriante se former tout d'une pièce, avec ses magnifiques dépendances, et se répandre sur le monde, partout semblable à elle-même, comme le flot paisible sur la surface de la grève. Les premiers évêques, si impérieux à la fois et si doux, si intolérants pour le doute et si indulgents pour les faiblesses, si fiers avec les grands et si humbles avec les pauvres, semblent des tribuns populaires qui viennent protester au nom des droits imprescriptibles de l'humanité. Tout en eux rappelle les vieilles maximes de la république romaine, l'élection publique, la prédication renouvelée du *forum*, les assemblées générales, l'admission aux plus hautes dignités sans distinction de fortune ou de naissance. Rien ne restait de ces antiques prérogatives du citoyen qu'un souvenir stérile et confus ; la religion chrétienne a tout régénéré, tout remis en honneur. Peu d'années s'écoulent après le règne de Constantin, et déjà l'affranchissement des esclaves est permis sur la simple attestation d'un évêque; le concubinage est proscrit; les biens des mineurs et des femmes sont exempts de la confiscation, les prisons sont visitées, les pauvres secourus, *la bienfaisance est découverte.* Nous la raisonnerons plus tard; en attendant, on l'exerce.

L'économie politique a bien d'autres obligations encore à l'influence du christianisme qui a fait disparaître ce sentiment étroit et égoïste de nationalité, source des longues querelles d'Athènes et de Sparte, de Carthage et de Rome, déplorables arènes où s'épuisèrent tant de ressources sociales qu'un autre principe eût fécondées! La seule création des conciles est une des plus heureuses conceptions du génie civilisateur chrétien, à ne les considérer que comme des congrès où toutes les lumières étaient convoquées à la discussion d'une idée. Que de temps n'a-t-il pas fallu pour que ces nobles inspirations triomphassent du préjugé guerrier et barbare! Il y a à peine quelques années que J.-B. Say achevait de démontrer dans sa belle théorie des débouchés la doctrine de la solidarité commerciale des nations, et ce n'est pas sans peine que de nos jours la solution des différends entre peuples a été remise à la diplomatie plutôt qu'à l'épée. Qui a préparé ces résultats, si ce n'est le christianisme? Et qu'est-ce donc aujourd'hui que la liberté civile, religieuse et commerciale, si ce n'est le développement de la pensée fondamentale chrétienne? Sans le principe nouveau de l'égalité devant Dieu, l'esclavage grec et romain infesterait encore le monde, la faiblesse serait toujours à la merci de la force, et la richesse serait encore produite par les uns pour être consommée par les autres, sans dédommagement.

Sous le point de vue de la distribution du pouvoir,

il n'y a aucune institution humaine qui puisse être comparée à la manière vraiment admirable dont l'Église est organisée depuis l'apparition officielle du christianisme. Un pape siége à Rome et tient sous sa puissance les hauts dignitaires du clergé, qui nomment eux-mêmes aux emplois les membres de la milice inférieure. Toute cette milice est soumise aux mêmes règles et au même costume, de Paris au Japon et de la Chine à Rome. Le même office se célèbre dans la même langue aux deux extrémités du monde ; les noms des saints du christianisme figurent en tête de tous nos actes de naissance, et nous ne distinguons les jours de l'année que par la nomenclature de ses apôtres et de ses martyrs. Le dimanche des chrétiens est devenu le jour du repos universel ; partout, quand l'Église ouvre ses temples, le travail ferme ses ateliers. Il n'y a pas une seule circonstance importante de la vie qui échappe à l'influence religieuse ou qui se passe de son intervention. Le prêtre chrétien attend aux fonts baptismaux l'enfant qui vient de naître et lui impose un nom ; plus tard il le précède pour bénir son mariage ; enfin, quand le terme de sa vie est arrivé, il l'accompagne, en priant, au tombeau. Que de puissants moyens d'action le christianisme a inventés, depuis, pour s'emparer de l'existence tout entière de l'homme ! Partout on voit le prêtre se faire instituteur et diriger l'enfance par ses conseils. Le catéchisme lui assure cette conquête sans effort ; un premier sacrement, la communion, crée un lien de plus, resserré par les communications mystérieuses et redoutables du confessionnal. Puis, comme si ce n'était assez de ces premiers succès, l'évêque paraît dans toute la majesté de la puissance ecclésiastique et administre la confirmation, accorde des dispenses, prononce des censures, lie et délie comme arbitre suprême et vicaire de Dieu. Ainsi, ni l'enfance, ni l'âge mûr, ni la vieillesse, ni la mort ne peuvent soustraire à l'influence du prêtre, la plus complète et la plus inévitable qui ait jamais existé dans le monde.

Ce n'est pas tout, et nous ne faisons à peine qu'indiquer les attributions illimitées du pouvoir religieux. Quel est aujourd'hui le magistrat qui disposé dans le moindre village d'un vaste local pour réunir la population, d'un moyen prompt et sûr de la convoquer, d'une tribune aux harangues pour l'émouvoir ou la convaincre ? C'est le prêtre. Lui seul est le maître du temple, de la chaire et des cloches ; il réunit ses ouailles quand bon lui semble et sans la permission de l'autorité civile ; il ordonne et on obéit. Aux yeux même des plus incrédules, Pâques Noël, la Pentecôte, la Toussaint, toutes les fêtes chrétiennes sont encore des fêtes ; les jours de jeûne sont des jours de privation. Nos rues et nos cités portent des noms de saints ; les arts et les métiers prennent des saints pour patrons. Les marins éperdus votent des oraisons à Notre-Dame de la Garde. On fauche à la Saint-Jean ; on vendange à la Saint-Michel. De temps à autre, le prêtre irrité donne des avertissements sévères ; tantôt il couvre nos fronts de cendre pour nous apprendre la vanité des choses humaines ; tantôt il refuse son assistance aux prières des héritiers d'un homme mort dans l'impénitence finale. Il monte sur l'échafaud pour y conduire les criminels repentants dans le sein de la miséricorde de Dieu, et il effraye la jeune fille timide sur les conséquences d'un simple aveu. Il décrit l'enfer et on tremble ; il entr'ouvre le paradis et on espère. Quand parfois un hardi scélérat lui vole ses vases sacrés, tout s'émeut et s'indigne ; le coupable s'appelle un impie, et le crime un sacrilége auquel on doit une expiation. Il fallait voir jadis les fidèles consternés baiser avec ferveur le pavé des temples et solliciter à force de pleurs, de prières et de jeûnes, le pardon de ces grands attentats.

Cette puissance si singulière et si subite de la religion; et les révolutions profondes qu'elle a causées dans l'ordre social, se manifestent principalement dans l'établissement des monastères qui ont soulevé et résolu tant de questions parmi les hommes. En Orient, ces monastères ont eu pour but la solitude et la contemplation, le besoin de s'isoler, d'échapper aux plaisirs, aux relations humaines; en Occident, au contraire, ils ont commencé par la vie commune et par le besoin de se réunir, de s'entr'aider. Tandis que la société, en proie à une démoralisation générale, n'offrait plus aucun centre d'activité nationale, provinciale ou municipale aux esprits élevés, les monastères ouvraient des asiles à ceux qui voulaient vivre, penser et discuter en commun, et ils devinrent bientôt le foyer le plus ardent du mouvement intellectuel. C'est de là que partaient ces hardiesses théologiques et philosophiques, soutenues avec des ressources si ingénieuses, et ces essais de mortifications austères qui retrempaient les âmes affadies au régime de la civilisation païenne. Une correspondance active et souvent des luttes vives s'établirent entre ces diverses solitudes, déjà peuplées comme des villes, par l'affluence de tous les hommes qu'y attiraient la liberté de la pensée et la régularité de la vie matérielle. Ce fut bientôt la route des ambitieux pour parvenir aux honneurs et le sanctuaire des lettres exilées d'un monde exclusivement occupé de plaisirs et de sensualités. Les habitants de ces oasis fortunées ne tardèrent pas à perfectionner de toutes les manières les professions nécessaires au maintien de leur indépendance et de leur conservation. L'industrie, qui était une profession domestique exercée par des esclaves au profit de leur maître, sous la république et dans les premiers temps de l'empire, devint pour les communautés religieuses une étude savante ; elles ne vécurent pas longtemps de fruits secs ou de légumes ; il leur fallut des métiers, et ces métiers furent exercés avec la même supériorité qui distinguait dans tout le reste les nouveaux sociétaires. Je ne doute pas que ce ne soit là la véritable source des corporations industrielles, dont l'organisation a été attribuée à saint Louis. Saint Louis a discipliné les communautés d'arts, mais il ne les a point créées. Leur origine se confond avec celle des couvents. C'est de là que l'industrie est sortie libre pour s'établir ensuite au sein des villes du moyen âge sous la protection du principe d'association.

Une autre création du christianisme achève de le distinguer de tout le régime social qui s'écroule, c'est le précepte de la bienveillance mutuelle mis en pratique et converti en obligation sacrée pour tous les citoyens. Si quelque chose a lieu de surprendre dans le polythéisme romain, c'est cette indifférence profonde pour les souffrances du pauvre et pour les doléances de l'opprimé. Il y avait dans la vieille société romaine une ligne de démarcation infranchissable entre le riche et le pauvre, entre le patricien et le plébéien ; on eût dit que le second devait être *fatalement* la proie du premier, comme dans le règne animal certaines espèces sont prédestinées à la nourriture des autres. Le christianisme a rapproché les distances, en prescrivant la charité publique et privée dont l'empereur Julien lui-même, ce philosophe traité d'apostat, éprouvait le besoin impérieux. « Ne devons-nous pas rougir, disait-il [1] que les Galiléens, ces

[1] *Nàm turpe profectò est, cùm impii Galilæi non suos modo,*

impies, après avoir nourri leurs pauvres, nourrissent encore les nôtres, laissés dans un dénûment absolu ! » Voilà la création des hôpitaux, des asiles, des aumônes indiquée d'une manière bien précise par le plus formidable ennemi du christianisme. Quel pas venait de faire l'économie politique ! et si, depuis, cette grande mission du christianisme ne s'est pas accomplie plus complètement, s'il a été donné à d'autres causes d'arrêter dans sa marche le développement de la pensée sublime qui conviait l'humanité entière au banquet de la vie, sans distinction de fortune et de caste, nous avons la confiance qu'elle y prendra sa place quelque jour, et que *la volonté de Dieu sera faite.*

Ainsi s'est transformée, sous les auspices de la religion chrétienne, la civilisation antique, toute fondée sur l'esclavage, en une civilisation nouvelle appuyée sur la liberté. Une partie de cet honneur appartient néanmoins aux grands génies de l'antiquité, à Socrate, à Cicéron, à ces nobles philosophes dont les écrits ont survécu à la chute de la Grèce et de Rome, et qui avaient entrevu ces destinées meilleures vers lesquelles nous marchons. Tout était encore païen dans Rome et dans l'empire, que la révolution chrétienne était flagrante ; Lucien tournait les dieux en ridicule au moment où le Christ renversait leurs autels. Quelques esclaves habiles émancipaient l'industrie à force de talent, quand la religion vint leur tendre la main ; ils obligeaient déjà leurs maîtres à des ménagements, avant que les doctrine de la bienfaisance et de l'égalité devant Dieu leur en eussent fait un devoir. Aussi la transition de l'ancien régime au

sed nostros quoque alunt, et nostri auxilio, quod à nobis ferri ipsis debeat, destituti videantur. JULIANI *Epist.* 49.

nouveau est-elle difficile à saisir ; les plus célèbres écrivains s'y perdent en conjectures, et l'un des plus beaux ouvrages qui aient été consacrés à la recherche, dans les lois, des causes de cette transfiguration[1] laisse beaucoup à désirer.

Quand on remet dans son esprit les souvenirs glorieux des premiers temps du christianisme et les détails majestueux de cette organisation si simple et si savante, on ne peut se défendre d'un profond sentiment de mélancolie, en voyant aujourd'hui cette religion menacée d'une sérieuse décadence. Sans doute l'édifice, quoique miné de toutes parts, se tient encore debout et projette toujours sur le présent la grande ombre du passé ; les offices se célèbrent, les temples sont ouverts, la hiérarchie est là même : mais quelle altération dans la ferveur des croyances ! et combien les rôles sont changés ! Le prêtre ne donne plus l'impulsion, il ne sait plus même la recevoir ; il use, dans les luttes stériles contre le progrès social, des forces affaiblies par l'intolérance et par le choc des révolutions. Il occupe les chaires, mais les chaires sont muettes ; leur voix ne vibre plus, comme jadis, au cœur des peuples quand elle les entraînait en masse à la conquête des lieux saints. La religion existe toujours, mais elle n'a plus de ministres à la hauteur de ses besoins et des nôtres. Et cependant, malgré nos essais nombreux de régénération politique, aucune constitution humaine n'est encore pareille à la sienne, aucun pouvoir central n'est en mesure de se faire obéir comme elle ; le malheur est qu'on ne sache pas dignement commander en son nom. Il y a des questions d'économie politique

[1] L'*Histoire du droit romain au moyen âge*, par M. de Savigny.

qui demeureront insolubles tant qu'elle n'y mettra pas la main. L'instruction populaire, la répartition équitable des profits du travail, la réforme des prisons, les progrès de l'agriculture et bien d'autres problèmes encore, ne recevront de solution complète que par son intervention, et c'est justice ; elle seule peut, en effet, bien résoudre les questions qu'elle a bien posées.

Nous sera-t-il donné d'assister à ce dénoûment si vivement désiré ? Nous ne le pensons pas, quoique la réaction religieuse qui se manifeste de toutes parts paraisse le faire espérer. C'est en effet un bel hommage rendu par l'Europe à la sublime influence qui nous donna jadis le principe de toutes les libertés ; mais cet hommage, les prêtres l'ont pris pour un simple retour aux vieilles idées, pour un désaveu du progrès plutôt que pour le progrès lui-même ! Fatale erreur qui arrête le monde dans sa course ! Étrange aveuglement d'une caste obstinée à vivre en dehors de l'humanité, et qui se traîne à sa suite au lieu de marcher à sa tête ! Ah ! si le prêtre savait aujourd'hui de quelle admirable métamorphose il pourrait être l'instrument et quelle prodigieuse influence il dépendrait de lui d'exercer sur les destinées humaines ! Hôpitaux, prisons, écoles, ateliers, relations publiques et privées des peuples et des individus, agriculture, communications, entrepreneurs et ouvriers, tout serait de son ressort, tous prendraient volontiers pour arbitre et pour guide le prêtre civilisateur à la façon du dix-neuvième siècle, le prêtre tolérant, éclairé, parlant un peu moins des terreurs de l'autre monde que des besoins de celui-ci, et ne refusant plus à l'insuffisance de la politique le concours de son zèle et de son dévouement. On se souviendrait bientôt que les prêtres ont été longtemps les premiers missionnaires de la civilisation, et nous entendrions dans les temples autre chose que des déclamations contre la corruption du siècle, le luxe et les richesses. La lutte singulière à laquelle nous assistons, la tendance pacifique du monde sous une attitude guerrière, aurait déjà fait place à l'harmonie universelle vers laquelle on s'avance, si la belle organisation du christianisme était représentée par des hommes en état de la comprendre et de la conserver. Mais je ne crains pas de dire que la religion chrétienne est aussi éloignée aujourd'hui de cette influence, que le polythéisme romain l'était de son antique pouvoir au moment où elle lui porta le dernier coup. Qu'a-t-elle fait de l'Espagne, du Portugal et de l'Amérique du Sud, ses plus magnifiques domaines? Qu'est devenue, entre ses mains, la malheureuse Irlande?

CHAPITRE X.

Des conséquences économiques de l'invasion des Barbares et du démembrement de l'empire romain. — Nouveaux éléments introduits dans l'organisation sociale.

A mesure que les dernières lueurs de la puissance romaine s'éteignaient dans ce flot de corruptions, de lâchetés et de faiblesses qui finit par engloutir l'empire, les Barbares paraissaient à l'horizon pour s'en partager les débris. A vrai dire, ils s'étaient depuis longtemps ménagé des intelligences dans le cœur de cette place immense, dont les gouverneurs avaient fait la folie de leur confier la garde. Il y avait plus de Barbares que de Romains dans les légions qui veillaient aux frontières, et quand ils se mirent en marche pour conquérir l'empire, une étape suffit pour les conduire sur son territoire, ouvert de toutes parts. Toutefois, avant de parvenir au terme de leur conquête, ils eurent à faire un long voyage : ce voyage a duré plus de cent ans. Les pères étaient partis; les fils seuls arrivèrent. Quels étaient ces hommes? d'où venaient-ils? à quelle influence obéissaient-ils, quand ils s'avançaient infatigables sur les ruines du monde romain, en une telle cohue que nous ne pouvons distinguer nettement leurs véritables noms et leur mystérieuse patrie?

Ce qui paraît certain, c'est qu'ils venaient d'une région où l'esclavage était inconnu [1] et la liberté indomptable; car ils faisaient passer leurs chefs par de rudes épreuves, et ne ressemblaient pas mal à ces Arabes de l'Atlas, avec lesquels nous avons fait récemment connaissance en Afrique.

Quand ils se présentèrent aux frontières, presque tous à cheval, suivis de leurs bestiaux et de leurs tentes, il n'y avait parmi eux qu'une loi, la force; qu'une seule passion, le besoin d'en user. Ils trouvèrent l'empire occupé de discussions philosophiques, théologiques et politiques, et ils n'eurent pas beaucoup de peine à faire fuir devant leurs framées ces légions de docteurs raisonnant au lieu de combattre. Leur singularité même, leur costume étrange, l'horrible bizarrerie de leurs armes, tout contribua à répandre la terreur sur leurs pas; et les Romains de la décadence ne furent pas moins épouvantés à leur approche que ne devaient l'être mille ans plus tard les habitants du Mexique à la vue des soldats de Fernand Cortez. C'était une race nouvelle dans toute la force du terme, robuste, intrépide, altière, et qui rendait avec usure aux Romains le mépris dont ceux-ci n'avaient cessé de la poursuivre. Il faut lire dans les historiens contemporains les descriptions qu'ils nous ont laissées de la physionomie de ces peuples; à l'air

[1] L'illustre auteur des *Études historiques sur la chute de l'empire romain,* Chateaubriand (tome III, page 146), pense que les Barbares *connaissaient l'esclavage.* Si c'est en vertu du droit de la guerre qu'ils l'imposaient momentanément aux vaincus, personne n'en doute; mais ils n'avaient pas, comme les Romains, des marchés d'hommes, semblables à ceux de nos colonies. Leur esclavage ne ressemblait en rien à celui-là; disons mieux, ce n'était pas de l'esclavage, dans l'acception véritable du mot, sans quoi la liberté n'aurait pas pu en sortir.

effaré dont ils en parlent, il est facile de voir quelle profonde impression de stupeur leur apparition venait de produire. Déjà Tacite lui-même semblait avoir été saisi d'un pressentiment prophétique, lorsqu'il raconta le massacre des légions de Varus.

Il était écrit, pourtant, que la civilisation devait passer par ces mains de sauvages, pour se débarrasser du vernis impur dont elle avait été couverte pendant la décrépitude de l'empire. A partir du moment où la Barbarie s'avança à la rencontre de l'ancien monde, on voit la métamorphose qui commence : l'esclavage s'affaiblit, parce qu'il ne vient plus personne du pays des esclaves. Ils sont plus chers ; on les ménage comme une rareté, ou bien on les emploie comme une défense. A mesure qu'ils ne pouvaient plus être renouvelés par la conquête, mais seulement par leur propre fécondité, ils devenaient membres de la famille romaine ; ils vivaient dans une condition assez rapprochée de celle de nos domestiques, et leurs maîtres perdaient insensiblement les habitudes de despotisme qui s'attachaient à l'idée de la propriété. C'est ainsi que s'est opérée la transition de l'esclavage au servage, deux régimes bien différents, puisque le premier inféodait l'homme à l'homme, et le second l'attachait seulement à la terre. Tout semblait au contraire favorable à la liberté dans les codes barbares : le partage des biens se faisait par égales parties entre les enfants d'un même père, et si quelque préférence était permise, c'était en faveur du plus jeune, c'est-à-dire du plus faible. Ils mettaient surtout la personne de l'homme à l'abri de toute atteinte, car leurs lois pénales semblent plutôt protéger celle-ci que la propriété. Le cheval seul, le compagnon et l'instrument de leur indépendance, participait quelque peu de la protection accordée à l'homme ; il y avait de fortes amendes seulement pour le monter sans permission. La chasse était soumise à des lois et les forêts placées sous la sauvegarde de tous, comme l'asile commun et le boulevard de la liberté.

Il y avait des tarifs pour les blessures faites par violence ou par inadvertance : tant pour quatre dents cassées, tant pour un œil crevé, tant pour l'ongle du pouce ou pour la membrane du nez. La peine de mort était rare, et ces hommes si durs en étaient plus sobres que nous. Rien n'est plus surprenant chez eux que l'uniformité des règles ou, si on l'ose dire, des *principes*, malgré l'extrême diversité de leur origine ; car les uns venaient du nord, les autres du sud et de l'est : on eût dit qu'en se donnant un rendez-vous commun, ils avaient fait échange d'habitudes et qu'ils s'étaient préparé un *mot d'ordre*. « J'ai eu la passion d'effacer le nom romain de la terre, » disait Ataulphe, successeur d'Alaric, au moment où la vanité des Romains traitait leurs conquérants de *généraux aux services de l'empire*. Rome disparaissait devant cette civilisation venue des bois, et elle croyait régner encore, alors qu'elle avait cessé d'être. Le peu d'égards que ses vainqueurs conservaient pour elle, étaient accordés à une puissance qui conspirait sa ruine avec eux et qui les aida à l'achever. Cette puissance, c'était l'Eglise chrétienne. L'Eglise chrétienne rencontra les Barbares en route pour la conquête du monde païen et elle s'offrit à eux pour auxiliaire : elle fut acceptée. Elle avait une organisation toute faite, une hiérarchie constituée, des sympathies déjà vieilles dans le cœur des peuples, et elle apparut comme un arbitre intelligent au milieu de ces cohortes confuses qui ne savaient procéder que par le fer et le feu. Le désordre avait bien pu se concilier avec l'invasion ; il n'aurait jamais pu subsister avec un établissement régulier. L'Eglise s'était déjà emparée des municipalités; la commune romaine avait été transformée en paroisse dont les marguilliers pouvaient être considérés comme les administrateurs. Tels furent les premiers points de ralliement du système nouveau, et l'on en eut la preuve lorsque Alaric, après s'être emparé de Rome, fit mettre en sûreté les vases sacrés des chrétiens, escortés par une double haie de Romians et de Goths, le sabre à la main et chantant des hymnes à la louange du Christ[1].

C'est qu'en effet il y avait de nombreux points de contact, malgré leurs dissemblances, entre les doctrines de l'Église chrétienne et les habitudes du régime barbare. Tout était électif chez les premiers chrétiens comme chez les Germains; les assemblées de fidèles, soit dans le temple, soit en conciles, délibéraient sur les affaires de la religion, comme les Barbares délibéraient dans ces réunions tout à la fois parlementaires et militaires, qui se transformèrent plus tard en champs de mai périodiques. Peu après les prêtres prirent de l'empire sur ces hommes d'imagination qui avaient besoin tout à la fois d'être dirigés et d'être émus. Ce fut la main seule de la religion qui arrêta leurs bras tellement infatigables à frapper, qu'un grand tiers de l'Europe avait succombé sous leurs coups. La peste, la famine, l'incendie leur servaient de cortége; les villes tombaient par milliers, comme renversées par des tremblements de terre. » Quand l'Océan aurait inondé les Gaules, disait un poëte, il n'y aurait pas fait de plus terribles dégâts que cette invasion. « En Orient, les alentours de Constantinople n'eurent pas moins à souffrir de cet effroyable cataclysme;

[1] Orose, *Hist.*, liv. VII, chap. 39.

le sol disparut bientôt sous les ronces, et les animaux mêmes semblèrent avoir quitté les bois. Sur quelque point de la vieille domination romaine que l'on porte les yeux, le même spectacle se présente aux regards; la Sicile, l'Espagne, l'Afrique, la Grande-Bretagne sont envahies. Des torrents de Barbares roulent sur ces belles contrées leurs flots dévastateurs et font disparaître, avec leurs monuments, toutes les ressources de l'industrie, toutes les traditions des arts anciens.

C'est de ce chaos que devait sortir la civilisation nouvelle. Il fallait que tout l'univers romain passât par cette épreuve avant de subir une rénovation complète, comme ces vieilles villes qui se relèvent plus belles après un incendie. Aux premiers moments du réveil, le changement était déjà visible. Il n'y avait déjà plus de temples païens et partout s'élevaient des églises chrétiennes, flanquées de monastères où de pieux cénobites recueillaient en silence les débris des sciences et des arts. Les solitudes se peuplaient de malheureux qui fuyaient le spectacle de la désolation publique, et qui s'imposaient des privations pires que celles du monde qu'ils venaient de quitter. Ils croissaient ainsi dans l'estime publique, et ils virent accourir auprès d'eux une foule d'admirateurs qui propageaient avec ardeur la doctrine de la séparation du pouvoir spirituel et du pouvoir temporel. L'Église fondait ainsi l'indépendance de la pensée en présence du glaive ; heureuse si, après avoir fondé cette indépendance contre la Barbarie, elle n'avait voulu l'étouffer un jour dans l'intérêt du despotisme ! Les Barbares avaient en effet de merveilleuses dispositions pour l'exercer. Nous n'avons rien à comparer dans les temps modernes, si ce n'est peut-être le caractère des peuplades de l'Amérique du Nord, aux habitudes de ces hommes nouveaux, pour qui le grand air, la vie errante, l'absence de frein, même au prix de mille dangers, semblaient une félicité inexprimable ; et cependant nous avons hérité d'eux beaucoup de vertus et beaucoup de vices qui ont pénétré peu à peu notre société, sans qu'elle puisse remonter nettement à leur source.

Rendons grâces, néanmoins, à cette influence barbare en vertu de laquelle la dignité personnelle, j'ai presque dit la généreuse susceptibilité de l'homme, a retrouvé son domaine, au sortir de la longue oppression où elle avait langui sous le joug oriental des empereurs romains. Si la hiérarchie et la subordination sont de beaux éléments dans l'ordre social, la liberté individuelle n'en est pas un élément moins respectable, et quoiqu'elle nous soit arrivée en croupe des Barbares, il n'en faut pas moins reconnaître le service immense qu'ils nous ont rendu en nous l'apportant. C'est ainsi qu'ils ont préparé l'émancipation des travailleurs et la chute de l'exploitation, en favorisant le mélange des castes auparavant irréconciliables, et en les courbant momentanément sous une commune oppression. Nous ne comprenons pas comment des esprits éclairés ont pu voir, dans ces faits si simples et si évidents, la justification d'une théorie condamnée à l'avance par l'observation et par l'expérience. Que penser, par exemple, de ceux qui ont divisé les nations européennes en deux castes, dont l'une serait la postérité des vainqueurs et l'autre celle des vaincus? Et qui pourrait soutenir sérieusement aujourd'hui que l'Eglise dût être en tout temps maîtresse du monde, parce qu'elle le fut un moment de ses maîtres? Douze siècles ont passé sur la poussière mêlée de ces générations d'origines si différentes; et, si la réconciliation n'est pas encore complète entre les enfants de tant de morts, elle s'opère chaque jour davantage sur l'autel de l'égalité civile et au foyer de l'association des travaux.

Le contraste était frappant entre les habitudes sociales des Barbares et la civilisation romaine à laquelle ils venaient se mêler. Ils étaient presque tous campés dans des villages, vivant de la vie pastorale et agricole, lorsqu'ils partirent pour la conquête du monde romain, et ils le trouvèrent presque tout entier établi dans les villes. Quelque profonde que fût la décadence du pouvoir impérial, son organisation subsistait encore et les rouages de l'administration fonctionnaient toujours, malgré l'affaiblissement général de la politique. Il y avait dans toutes les villes une hiérarchie locale encore respectée, quand le premier flot des Barbares vint atteindre leurs murs. Qui pourrait dire quelles furent les sensations de ces hordes irrégulières, à l'aspect de l'ordre régulier et méthodique des grandes cités romaines, épouvantées à leur aspect? Les Cosaques, entrant à Paris en 1814 sur leurs chevaux couverts de peaux de bêtes, ne durent pas être plus étonnés du spectacle de notre civilisation. Peu à peu, à mesure que l'invasion s'étendait, ces conquérants se firent propriétaires; ils s'emparèrent d'une foule de domaines ruraux, et soit par sympathie pour leurs vieilles habitudes agrestes, soit par dédain pour le séjour des villes, ils s'établirent de préférence dans les campagnes, qui ne tardèrent pas à se couvrir de villages. Ils maintenaient de là les villes en respect et ils fondaient ainsi la suprématie de la propriété foncière. Les paysans gaulois, bataves, italiens, espagnols qu'ils rencontrèrent épars, tombèrent sous leur joug immédiat, cultivèrent pour eux et furent leurs colons avant d'être leurs serfs; puis, le besoin de se défendre les uns contre les autres, peut-être aussi contre la sédition des villes, transforma la chaumière en donjon et le village en place de guerre, préparatifs avant-coureurs du système féodal.

Ainsi, ces chefs purement militaires, après s'être fait leur part de butin en vastes lots de terre, sources de grands revenus, s'accoutumèrent à la richesse et forcèrent leur subordonnés au travail et à la redevance. Leur contact avec les habitudes romaines contribua chaque jour à modifier les préjugés qu'ils avaient apportés avec eux du fond de leur forêts; ils oubliaient leurs propres mœurs, ou ils les modifiaient sous l'influence du peuple des villes. Ils n'étaient déjà plus des Barbares purs, puisqu'ils avaient fait halte au milieu d'un monde qui allait se les assimiler de toutes parts. Si la fusion s'était opérée subitement et sans autre secousse que l'arrivée des conquérants, le changement n'aurait pas coûté à l'humanité tant de sang et de larmes; mais le ciel voulut que, n'ayant plus d'ennemis à vaincre et de peuples à soumettre, ils se déchirassent entre eux. Ce n'est pas la première invasion qui a été la plus funeste; c'est la seconde, c'est la troisième, c'est la quatrième; c'est cette série de peuplades nouvelles qui se poussaient les unes sur les autres et qui se disputaient les débris du monde romain éperdu et silencieux. Les Francs, les Visigoths, les Bourguignons qui ont occupé plusieurs vastes portions de notre territoire, n'y ont pas pénétré tous ensemble et s'y sont établis sur des bases très-différentes. On pensait d'une manière souvent opposée à la cour de Toulouse, à celle de Lyon et à celle de Soissons, s'il est permis de donner le nom de *cours* à ces quartiers généraux de la conquête : mais il y dominait une idée générale, c'est que l'oisiveté était de droit souverain et que le travail était le partage exclusif des vaincus et des hommes sans propriété. Il faut avouer que les Romains avaient singulièrement préparé les voies à cette transition, par la manière dont ils ne cessèrent de traiter les peuples soumis; quand les Barbares vinrent, ils n'eurent qu'à prendre la place : elle était toute prête, et on la leur céda sans résistance.

Que devenaient pendant ce temps l'industrie, et les arts et les institutions romaines, le système des impôts, les habitudes commerciales du monde et ses grands débouchés, l'Afrique, l'Espagne, l'Asie-Mineure, la Sicile et toute l'Italie? Une révolution profonde s'y manifestait tout à coup et détruisait d'abord les grands foyers de l'intelligence et du progrès rationnel. Tout ce que le christianisme avait détourné à son profit de la philosophie grecque et romaine; toutes ces écoles qu'il avait refondues et animées de son esprit, disparurent devant les exigences de la conquête, jusqu'à ce que la religion nouvelle eût conquis à son tour tous les conquérants et les eût fait servir au triomphe de ses destinées. Dans l'ordre matériel, il s'effectua aussi un grand revirement; les beaux-arts furent sinon proscrits, du moins abandonnés comme des superfluités. On vit cesser presque soudainement les constructions gigantesques, les entreprises hardies qui enflammaient l'enthousiasme des Romains, même au temps de leur plus triste décadence. A quoi bon désormais ces formes gracieuses de meubles et d'ustensiles domestiques, ces statues, ces tissus élégants pour des consommateurs à demi sauvages qui n'en auraient pas su apprécier l'usage, ni voulu récompenser la façon? L'abandon devint tel, que la plupart des secrets industriels se perdirent et que plusieurs n'ont pu être retrouvés. Quelques artisans conservèrent dans le fond de leurs ateliers la tradition des métiers les plus indispensables; mais entre l'art romain et l'art chrétien il n'y a rien. Aucune transition sensible ne lie les temples du paganisme aux basiliques du nouveau culte, et l'on ne saurait reconnaître un caractère intermédiaire à ces rudiments lourds et informes de la période purement barbare, qui n'ont de nom dans aucune langue. Pour retrouver quelque chose de grand, de vraiment noble et majestueux, il faut attendre que le peuple chrétien ait succédé au peuple romain, en se dépouillant de l'écorce vandale.

On ne saurait nier, pourtant, que l'invasion barbare n'ait apporté des changements notables dans la constitution sociale de l'Europe. Elle a simplifié la législation romaine, encombrée de textes et devenue inextricable à force de subtilités. Elle permettait même aux peuples conquis d'adopter ou de repousser le régime nouveau, à condition de profiter des priviléges qu'il leur offrait, ou d'en être privés selon le parti qu'ils auraient adopté. Ainsi la loi salique établissait que la vie d'un Romain était moins précieuse que celle d'un Barbare, cruelle insulte du vainqueur, dont on ne trouve le correctif, que dans la loi ripuaire [1] qui plaçait les membres du clergé au-dessus des dominateurs eux-mêmes. Insensiblement, cette influence de l'Église se manifeste avec une telle efficacité, que les Barbares consentent à abandonner leurs titres pour y substituer les noms latins de ducs, de comtes et de préfets. Aux preuves régulières et minutieuses exigées par la jurisprudence romaine, ils substituent les épreuves religieuses par le feu et par l'eau et, bientôt après, les combats singuliers dont nous avons conservé la mauvaise habitude. Quel témoignage plus

[1] Tit. 7, 11, 36.

puissant de leur victoire et de leur souveraineté! « Puisque Dieu dirige l'événement des guerres nationales et donne la palme au parti le plus juste, pourquoi ne le consulterait-on pas par les armes dans les affaires particulières? » Voilà ce qu'ils disaient, convaincus que, dans leurs querelles privées, les Romains ne tenteraient pas comme individus une lutte qui leur avait si mal réussi comme nation. Et c'est ainsi que cette funeste innovation a introduit dans les disputes humaines un élément déplorable dont les générations futures devaient longtemps subir les conséquences. La portion des terres conquises, que les Barbares s'étaient adjugée, donna naissance à des vexations de toute espèce et continua, sous des formes nouvelles, le système d'usurpation que les Romains avaient suivi, partout où leurs armes s'étaient avancées. Les artisans ne furent plus libres de travailler pour eux-mêmes; ils se virent adjugés par le droit de la guerre aux chefs de leurs vainqueurs, et ceux-ci entourés de forgerons, de charpentiers, de cordonniers, de tailleurs, de teinturiers, d'orfévres, joignaient aux revenus de leurs terres les profits du travail de ces ouvriers. C'était encore la servitude romaine, avec cette différence que naguère les Romains l'exploitaient pour leur compte et que maintenant ils la subissaient pour le compte d'autrui. La civilisation n'aurait pas manqué de perdre à ce changement, si plus tard une main puissante n'avait organisé les éléments épars de l'ordre social nouveau, en associant l'intelligence romaine à la force vandale et en pliant l'indépendance un peu sauvage de cette force au régime de la contrainte et au respect de la loi. Ce grand réformateur fut Charlemagne.

Le fait essentiel et caractéristique de l'invasion des

peuples désignés sous le nom de Barbares, ce fut leur passage de l'état conquérant et vagabond à la condition de propriétaires. La manière dont ils se distribuèrent une portion du territoire conquis, chacun selon ses habitudes natives, amena des modifications profondes dans le système de la propriété, sans amélioration notable au sort des cultivateurs. On trouve, dans les lois des Visigoths et des Bourguignons, que ces deux peuples eurent les deux tiers des terres [1]; les Francs ne suivirent pas le même plan et prirent ce qu'ils voulurent. Ils ne prirent cependant pas tout, et les Bourguignons n'avaient pas même exercé leur droit de conquête sur la totalité des terres disponibles, puisqu'il est stipulé dans un supplément de leur loi [2] qu'on n'en donnerait plus que la moitié à ceux qui viendraient ensuite dans le pays. Pendant longtemps, chaque Barbare s'établit en pension chez chaque Romain, comme avaient fait les Athéniens chez les peuples conquis, comme les Romains eux-mêmes avaient fait, à leur tour, chez les nations dont ils s'étaient rendus maîtres. Ainsi la propriété changeait de main, mais le système grec et romain, de vivre aux dépens d'autrui, subsistait toujours, et sous ce rapport, il n'y avait rien de changé, si ce n'est que la barbarie prenait sa revanche aux dépens des anciens oppresseurs, désormais opprimés. Sous quelque point de vue qu'on envisage cette rude transition, on n'y aperçoit pas encore le germe d'une révolution économique décisive. L'aristocratie territoriale nouvelle ne se distingue des anciens propriétaires de *latifundia* que par des habitudes moins

[1] Montesquieu, *Esprit des Lois*, liv. xxx, chap. 8.

[2] *Ut non ampliùs à Burgundionibus qui infrà venerunt requiratur quàm in præsens necessitas (fuerit,) medietas terræ* (*art.* 11).

élégantes et moins polies; mais la cruauté au fond est égale dans les deux castes ; la nouvelle bat elle-même ses serviteurs; l'ancienne, mieux élevée, les faisait battre : voilà la différence.

Le monde romain était si fortement imprégné de ces idées de servitude et de hiérarchie despotique, que les Barbares n'eurent pour ainsi dire qu'à substituer leurs dénominations à celles de l'administration impériale. Les employés étaient presque tous les mêmes; le pouvoir coulait dans les mêmes canaux. La bourgeoisie romaine avait fait place à l'état-major des Barbares; et, sauf les conséquences qui découlèrent de cette substitution, la révolution qui s'opérait aurait pu passer pour un simple changement de fonctionnaires publics. Mais bientôt les chefs conquérants accordèrent des exemptions de charges, des domaines, des *bénéfices* viagers que les empiétements successifs de leurs subordonnés finirent par rendre héréditaires. Les distinctions pénétrèrent jusqu'aux entrailles de la société civile; il y eut des terres libres d'impôts, *saliques* et *allodiales*, dont les propriétaires s'arrogèrent peu à peu des droits sur les habitants voisins, et devinrent, sous le titre de *seniores* ou seigneurs, de véritables tyrans. La chasse, qu'ils aimaient avec passion fut considérée par eux comme un droit interdit aux paysans. Il y avait plus de danger à tuer un cerf ou un sanglier qu'à se défaire d'un homme. Cependant toutes ces vexations n'étaient pas établies par les lois et jamais il n'y eut, à proprement parler, un édit de confiscation générale. Quand cet abus de la domination fut inscrit dans les codes, il y avait longtemps qu'il figurait parmi les faits accomplis. Le clergé en adoucissait chaque jour les rigueurs par son influence sur les dépositaires de la force; entièrement composé de natifs, gens habiles et déliés, il ne négligeait aucune occasion de faire plier sous le joug religieux la tête altière des dominateurs ; il leur apprenait le latin, en le corrompant sans doute, mais enfin il leur facilitait aussi le moyen d'entrer en communication plus intime avec des lois et des coutumes qui devaient à la longue influer sur eux.

Une circonstance, signalée avec raison comme très-importante par les historiens, contribua beaucoup aussi à empêcher l'invasion germaine de remplacer de toutes pièces le régime précédent. Les Barbares avaient l'habitude de se rassembler dans leurs bois et dans leurs marais autour de la personne de leurs chefs, qui prenaient conseil de l'assemblée générale et délibéraient avec elle avant d'agir. Quand ils se furent éparpillés et fixés sur les territoires conquis, ils se présentèrent avec moins d'exactitude aux réunions, et l'autorité des chefs ne s'étendit guère au delà d'un certain rayon. Plus d'un Barbare entra dans les ordres sacrés et y apporta ses habitudes d'intempérance ; les questions de doctrine se décidèrent souvent par la force. En Espagne, les Visigoths firent rédiger, sous l'influence des conciles, plusieurs codes de lois mêlées de principes romains et de préjugés religieux. En Angleterre, la descente des Saxons trouva les habitants abandonnés à eux-mêmes, et leur établissement n'y devint définitif qu'après une lutte de plus de cent ans. Pendant longtemps cette île fameuse sembla effacée de la carte et fut regardée comme une terre mystérieuse dont on racontait toutes sortes de prodiges. Quand on la découvrit pour la seconde fois, tout y était changé; sept royaumes indépendants s'y étaient formés, et quoique sans cesse agités par la discorde, ils avaient fait presque entièrement disparaître jusqu'aux derniers vestiges de la suprématie romaine. Un nouvel ordre politique venait de naître. La Gaule et l'Espagne étaient partagées entre les deux puissantes monarchies des Francs et des Visigoths; l'Afrique était en proie aux Vandales proprement dits et aux Maures. L'Italie obéissait à des étrangers; on ne voyait plus de traces de la majesté romaine, si ce n'est dans l'empire d'Orient, qui s'étendait encore des rives du Danube jusqu'aux bords du Nil et du Tigre. Hors de là une foule de nationalités nouvelles s'étaient formées; nous assisterons bientôt au développement de leur état social!

CHAPITRE XI.

Dernières lueurs de civilisation à Constantinople sous Justinien. — Cet empereur résume toute la législation des Romains. — Ce que c'était que son *Code*. — Les *Pandectes*. — Les *Institutes*. — Les lois de Justinien sont les archives du passé ; les *Capitulaires* de Charlemagne, le programme de l'avenir.

Entre le nouvel ordre de choses émané de l'invasion barbare et la civilisation romaine mourante, il y a une époque intermédiaire digne d'intérêt pour l'économiste, quoiqu'elle ne soit pas caractérisée par un de ces changements profonds qui bouleversent le système social de tout un peuple. Cette époque, c'est le règne de l'empereur Justinien d'Orient ; règne mémorable, en vérité, qui n'a pas eu d'aurore et qui n'aura point de crépuscule : véritable communication jetée entre deux mondes, dont l'un finit et l'autre commence. Il semble, en l'étudiant, que le génie de la civilisation antique ait voulu faire son testament et se soit enveloppé, comme la chrysalide, d'un tombeau d'or et de soie, avant de subir une dernière transformation. Tout se résume et se recueille, les lois, les arts, les industries, les procédés agricoles. Pour la première fois, une matière première, la soie, devient l'objet de la sollicitude impériale et pèse dans la balance politique, comme le coton, le sucre, le thé, au temps où nous vivons. Les monopoles s'établissent au profit du trésor public; les monnaies sont altérées, les offices sont vendus. Ce n'est pas là ce que nous admirons, mais nous le signalons comme le premier indice d'une économie politique systématique. Dans les sciences mêmes, des expériences hardies témoignent du mouvement qui s'opère; des miroirs ardents, des poudres fulminantes, des pompes à irrigation sont essayés. La médecine abandonne ses vieux errements et l'architecture hasarde sa première coupole dans les airs [1]. Des palais et des temples s'élèvent de toutes parts, des aqueducs, des ponts, des *hôpitaux* sont construits dans presque toutes les villes; on semble se hâter de multiplier les monuments des arts, de peur que la barbarie n'arrive trop tôt pour en interrompre l'achèvement, et dans l'espoir qu'ils lui survivront. De Belgrade à l'Euxin et du confluent de la Save à l'embouchure du Danube, une chaîne de plus de quatre-vingts places fortes s'élève pour protéger les rives de ce grand fleuve; on dirait que l'empire romain pose ses dernières limites et s'établit enfin, las de conquêtes, dans un camp retranché. Mais, tandis que Rome se crénelait ainsi à l'orient, où se réfugieront bientôt les lettres et les arts, le reste de l'Europe subit la loi du vainqueur, et les institutions *latines* sont partout remplacées par les coutumes barbares. La greffe germaine appliquée sur le vieux tronc romain commence à porter ses fruits, auxquels il reste encore quelque chose de la saveur du premier arbre. A cette cohue de chefs dévastateurs, que le christianisme épouvanté redoute et baptise, succède enfin un grand homme, le véritable représentant du nouvel ordre social, qui met

[1] L'église de Sainte-Sophie, à Constantinople.

autant de sollicitude à restaurer la civilisation que ses grossiers prédécesseurs en ont montré pour la détruire. Je veux parler de Charlemagne, le premier prince de la race des conquérants vandales, dont le règne résume la pensée de ces quatre ou cinq siècles d'invasions.

Le contraste de cette pensée avec celle des empereurs romains n'apparaît nulle part d'une manière plus frappante que dans la double entreprise de Justinien et de Charlemagne. En effet, ces deux princes ont laissé, l'un et l'autre, un monument plus durable que le souvenir de leurs victoires, les Pandectes et les Capitulaires. Je ne connais pas de sujet d'étude plus fécond et plus vaste que ces deux grands codes de deux grands souverains, dont l'un représente si bien le soleil qui se couche et l'autre le soleil qui se lève. C'est là que l'économie politique doit chercher quelle fut la condition des peuples aux deux extrémités de l'Europe, quand la civilisation romaine se retira à Constantinople pour faire place à la monarchie presque universelle de celui qui mit sur sa tête la couronne d'Allemagne, de France et d'Italie. Ainsi le code de Napoléon a survécu à ses victoires et fera plus d'honneur un jour à sa mémoire que les monuments les plus magnifiques de son règne. Là se retrouveront les faits sociaux les plus importants de son époque, comme nous retrouvons dans les lois de Justinien les traces les plus nettes de la sagesse collective des Romains.

L'ensemble de ces lois fut réuni pour la première fois sous le règne de ce prince en trois livres distincts, le *Code*, les *Pandectes*, et les *Institutes*. Lorsqu'il monta sur le trône, la jurisprudence était encombrée d'une foule confuse de textes, dont la simple nomenclature eût été une œuvre au-dessus des forces humaines. Le sort lui donna pour auxiliaire le fameux Tribonien, qui porta l'ordre et la lumière dans ce chaos et qui acheva en moins de quinze mois la révision des ordonnances de ses prédécesseurs. Ce premier travail fut appelé le *Code Justinien* et promulgué dans tout l'empire avec une pompe inusitée. Dix-sept jurisconsultes, sous la direction du même savant, rédigèrent ensuite en trois ans les *Pandectes*, résumé colossal de deux ou trois millions de sentences, et qui avait été précédé de la publication des *Institutes*. Ainsi les éléments du droit romain étaient suivis de l'explication de la jurisprudence, et la justice pouvait enfin consulter les *éternels oracles*[1], sans craindre de se perdre dans un labyrinthe de lois. Malheureusement les oracles furent menteurs, comme ils le sont presque tous ; car en recueillant les lois on prit soin de les adapter aux mœurs contemporaines. Tribonien se rendit complice des altérations qui devaient mettre le code d'une république en harmonie avec le despotisme d'une monarchie absolue. En même temps, et pour empêcher qu'à l'avenir on ne fît subir au code, ainsi amendé au profit du despotisme, une réforme qui pourrait profiter quelque jour à la liberté, l'empereur défendit, sous peine du châtiment des faussaires, le moindre commentaire sur le texte nouveau. Peu d'années après, il en faisait faire une autre édition augmentée des *Novelles*, qui complètent l'édifice imposant de sa jurisprudence.

On trouve dans les recueils de Justinien des détails très-précieux sur l'état des personnes à Constantinople, vers le milieu du sixième siècle. Quoique les citoyens fussent, fictivement du moins, égaux devant la loi, il n'y

[1] C'est le nom que Justinien donnait à ses Codes.

avait plus de droits attachés à ce titre jadis si beau et si vivement recherché. Des esclaves affranchis l'obtenaient sans transition, et cette facilité n'a pas peu contribué à l'abolition de la servitude domestique. L'autorité des maîtres sur les esclaves était aussi considérablement restreinte. Le droit de vie et de mort accordé aux pères sur leurs fils était aboli, et ceux-ci pouvaient acquérir quelques propriétés qui cessaient dès lors d'appartenir aux auteurs de leurs jours. L'abandon des enfants, longtemps toléré comme un usage excusable, fut puni comme un crime, quand la mort des victimes s'en était suivie; quelques restrictions furent mises à la liberté du divorce qui avait dégradé le mariage jusqu'au plus vil concubinage [1], et l'influence de l'Eglise se manifesta de la manière la plus visible dans la liste des causes qui, de la part de l'homme ou de celle de la femme, pouvaient donner lieu à la séparation. La religion avait déjà pénétré dans la jurisprudence. On remarque principalement son intervention dans la sollicitude avec laquelle les droits des orphelins et des mineurs sont préservés de toute atteinte.

Voilà pour les personnes; mais la propriété ne fut point oubliée. Les *Institutes* renferment à cet égard une foule de dispositions remarquables. Elles admettent le principe de l'hérédité des biens, dans son extension la plus libérale. Point de prérogative de primogéniture; point de distinction, pour les droits de succession, entre les garçons et les filles; à l'extinction de la ligne directe,

[1] Saint Jérôme vit à Rome un mari qui enterrait sa vingt et unième femme, laquelle avait enterré vingt-deux de ses prédécesseurs, moins robustes que lui. Sénèque disait des femmes de son temps : *Non consulum numero, sed maritorum annos suos computant.* De Beneficiis, III, 16.

la fortune passait aux branches collatérales. Des prescriptions sagement combinées conciliaient tous les intérêts et laissaient peu de place aux procès. Cet immense détail occupe douze livres des *Pandectes*. Les livres 17, 18, 19, et 20 du même recueil renferment aussi des dispositions très-remarquables sur les prêts, sur le contrat de louage, sur la nature et les conditions des baux dont la durée était de cinq ans. Le taux de l'intérêt était fixé à quatre pour cent pour les personnes d'un rang illustre et à six pour cent pour toutes les autres ; c'était le taux ordinaire et légal. Néanmoins, on permit l'intérêt de huit pour cent aux manufacturiers et aux commerçants et celui de douze pour les assurances maritimes. Le clergé, plus sévère ou moins éclairé, a toujours condamné le prêt à intérêt, que saint Jean Chrysostome et les Pères de l'Église poursuivaient de leurs faibles arguments et que Shakespeare appelait plus tard, dans son langage pittoresque, *la postérité d'un métal stérile*.

Cependant malgré ces améliorations dans la rédaction des lois, comparées à ce qu'elles étaient auparavant, le peuple en retira beaucoup moins d'avantages qu'on ne pourrait le penser. Quoiqu'on les eût réduites à des formes plus simples et à des termes plus précis, il y restait encore assez de vague et de contradictions pour alimenter des nuées d'avocats et de légistes. La résidence des plaideurs dans des provinces éloignées entraînait des longueurs, des incertitudes, des dépenses considérables, toutes les fois qu'il y avait appel à la juridiction suprême. Le droit romain redevint encore une fois une science mystérieuse que l'industrie des praticiens, dignes maîtres de ceux de nos jours, exploitait avec une audace inouïe. Le riche écrasait impitoyablement le pauvre, et les frais des procès en absorbaient habituellement la valeur. Néanmoins ces formes et ces délais, quoique très-coûteux, protégaient la personne et la propriété contre les caprices de la tyrannie et l'arbitraire du juge, et c'était encore un progrès. Que de réformes contenait cette seule revue des lois romaines accommodées au temps présent et qui en portaient si profondément l'empreinte ! Qui eût dit qu'après plus de douze cents ans elles présideraient encore, dans le plus grand nombre de leurs dispositions, au gouvernement d'une société se différente? Mais, dans ce long trajet au travers des siècles, elles devaient se pénétrer de l'esprit de beaucoup d'institutions nouvelles et fournir à un grand homme les éléments d'une législation qui eut aussi sa gloire, si elle n'eut pas son originalité.

CHAPITRE XII.

Économie politique de Charlemagne. — Analyse de la partie économique de ses *Capitulaires*. — Détails singuliers contenus dans le capitulaire *de Villis*. — Conséquences sociales du règne de ce grand homme.

Le règne de Charlemagne forme la transition entre la barbarie et la féodalité. Il rétablit l'unité du pouvoir et celle du territoire également rompues par cette foule de petits souverains et de petits États qui remplissent toute la période écoulée depuis la première invasion. Les royaumes de Metz, d'Orléans, de Soissons, de Paris, d'Aquitaine, de Bourgogne, viennent se confondre dans la grande monarchie impériale; et tous ces misérables despotismes, inhabiles à concevoir quelques grandes idées, s'abîment en un seul capable de les exécuter. Pour la première fois depuis César, vainqueur et organisateur, un homme apparaît digne de laisser son nom à son siècle. Ce qui caractérise surtout cet homme remarquable, c'est qu'il était un véritable Franc de France, le moins mêlé de sang romain qui fût encore monté sur le trône. Presque tous ses prédécesseurs, Barbares ou non, avaient reçu l'impulsion romaine et chrétienne; lui se sentit assez fort pour la donner. Les autres avaient régné : Charlemagne voulut gouverner.

Il eût peut-être empêché l'avénement du régime féodal, en comprimant fortement la tendance aristocratique de son temps, si ses débiles successeurs n'avaient laissé périr son œuvre et remis au hasard les destinées de l'humanité.

Ses cinquante-trois expéditions ont été dirigées par une pensée politique qui semblait perdue depuis les Romains. Ce qu'il voulut d'abord et avant toute chose, ce fut de reconstituer en Europe un grand pouvoir, assez fort pour contenir toutes les ambitions et pour les soumettre à une domination commune. Il fit la guerre aux indépendances menaçantes et aux croyances hostiles, et ne s'arrêta que lorsqu'il eut atteint son but principal, qui était de faire un empire. Au nord et au midi, il rencontra deux grandes résistances, les Saxons et les Arabes : il les vainquit toutes deux. Malheureusement ses victoires lui laissèrent à peine assez de loisir pour organiser, et il rencontra moins de difficultés dans la guerre que dans la paix ; mais, quoique ses grands travaux ne lui aient pas survécu, l'impulsion qu'il avait donnée à l'Europe avait été trop vive pour que le mouvement pût s'arrêter. Elle ne redevint point après sa mort telle qu'elle était avant son règne; il lui avait donné une pensée qui se révélera dans les actes de ses successeurs, dans la politique des États formés du démembrement de sa monarchie, dans les guerres mêmes qu'ils se feront entre eux ou qu'ils soutiendront contre leurs ennemis.

Il suffit de rappeler le soin avec lequel il essaya de rétablir une hiérarchie administrative sévère, surveillée par des inspecteurs ambulants, *missi dominici*, envoyés du maître, chargés de lui rendre compte de l'état des provinces, de la réforme des abus et de l'exécution de ses ordres. Il était ainsi présent partout, et il pouvait étendre la main jusqu'aux extrémités de son empire avec une rapidité décisive dans ces temps de lenteur et sur cette surface immense, presque entièrement dépourvue de routes. Les trente-cinq assemblées générales tenues sous son règne, quoiqu'elle, ne ressemblent guère à nos sessions parlementaires modernes, n'ont pas moins contribué d'une manière efficace aux améliorations qu'il fit exécuter. Il paraît que les députés y avaient seulement voix consultative : l'empereur prenait ses résolutions en dépit de leur contrôle; mais il y recevait de précieuses communications sur l'état du pays, sur ses besoins, sur ses souffrances. L'archevêque Hincmar nous a laissé des révélations curieuses sur la manière dont se tenaient ces assemblées générales, et sur l'origine des *Capitulaires* qui en résument les travaux. « C'était, dit-il, un usage de ce temps de tenir chaque année deux assemblées dans lesquelles on soumettait aux grands, en vertu des ordres du roi, les articles de la loi nommés *capitula*, que le roi lui-même avait rédigés par l'inspiration de Dieu. »

Il y avait donc examen préalable, discussion en conseil d'État, car on ne saurait reconnaître un autre caractère à ces réunions pacifiques dont les débats étaient dirigés par le souverain, *en vertu de la sagesse qu'il avait reçue de Dieu*, selon l'expression de son historien. Charlemagne n'en aurait à nos yeux que plus de mérite, puisque la pensée dominante de toutes les améliorations de son règne lui appartiendrait tout entière. Et certes, jamais activité ne fut plus extraordinaire que la sienne ; quoique ses nombreuses guerres l'aient forcé de se transporter, à plusieurs reprises, d'une extrémité à l'autre de l'Europe, il ne cessa de publier des édits de réforme sur une multitude de sujets, quelquefois tellement minutieux, que nous avons peine à comprendre comment la majesté de son pouvoir est descendue jusque-là. C'est donc dans ses *Capitulaires* qu'il faut chercher quelle fut son économie politique, et s'il est vrai que cette science lui doive quelques dispositions essentielles. Avant tout, nous devons faire observer qu'on attribue à tort à Charlemagne seul la collection d'aphorismes, de consultations, de prescriptions et de lois qui portent son nom. Près de la moitié appartiennent à ses prédécesseurs, et un grand nombre à ses successeurs : le titre seul de l'ouvrage (*Capitula regum francorum*) suffit pour indiquer sa véritable signification et la nature exacte de son contenu. La meilleure édition que nous possédions [1] n'est qu'un recueil indigeste, sans ordre, sans critique, et dont le texte, écrit en mauvais latin de la décadence, décourage les hommes studieux les plus intrépides ; mais c'est une mine inépuisable de documents précieux, et il serait à désirer qu'il en existât de semblables pour toutes les époques de notre histoire.

Parmi les soixante-cinq capitulaires de Charlemagne, celui qui intéresse le plus l'histoire de la science économique, malgré l'incohérence de ses détails, est le fameux capitulaire *de Villis*, dans lequel ce grand homme a essayer de résumer ses vues sur les finances et sur l'administration de ses domaines. Il se compose de 70 paragraphes sans relation entre eux, et qui ressemblent assez aux instructions d'un riche propriétaire à son intendant. Le prince demande, avant tout, qu'on le serve avec probité et que ses gens soient traités avec sollicitude, de manière à être à l'abri de la pauvreté [2]. Il ne veut pas

[1] Celle de Baluze, en deux volumes in-folio. Paris, 1677.

[2] *Ut familia nostra benè conservata sit, et à nemine in paupertatem missa.*

qu'on leur impose de corvée, ni de travaux fatigants [1]; s'ils travaillent la nuit, on leur en tiendra compte. Ceux-ci, à leur tour, doivent avoir bien soin du vin de la récolte et le mettre en bouteilles, de peur qu'il ne lui arrive malheur [2]. S'ils s'écartent des devoirs qui leur sont imposés, ils pourront être punis par la fustigation, ou selon le bon plaisir du roi et de la reine [3]. On soignera les abeilles et les oies ; on veillera sur l'entretien et l'augmentation des viviers. Les vaches, les juments poulinières, les brebis seront multipliées. Nous voulons, ajoute le maître, que nos forêts soient aménagées avec intelligence [4], qu'on ne les défriche point, qu'on y entretienne des éperviers et des faucons. On aura toujours à notre disposition des oies grasses et des poulets à l'avenant ; on vendra au marché les œufs qui n'auront pas servi à la consommation de nos fermes. Chacun de nos domaines sera pourvu de bons lits de plume, matelas, couvertures, vases de cuivre, de plomb, de fer, de bois, de chaînes, de crémaillères, de haches, de tarières, de manière qu'on n'ait rien à emprunter à personne. Charlemagne voulait aussi avoir le compte de ses légumes, de son beurre, de ses fromages, de son miel, de son huile et de son vinaigre, voire même de ses navets *et autres minuties*, comme le porte le texte des Capitulaires. On se demande seulement dans quel moment il aurait pu vérifier de tels comptes, s'ils lui eussent été fournis.

[1] *Non corvadas, nec aliud opus sibi facere cogant.*

[2] *Vinum in bona mittant vascula et diligenter providere faciant quod nullo modo naufragium sit.*

[3] *Recipiant sententiam aut in dorso, aut quomodo nobis vel reginæ placuerit.*

[4] *Ut sylvæ vel forestes nostræ benè sint custoditæ, et campos de silvâ increscere non permittant. Accipitres et spervarios ad nostrum profectum provideant.*

On trouve aussi dans le même capitulaire une curieuse énumération des diverses professions qu'il jugeait nécessaire de réunir dans chacun de ses grands domaines. Il y fallait des forgerons, des *orfèvres*, des tailleurs, des tourneurs, des charpentiers, des *oiseleurs*, des *tisseurs de filets*, et des hommes en état de soigner la fabrication du cidre et du poiré. Tout esclave qui voulait parler au souverain sur le compte de ses maîtres devait avoir accès auprès de sa personne; on ne pouvait lui en refuser la faveur sous aucun prétexte[1]. Charlemagne avait fixé l'époque de Noël pour la reddition générale de ses comptes, et le bonhomme Harpagon n'était pas plus exigeant que ce grand homme sur cette matière délicate. Le soixante-deuxième article du capitulaire *de Villis* en offre la preuve la plus évidente : « Il est important, y est-il dit, que nous sachions ce que toutes ces choses-là nous rapportent[2]; » et il énumère les bœufs, les moulins, les bois, les navires, les vignobles, les légumes, la laine, le lin, le chanvre, les fruits, les abeilles, le poisson, les peaux, la cire et le miel, les vins vieux et nouveaux et le reste. Tout ce qui n'a pas été consommé pour le service du prince doit être immédiatement vendu. L'auguste économe ajoute naïvement : « Nous espérons que tout » ceci ne vous paraîtra pas trop dur, parce que vous » pouvez l'exiger à votre tour, chacun étant maître dans » sa ferme. » Sa royale sollicitude allait encore plus loin quand il s'agissait du transport des vins et des fa-

[1] *Si aliquis ex servis nostris super magistrum suum nobis de causâ nostrâ aliquid vellet dicere, vias ei ad nos veniendi non contradicat.*

[2] *Omnia deposita, distincta et ordinata ad nativitatem Domini notum faciant, ut scire valeamus quid vel quantùm de singulis rebus habeamus.*

rines destinées à son usage personnel. « Vous aurez soin de faire voyager le vin dans des futailles dûment cerclées en fer, et jamais dans des outres[1]; quant aux farines, j'entends qu'elles soient placées dans des charrettes doublées et recouvertes en cuir, de manière à pouvoir traverser les rivières, au besoin, sans courir risque d'avaries. Je veux aussi qu'on me rende bon compte des cornes de mes boucs et de mes chèvres, ainsi que des peaux des loups qui auront été pris dans le courant de chaque année. Au mois de mai, on ne manquera pas, non plus, de faire une guerre terrible aux louveteaux. » Enfin, le dernier paragraphe de cet étrange document renferme peut-être la plus rare nomenclature qui existe des plantes de tout genre et des arbres fruitiers connus dans le neuvième siècle[2], et dont le grand ordonnateur des domaines royaux voulait qu'on ne négligeât la culture dans aucun de ses jardins.

Telle est, en substance, ce célèbre capitulaire *de Villis* qui résume beaucoup mieux l'économie domestique

[1] *Volumus ut bonos baridos ferro ligatos judices singuli præparatos semper habeant et utres ex coriis non faciant... ut carra nostra et opercula benè sint cum coriis cooperta, et ità sicut consuta ut si necessitas evenerit ad aquas adnatandum, transire flumina possint, ut nequaquàm aqua intùs intrare valeat.*

[2] Je crois devoir en citer les principaux pour la satisfaction de mes amis les horticulteurs : le lis, la rose, le fenugrec, la sauge, la rue, les concombres, les citrouilles, les poivrons, le cumin, le romarin, les pois chiches, l'anis, la coloquinte, les laitues, le cresson, la bardane, la moutarde, la menthe, le pavot, la guimauve, la mauve, les choux, les oignons, les poireaux, les radis, les cardons, les fèves, les pois, le cerfeuil et *la barbe de capucin*. En fait d'arbres, Charlemagne voulait que l'on cultivât dans ses domaines les pommiers, les pruniers, les sorbiers, les poiriers, les châtaigniers, les pêchers, les noisetiers, les amandiers, les noyers, les mûriers, les figuiers, les pins et les cerisiers. Il désigne même plusieurs variétés de pommiers.

que l'économie politique de Charlemagne. On rencontre dans les autres capitulaires du nouveau César des dispositions précises sur des questions économiques, notamment le passage suivant, dans lequel se trouve, comme l'a dit avec raison M. Guizot, un véritable essai de *maximum* : « Le très-pieux seigneur notre roi a décidé que nul homme, ecclésiastique ou laïque, ne pourrait, *soit en temps d'abondance, soit en temps de cherté*, vendre les vivres plus cher que le prix récemment fixé par boisseau, savoir, etc. » Ailleurs se trouve la création d'une taxe des pauvres, dans le but d'arriver à la suppression de la mendicité. « Quant aux mendiants qui courent le pays, nous voulons que chacun de nos fidèles nourrisse ses pauvres, soit sur son bénéfice, soit dans l'intérieur de sa maison, et ne leur permette pas d'aller mendier ailleurs. Et si on trouve de tels mendiants, et qu'ils ne travaillent pas de leurs mains, que personne ne s'avise de leur rien donner. « Quelquefois les injonctions du législateur sont formulées sous l'apparence d'une simple interrogation : « Demandez aux évêques et aux abbés de nous déclarer avec vérité ce que veulent dire ces mots dont ils se servent souvent : *renoncer au siècle*, et à quels signes on peut distinguer ceux qui renoncent au siècle de ceux qui n'y renoncent pas ? Est-ce à cela seul qu'ils ne portent point d'armes et qu'ils ne sont pas mariés publiquement? Demandez encore si celui-là a renoncé au siècle qui travaille chaque jour, *n'importe par quels moyens*, à accroître ses possessions, tantôt promettant la béatitude du royaume des cieux, tantôt menaçant des supplices éternels de l'enfer ; ou bien, sous le nom de Dieu ou de quelque saint, dépouille quelque homme riche ou pauvre, simple d'esprit et peu avisé ? »

Le langage de Charlemagne n'était pas moins significatif, comme on voit dans ses insinuations que dans ses prescriptions. Il fallait que la corruption et la domination des prêtres eussent déjà acquis sous son règne un caractère bien grave, pour qu'il se fût déterminé à leur adresser d'aussi sévères mercuriales. Ailleurs [1], il leur recommande de ne pas jurer, de ne pas s'enivrer, de ne pas fréquenter les mauvais lieux, de ne pas entretenir des femmes, et de ne pas vendre trop cher les sacrements. L'usure était alors un abus aussi habituel au clergé qu'au reste des habitants ; les Capitulaires y reviennent en plus de vingt circonstances, et ne cessent de la flétrir de toutes les manières. Ces pieuses dispositions n'empêchent pas, néanmoins, l'empereur de fixer lui-même le taux auquel on devra recevoir sa monnaie [2], bonne ou mauvaise, et de condamner à de fortes amendes les hommes assez hardis pour en contester l'excellence. Mais ces prescriptions tyranniques sont compensées par des mesures souvent favorables aux esclaves, aux paysans, aux pauvres, qu'il est ordonné de secourir, de recueillir dans des asiles et de soigner quand ils sont malades. Les règlements ecclésiastiques occupent dans les Capitulaires une place considérable. On ne saurait douter, à leur étendue, de toute l'importance qui s'attachait au clergé et aux moines, à peu près maîtres de l'administration par la supériorité de leur lumières, et consultés par Charlemagne dans les moindres détails. Ils étaient exempts du service militaire, charge pénible alors imposée à tous, *sans solde*, et pendant un temps presque illimité. Toute atteinte à leur considération ou à leur per-

[1] *Capitula episcoporum.*

[2] *De denariis autem certissimè sciatis nostrum edictum, quod in omni loco, in omni civitate et in omni emptuario similiter vadant isti novi denarii et ab omnibus accipiantur.*

sonne était punie avec un redoublement de sévérité.

On trouve dans les Capitulaires de Charlemagne peu de traces d'aucun système d'impôts. Il paraît que le revenu de l'État consistait principalement dans la perception des amendes, qui étaient nombreuses et élevées, et dans les fermages des domaines de l'empereur. Le soin minutieux avec lequel Charlemagne avait réglé tout ce qui concernait ce sujet, ne permet pas de douter que la rente de ses terres ne fût le chapitre le plus essentiel de son budget. Quelques péages établis sur les grands chemins, à l'abord de certains ponts, fournissaient un supplément de ressources, qui étaient exploitées en commun avec les grands propriétaires et qui devinrent, sous la féodalité, l'origine des plus effroyables exactions. C'est encore au règne de Charlemagne qu'il faut attribuer la réhabilitation des lois romaines qui prohibaient la sortie des grains dans les temps de disette, sous peine de confiscation, et nous avons vu qu'il n'avait pas reculé devant des essais de *maximum*, qui eurent pour résultat d'aggraver des maux auxquels ils devaient remédier. Cependant Charlemagne peut être considéré, dans ces temps demi-barbares, comme le prince qui ait le mieux compris les véritables intérêts du commerce. Ses Capitulaires renferment une foule de dispositions plus libérales que toute celles des empereurs romains. Il avait établi aux frontières des officiers chargés de protéger les relations avec les étrangers, et ce fut lui qui plaça à l'embouchure des fleuves les premiers *stationnaires*, soit pour l'intimidation des pirates, soit dans l'intérêt de la navigation. Il avait entrepris de creuser un canal navigable pour joindre le Rhin au Danube. Il ordonna l'établissement d'un système régulier de poids et mesures[1] par

[1] *Volumus ut æquales mensuras et rectas, pondera justa et æqua-*

tout l'empire ; poursuivit par des peines sévères la fabrication de la fausse monnaie, et défendit les accaparements [1]. Ses édits ne furent pas moins opposés à l'achat des récoltes sur pied, comme à un système de spéculation honteuse qui avait pour but d'exploiter la misère des cultivateurs et de faire renchérir les denrées [2]. En même temps, il frappait d'immobilité perpétuelle les biens des églises, en s'opposant à ce qu'ils reçussent jamais une autre destination [3], et il prenait soin de les augmenter en prescrivant des donations en terres et des dîmes qui étaient payées par ses propres domaines [4]. Nous sommes forcé de convenir que les esclaves de son temps étaient traités avec plus de philanthropie et de pudeur que les malheureux nègres de nos colonies. On ne pouvait séparer le mari de la femme, et l'article du capitulaire qui contenait cette disposition, s'appuie des paroles de l'Évangile : *Quos Deus conjunxit, homo non separet*. Il était défendu d'acheter ou de vendre un esclave autrement qu'en présence des délégués de l'em-

lia omnes habeant, in civitatibus, sive in monasteriis, sive ad dandum in illis, sicut ad accipiendum.

[1] *Turpe lucrum exercent qui per varias circumvagationes lucrandi causâ inhonestè res quaslibet congregare decertant.*

[2] *Quicumque enim tempore messis vel vindemiæ, non necessitate sed propter cupiditatem, comparat annonam aut vinum, verbi gratiâ de duobus denariis comparat modium unum et servat usque dùm iterùm venundari possit contra denarios quatuor aut sex, hoc turpe lucrum dicimus.*

[3] *Ut loca quæ semel Deo dedicata sunt ut monasteria, sint, maneant perpetuo monasteria, nec possint ultrà fieri seculariò habitanda.*

[4] *De minoribus capitulis consenserunt omnes, ad unamquamque ecclesiam curtem et duos mansos terræ pagensis ad ecclesiam recurrentes condonent, et hoc Christo propitio placuit ut undiquè census aliquid ad fiscum pervenerit, sive in frido, sive in quali cumque banno, et in omni redibutione ad regem pertinens, decima pars ecclesiis et sacerdotibus reddatur.*

pereur. Toute vente secrète était annulée et punie.

On s'explique aisément cette sollicitude pour les esclaves dans un temps et sous un règne où l'esclavage prenait chaque jour une extension nouvelle. Les donations de terres que l'empereur faisait sans cesse aux grands et aux églises diminuaient chaque jour le nombre des cultivateurs en état de vivre du produit de leurs revenus, et leur condition devenait si malheureuse qu'ils lui préféraient l'esclavage, ou plutôt le servage. Peu à peu on vit disparaître presque tous les hommes libres, et leurs petits héritages s'ajouter à ces immenses domaines concédés par la munificence impériale à l'aristocratie de guerre et d'église. Ainsi se confondaient les idées de souveraineté politique et de propriété foncière qui deviendront la base de l'anarchie féodale, aussitôt que la main d'un chef suprême aura cessé de tenir en respect des vassaux ambitieux et puissants. Lui-même préparera ce grand événement en divisant l'empire entre ses enfants et en affaiblissant son propre ouvrage ; car c'est par là surtout que sa réputation est vulnérable, et c'est d'après le caractère éphémère de ses œuvres, que beaucoup d'historiens se sont crus autoriser à le juger sévèrement. Il est pourtant juste de reconnaître que Charlemagne n'a rien de commun avec la plupart de ses prédécesseurs ni ne ses successeurs. Tout ce que nous savons de son amour éclairé pour les sciences et des efforts généreux qu'il fit pour les répandre, ces tentatives hardies de centralisation à une époque de démembrement universel, cette création merveilleuse d'un grand empire en moins de quarante ans, ne peuvent être l'œuvre que d'un génie supérieur, et nous font très-bien comprendre comment Charlemagne fut honoré du nom de Grand pendant sa vie et canonisé après sa mort.

Il avait sans doute plusieurs des vices de son temps, et ses mœurs personnelles semblent trop souvent en contradiction avec la rigidité de ses Capitulaires ; mais sa pensée ne sera point stérile, et c'est un grand spectacle que celui de ses travaux, surtout quand on les compare aux lamentables *gestes* des rois fainéants. Ce prince rêvait le rétablissement de la grandeur romaine avec des éléments germains. Barbare, et descendant de Barbare, il parvint à dompter le flot qui l'apportait, et il aurait réussi complétement, s'il n'avait voulu réunir des éléments trop dissemblables, c'est-à-dire, des peuples déjà classés par la variété de leur langage, par l'opposition de leurs intérêts et par leur situation géographique. « Charlemagne, dit M. Raynouard [1], crut n'avoir pour sujets que des guerriers et des ecclésiastiques. Il fut grand, mais par lui seul et pour lui seul. Aucune renommée illustre ne s'élève ni à côté ni même au-dessous de la sienne ; il absorba toute la gloire de son règne. Dominé par les exigences du moment, par des nécessités accidentelles, il publia souvent des lois pour favoriser l'action de son gouvernement, en réprimant des abus naissants ; mais sa législation n'eut point d'ensemble et marqua rarement quelque sollicitude pour l'avenir. » Il n'est resté de lui que l'hérédité des *bénéfices*, d'où la féodalité devait sortir avec ses misères et ses germes de rénovation. C'était un principe affreux ; mais à défaut de l'unité monarchique, ce principe valait mieux que l'anarchie ; nous allons en étudier les conséquences.

[1] *Histoire du droit municipal en France*, t. II, page 385.

CHAPITRE XIII.

De l'établissement du régime féodal et de ses conséquences économiques. — La monarchie de Charlemagne est démembrée par l'influence de l'hérédité des fiefs. — Invasion générale du servage.

Les Capitulaires de Charlemagne consacrent principalement le pouvoir de l'Eglise. Elle seule interviendra désormais en qualité de médiateur entre l'humanité et ses oppresseurs, et son intervention vaut la peine d'être remarquée, puisque les Capitulaires ont fait loi en France jusqu'au règne de Philippe le Bel. Elle seule balancera la puissance des barons, et lui portera le coup fatal en se rangeant du côté du peuple, comme elle acheva l'empire romain en s'alliant au parti des Barbares. En effet, moins d'un demi-siècle après la mort de Charlemagne, son empire était déjà partagé en sept royaumes, et les comtes, les ducs, les bénéficiers de la façon de ce grand homme, mettant le temps à profit, avaient cherché à se créer des positions indépendantes. Les fiefs tendaient à devenir de plus en plus héréditaires, et les souverains y consentaient volontiers. On lit dans un capitulaire de Charles le Chauve, en 877, les dispositions suivantes, qui sont décisives à cet égard : « Si, après notre mort, quelqu'un de nos fidèles, saisi d'amour pour Dieu et pour notre personne, veut renoncer au siècle, et s'il a un fils ou tel autre parent capable de servir la chose publique, qu'il soit libre de lui transmettre ses bénéfices comme il lui plaira [1]. » Un autre article confirmait celui-là, et achevait la réduction de l'empire en atomes, puisque avant la fin du neuvième siècle, on comptait vingt-neuf grands fiefs plus ou moins indépendants, et plus de cinquante, à la fin du dixième, en France seulement [2].

Ce nouvel aspect du démembrement social a été décrit d'une manière pittoresque par les historiens : « Le royaume naguère si bien uni, dit l'un [3], est divisé maintenant : il n'y a plus personne qu'on puisse considérer comme empereur; au lieu de roi, on voit des roitelets, et au lieu de royaume, des morceaux de royaumes. » En réalité, toute la grande organisation de Charlemagne avait disparu pour faire place à des associations turbulentes et faibles qui n'auraient pas manqué de succomber, si quelque puissant agresseur fût venu à leur rencontre. A partir de cette époque, l'histoire de France n'est plus qu'une compilation d'annales provinciales, surchargées de détails purement locaux, dans lesquels on a beaucoup de peine à suivre la marche de la civilisation. Les écrivains les plus habiles et les plus consciencieux ont dû recourir aux hypothèses pour expliquer cette décomposition sans exemple qui s'est opérée presque instantanément, et sans préliminaires. M. Augustin Thierry l'attribue à la différence des races, et M. Guizot

[1] *Capitulaires*, édit. de Baluze, tome II, page 266.

[2] Guizot, *Cours d'histoire moderne*, tome II, page 435.

[3] *Recueil des historiens des Gaules et de la France*, tome II, page 302.

à la perte des traditions administratives et des grandes pensées de politique générale. Nous croyons que ces deux causes ont agi dans des proportions différentes. A mesure que les idées de cohésion s'affaiblissaient, l'esprit de race ou plutôt de localité s'est développé, probablement selon des circonstances dont l'appréciation nous est impossible; et l'Europe d'alors a dû ressembler à certaines portions de l'Asie actuelle où quelques hardis pachas, quelques chefs indépendants rançonnent les populations qui leur sont soumises, sans avoir même entre eux de relations fédératives.

Il n'y a pas lieu, dès lors, d'être surpris que de nouvelles hordes d'envahisseurs aient fait irruption sur nos territoires, et que la descente des Sarrasins au sud et celle des Normands au nord aient fait pleuvoir sur nos malheureux ancêtres un déluge de maux. Plus de lien nulle part, et plus d'obéissance; les guerres civiles, les dévastations produisirent bientôt l'abandon des cultures, et la famine ajouta ses rigueurs à tous ces fléaux. Une poignée de pirates s'empara de Marseille en 848, et les Normands brûlèrent Bordeaux quelque temps après. Leurs barques remontaient la Seine et pillaient Paris, en 856. Les habitants couraient dans les temples au lieu de combattre, et les rois consentaient d'ignominieux traités, en vertu desquels ces mêmes Normands, n'ayant plus rien à piller dans un pays désolé, se le firent adjuger à charge de le défendre. C'est ainsi que la Normandie a reçu son nom de l'invasion même, et que la capitale de Charlemagne, la ville d'Aix-la-Chapelle, fut souillée par une bande d'étrangers que ce grand souverain avait toujours fait traiter comme des pirates. Combien les temps étaient changés! A peine l'édit de Piste [1]

[1] Voir cet édit dans la *Collection des Capitulaires*, page 174,

jette-t-il une lueur de bon ordre dans cette nuit d'anarchie et de troubles; les fortifications des barons féodaux n'étaient pas encore tout à fait abattues, qu'elles se relevaient pour ne plus disparaître que devant Louis XI, Richelieu et Louis XIV. Un nouveau contrat se formait entre l'usurpateur du sol et le cultivateur. Les grands abbés terriens, les ducs, les comtes et les seigneurs recherchèrent l'hommage et l'appui de leurs vassaux presque autant que leurs richesses. Ils estimèrent la valeur de la terre beaucoup plus par la population que par le revenu qu'elle pouvait fournir. Le donjon, menaçant pour les voisins et pour les étrangers, devint protecteur pour le vassal. Les cadets de famille, les hommes libres, les bourgeois furent admis, moyennant promesse de subordination, à prendre leur part des profits de la terre, et purent se marier sans blesser les intérêts de leurs maîtres. Ceux-ci, combattant à cheval en vertu de leur privilége, leur permirent de porter le armes et de combattre à pied; il s'établit ainsi sous la tente des relations bienveillantes qui rapprochaient les rangs et préparaient, quoique de fort loin, le règne de l'égalité. Chaque village forma bientôt une communauté liée d'intérêts, de passions et presque de parenté. Qui pourrait dire jusqu'à quel point ce système politique tout municipal, d'où devait sortir un jour l'émancipation des communes avec les corporations de l'industrie, a contribué aux progrès

tome II, de l'édition de Baluze. Il se compose de trente-sept articles et de trois paragraphes supplémentaires. Il a eu pour but, entre autres choses, la refonte générale des monnaies dont la fabrication était accordée seulement à dix villes; il fixait le rapport de l'or et de l'argent à raison de douze livres d'argent pour une livre d'or; il comprenait en outre divers règlements concernant la boulangerie, la police des marchés et la vérification des poids et mesures.

de la civilisation et de l'économie politique! On ne sait; mais la transition fut longue et cruelle, et le donjon ne tarda point à se retourner contre les villages. La discorde se mit entre les myriades de seigneurs qui lavaient leurs offenses dans le sang de leurs sujets; et pendant plus de trois siècles l'Europe offrit l'aspect d'une vaste arène où le plus fort exploitait le plus faible sans pitié. Il n'y avait plus de capitale pour donner l'impulsion, ni de grandes villes pour la recevoir, mais seulement des couvents et des châteaux séparés par des rivières sans ponts, des marais sans chaussées et des forêts sans routes. La justice était assise au fond des manoirs obscurs, plus souvent la victime que la compagne de la force; c'est là qu'on venait plaider aux pieds des seigneurs tout-puissants. Le commerce, réduit au simple colportage, évitait les regards qu'il recherche aujourd'hui; et d'ailleurs, qu'aurait-il pu offrir de séduisant à des hommes bardés de fer et satisfaits par des ouvriers nombreux jusque dans leurs moindres caprices? Le nombre de ces ouvriers diminuait néanmoins tous les jours à cause de la ruine des villes dévastées, tantôt par l'ennemi extérieur, tantôt par la guerre civile, et il n'y eut bientôt plus d'autres industries que celles qui étaient consacrées à la production des objets les plus indispensables. L'esprit de liberté s'éteignit donc avec les grandes cités; plus de franchises, plus de ces rivalités énergiques et bruyantes qui enflammaient les imaginations et que nous retrouverons au sein des républiques italiennes du moyen âge; mais un isolement général de toutes les intelligences et de toutes les localités; une poussière confuse de peuples et de rois. Les témoins de cette époque de dissolution en furent tellement effrayés qu'ils crurent la fin du monde imminente et qu'ils s'y préparaient comme à un événement inévitable. Il nous est parvenu une foule de testaments ou de chartes de donation qui étaient motivées sur l'explosion prochaine de cette fatale catastrophe. La plupart commencent par ces mots : *adventante mundi vespero*, la fin du monde étant près d'arriver ; mais heureusement elle n'arriva point et ne causa d'autres ravages que les conséquences de la peur qu'elle avait inspirée. Sur beaucoup de points le travail avait cessé ; des esclaves avaient été rendus à la liberté, de vieilles haines s'étaient apaisées, des méchants s'étaient convertis. Quel triomphe pour l'Eglise ! quelle recrudescence de ferveur pour la foi ! Mais en même temps quelle stupidité chez les peuples et quelle espérance concevoir pour eux quand on les voit réduits à un pareil degré d'abrutissement !

Aussi ce fut un temps merveilleusement propre à tous les essais de l'audace et à tous les empiétements de la tyrannie. On n'entendit plus parler de guerres politiques, mais d'expéditions de brigands et d'incursions de pirates. Les seigneurs autorisés à battre monnaie, à rendre la justice, à prononcer souverainement sur les terres de leur domination, rompirent les derniers liens de toute unité nationale, et effrayèrent l'Europe du spectacle sanglant de leurs discordes. Les châteaux construits de toutes parts semblaient alimenter cette fièvre de batailles, en offrant des repaires assurés à tous les perturbateurs du repos public. L'histoire, si tant est qu'on en retrouve le fil dans cette longue série d'atrocités, n'est plus qu'un amas confus d'événements sans liaison, sans portée, beaucoup plus dignes de hordes sauvages que des habitants d'un pays civilisé.

Cependant on y découvre une trace assez nette des principaux éléments de la condition sociale des travailleurs. Retirés presque tous dans les campagnes, ils y étaient partagés en trois classes, les serfs, les vilains et les hommes libres. Les premiers, attachés à la glèbe, *adscripti glebæ*, étaient considérés comme *la chose* de leurs maîtres, comme de véritables immeubles par destination; malgré les prescriptions des Capitulaires tombées en désuétude, leurs maîtres avaient repris sur eux le droit de vie et de mort; ils leur rasaient les cheveux, leur infligeaient la torture, leur interdisaient le mariage et leur refusaient le droit de témoigner en justice contre des hommes libres. Ils étaient distingués de ceux-ci par un vêtement particulier, et ne pouvaient pas même disposer par testament des haillons qui couvraient mal leur nudité. Nulle autorité n'avait le droit d'intervenir entre le maître et le serf, dont l'état doit avoir été inférieur, pendant cette période sacrilége, à celui de la bête de somme. Les vilains (*villani*, habitants des maisons de campagne) différaient des serfs en ce sens qu'ils étaient admis à payer à leurs maîtres une redevance au moyen de laquelle le surplus des produits de la culture leur appartenait. Il y avait pourtant de nombreuses exceptions à cette règle, et généralement les vilains étaient *taillables* et *corvéables à merci et à miséricorde*. Quelques hommes libres, en bien petit nombre, conservaient encore une ombre d'indépendance, sous les noms de *conditionales, tributarii, arimanni*, qu prouvent en même temps que cette indépendance ne leur appartenait pas sans condition. C'étaient probablement de petits propriétaires qui payaient aussi leur part de redevances aux seigneurs, soit en argent, soit en services, et dont la condition était si précaire et si misérable qu'ils renonçaient à leur liberté, souvent plus onéreuse pour eux que la servitude. Cette démission des fonctions d'homme libre s'appelait *obnoxiatio*, et des millions de malheureux s'y résignaient pour jouir de la protection que certains seigneurs et certains couvents assuraient à leurs vasseaux inféodés. L'explosion de leur désespoir retentissait dans toute l'Europe, et les auteurs la signalent en même temps en France, en Angleterre, en Allemagne. N'y a-t-il pas encore plusieurs milliers de serfs aujourd'hui en Russie et n'y vend-on pas des terres avec les paysans qui les habitent [1]?

L'économie politique ne saurait jeter beaucoup de lumières sur la situation des propriétés à cette époque déplorable. Tout ce qu'on sait, c'est qu'elles étaient possédées, les unes à titre perpétuel, les autres à titre de bénéfice. Insensiblement la plupart des *francs-tenanciers* se transformèrent en *feudataires* pour s'assurer des protecteurs, comme dans les rangs inférieurs beaucoup d'hommes libres s'étaient réduits, pour le même motif, à la condition de serfs. La propriété territoriale devint ainsi le symbole de la puissance, et il s'y rattacha, par une suite d'usurpations successives, une immense quantité de priviléges dont la plupart durent encore, et ne forment pas la moindre partie des complications économiques de notre temps. Qui ne reconnaît facilement la vieille prédominance de la propriété féodale dans les lenteurs de l'expropriation pour cause d'utilité publique ou pour cause judiciaire, dans le régime vicieux des hypothèques, dans l'assiette des impôts toute favorable à la richesse foncière, et dans le privilége électoral qui garantit tous les autres? Voyez les institutions de l'Angleterre et de l'Allemagne ; parcourez l'Espagne et l'Italie : la féodalité y est encore vivante et on la re-

[1] On consultera aujourd'hui avec fruit, sur la condition des paysans au moyen âge, l'*Histoire des classes agricoles en France* par M. Dareste de la Chavanne. 1858, in-8°. (*Note de l'éditeur.*)

trouve même en France, malgré les lois révolutionnaires qui ont réduit la propriété en atomes. « L'industriel et le commerçant sont encore, aux yeux de bien des gens, les fils de l'affranchi et de l'esclave ; au contraire, la présomption est toujours en faveur du propriétaire. Celui-ci est protégé, non comme agriculteur et travailleur, mais bien en raison de sa qualité abstraite de propriétaire, de détenteur du sol, de légataire des patriciens ou du baron féodal [1]. » C'est ce qui explique comment il est sorti quelque lueur de civilisation de cette nuit féodale qui semble avoir enveloppé le monde durant plusieurs siècles. Si de grandes idées politiques y ont disparu, de grandes individualités ont commencé à y briller et se sont pénétrées de leur propre importance, de manière à mériter un regard de l'histoire. L'armure chevaleresque et le privilége de combattre à cheval fortifièrent chez les seigneurs le sentiment de leur indépendance et de leurs droits, et conservèrent à la dignité humaine un asile libre de servitude. Les barons féodaux, vrais gentilshommes républicains, moins éclairés que ceux de Rome et d'Athènes, se créèrent un droit des gens, fondé sur la loyauté des promesses et sur le respect de la foi jurée. Ils cherchèrent dans la religion du serment une garantie contre la violence de leurs passions, qu'un gouvernement puissant et central ne pouvait plus contenir. Ils placèrent les femmes, pour la première fois, sous la protection de la galanterie française et préparèrent, sans y songer peut-être, les changements plus graves survenus dans les siècles suivants. Nous allons les voir, unis au clergé, souffler le feu sacré

[1] *Lettres sur l'Amérique du Nord*, par M. Michel Chevalier, tome II, page 268.

des croisades qui civilisèrent le monde par le commerce, en attendant que leurs discordes le régénèrent par la liberté [1].

Une Abbaye au douzième siècle.

Après avoir exposé les formations des seigneuries, celles des villages et des paroisses, il pourra être intéressant de présenter ici le tableau d'une seigneurie ecclésiastique au douzième siècle, de son administration et des obligations qu'elle imposait à ses sujets de différentes classes, depuis les nobles devant le service de fiefs, jusqu'aux simples serfs faisant un service domestique. Nous avons sur l'abbaye de Marmoutiers, près de Saverne en Alsace, *Majus monasterium, Maurusmunster,* deux documents très-circonstanciés et presque contemporains, recueillis tous deux dans l'*Alsatia illustrata* de Schœpflin. L'un appelé *Urbarium* est de l'an 1120 et contient le relevé des terres qui appartenaient à l'abbaye. L'autre de l'année 1144 est un règlement pour la gestion de ces biens. Nous pouvons, à l'aide de ce document et du commentaire qu'en ont donné Anton et Langethal, faire un tableau assez exact de ce qu'était un canton au moyen âge.

L'abbaye possédait un territoire qu'on appelait le Moresmark et qui comprenait quatorze villages de différentes grandeurs, Barenberg, Dompeter ou Dompierre (*Domus Petri*), Sigrist (*Signum Christi*), Rautenburg, Weiler, Humbertingen, Marmoutiers, Schwabweiler, Otterweiler, Schweinheim, Westhofen, Totzenheim, Onolsheim et Zell. Outre ce territoire elle avait quelques biens disséminés principalement dans le Saargau et les dîmes de plusieurs villages.

Les biens-fonds étaient de deux sortes. Les uns, exploités directement, formaient la réserve, ce qu'on nommait *Terra dominica*. Les autres étaient inféodés ou acensés. L'abbaye touchait tous les revenus des premiers ; elle ne tirait des seconds que des services ou des redevances de nature diverse.

Parmi les revenus, les uns étaient affectés aux moines et les au-

[1] Nous empruntons à l'histoire de M. Dareste, que nous venons de citer, le chapitre intitulé : *Une Abbaye au douzième siècle*, qui expose d'une manière saisissante l'état économique de la société à cette époque.

tres à l'abbé. Il y avait aussi deux budgets : 1° le budget du monastère, qui devait subvenir à ses dépenses propres, à l'entretien des hôtes et à celui des pauvres, aux besoins du service religieux et des prêtres dans les paroisses ; 2° le budget de l'abbé. En effet, l'abbé était chef d'une seigneurie et, comme tel, tenu de pourvoir aux services administratifs. Entre autres obligations il avait celle de conduire ses hommes d'armes à l'évêque de Metz, son supérieur hiérarchique. Il devait le gîte et la pourvoirie à l'évêque de Metz et à l'empereur d'Allemagne. Comme de telles charges étaient très-onéreuses, son budget était le plus considérable des deux : même, à vrai dire, celui du monastère n'en formait qu'un chapitre particulier.

Les principaux agents de l'abbaye étaient l'avoué, l'intendant ou le juge (*causidicus*), le maréchal, le camérier (*camerarius*), les maires (*villici*) et les forestiers.

L'avoué (*advocatus, voigt*) tenait trois fois par an les assises seigneuriales ; tous les sujets de l'abbé, quel que fût leur rang, même les barons, devaient y comparaître. Il était payé par la jouissance du tiers des amendes et des profits de la justice et par des redevances particulières pour chaque session d'assises. Aux sessions de Noël et de Pâques, il recevait deux porcs, un sanglier, deux pains, six mesures de fourrage, une d'avoine et quatre muids de vin ; à celle de la Pentecôte, six moutons d'un an, quatre pains, l'avoine et le vin.

L'intendant (*causidicus*) avait des attributions très-complexes. Comme juge, il réglait les contestations entre l'abbé et ses subordonnés et tenait dans les villages des assises particulières, auxquelles assistaient les censitaires libres. En même temps il était à la tête de toute l'administration, et les autres agents, à l'exception de l'avoué, dépendaient de lui : il ordonnait tous les travaux ; il faisait les baux à la Saint-Jean de chaque année, publiait les bans de fauchaison, de vendange, etc. Il tenait les registres des ventes, fixait le prix des vins et l'époque où les sujets de l'abbaye pouvaient vendre ceux qui leur appartenaient. Enfin il avait la gestion financière ; il recevait les cens et les redevances par l'entremise des maires et centralisait entre ses mains toutes les recettes et les dépenses. Il avait deux assistants, appelés *ministri* ou *comites*. Il touchait le tiers des amendes et jouissait de redevances nombreuses qui lui étaient payées en argent ou en nature.

Le maréchal était chargé du soin des haras, les chevaux de l'abbaye ayant, à une certaine époque de l'année, droit de pâture sur tous les prés du territoire. Il était nourri, avait un manse particulier et trois logements (*tres curias*), probablement parce qu'il devait, dans la belle saison, se transporter en différents lieux.

Le camérier était l'intendant particulier de la maison abbatiale. Il était défrayé de sa dépense personnelle et jouissait de redevances à lui spécialement affectées.

Les maires (*villici, majores*), étaient à la tête des villages qu'ils administraient sous la surveillance du causidicus. Ils avaient chacun un manse particulier, franc de toute espèce de charges, outre quelques remises sur les cens qu'ils percevaient. Deux d'entre eux administraient chacun deux villages et avaient, par conséquent, la jouissance de deux manses. En retour, ils étaient tenus à certains services, lorsque l'intendant ou l'abbé en personne venaient tenir les assises du village. Ils devaient même payer ce jour-là des redevances estimées pour chacun d'eux à un porc, huit pains et quatre setiers de vin.

Dans un des villages, celui de Barenberg, l'intendant venait chaque année refaire les baux des censitaires, qui étaient au nombre de vingt et un ou vingt-deux. Langethal pense que c'était le même bail que l'on renouvelait tous les ans.

Les forestiers étaient au nombre de six. Ils étaient chargés de la conservation et de l'administration des bois. Chacun d'eux avait la jouissance de deux manses, mais devait annuellement à l'abbé un porc, quatre setiers de vin, huit pains, une mesure d'avoine et une cognée ; à l'intendant six quartauts de fourrage, six setiers de vin, six poules et douze pains. Ils avaient aussi quelques profits sur les bois.

Les bois étaient réservés, placés en dehors du territoire des villages, et par conséquent de la juridiction des maires. Mais les habitants de chaque village jouissaient en commun de certains droits dans les forêts ; l'*Urbarium* les désigne à cause de cela sous le nom de *socii, consocii*, par où l'on voit qu'il y avait encore chez eux des restes d'ancienne communauté.

Tels étaient les principaux agents de l'abbaye, au-dessous desquels se trouvaient des agents inférieurs, comme les cellériers, les gardes, le préposé des monnaies (l'abbé avait le droit de battre monnaie), le préposé des salines, le messager, etc.... Voilà pour l'administration.

Maintenant les sujets de l'abbaye étaient divisés en quatre classes.

La première était celle des barons, c'est-à-dire des hommes libres, qui ne devaient que le service militaire à cheval. Ils étaient directement justiciables de l'abbé ou plutôt de son avoué, et formaient la cour de baronnie. Le nombre des manses devant ce service militaire, ou, si l'on aime mieux, des *fiefs de chevalier*, était de trente dans toute l'étendue de la seigneurie.

Les censitaires libres composaient la seconde classe ; ils payaient un cens territorial annuel qui variait pour chaque manse, mais qui était peu considérable ; car le plus élevé ne dépassait pas cinq schillings. Ils formaient le conseil de chaque village, et devaient prendre part aux assises que présidait l'intendant. Le nombre des manses ainsi tenus en censive était, en 1144, de quatre-vingts pour tout le territoire.

Au troisième rang étaient les serfs, ou détenteurs de manses serviles (*mensa servilia*). Ceux-là, outre le cens, contributions et menues redevances d'œufs et de poules, devaient à l'abbé trois jours de travail dans la semaine. La nature des travaux à leur charge était soigneusement déterminée [1].

Ils ne pouvaient vendre leurs biens qu'à des hommes du pays et de la seigneurie. Les contributions qu'ils payaient étaient assez variées ; la principale était celle qui portait sur la vente de chaque pièce de vin.

Enfin la dernière classe était celle des hommes qui n'avaient aucune espèce de manses et qui servaient comme domestiques. Ils faisaient le service extérieur de l'abbaye et les travaux des champs auxquels n'étaient pas tenus les serfs de la classe précédente. Ils étaient défrayés et nourris, mais ne recevaient point d'argent. Quelques-uns, au lieu d'être nourris, avaient la jouissance d'une pièce de terre, ce qui était un équivalent.

[1] Le principe n'était pas absolu ; le nombre des jours de travail, réglé partout par d'anciens usages, variait avec les saisons. Dans l'abbaye de Prüm (Prusse rhénane), les serfs devaient, suivant le temps, deux, trois ou quatre journées. — Dans un village dépendant de Marmoutiers, le travail dû au seigneur durait en avril et mai trois jours par semaine pendant quatre semaines, du mois de mai à la Saint-Jean une après-dînée par semaine ; de la Saint-Jean à la fauchaison (qui avait lieu en juillet) chaque manse devait deux journées d'homme par semaine ; du jour où la moisson commençait, trois après-dînées. — Et depuis la Saint-Martin jusqu'à Noël, temps des corvées, transports de bois et autres travaux, trois jours entiers par semaine. Langethal, liv. II, p. 359.

Il peut être intéressant de marquer d'une manière plus particulière, d'après l'*Urbarium*, les travaux qui étaient imposés aux serfs détenteurs de manses serviles, et ceux qui étaient imposés aux simples domestiques.

« Les serfs (de la troisième classe) coupent les blés du seigneur, les mènent à la grange et les déchargent, mais n'ont rien autre à faire avec la moisson ; ils ne doivent ni dresser les meules ni lier les gerbes. De même pour la vendange ; ils coupent le raisin et le portent au pressoir, mais laissent le reste aux domestiques. De même pour les foins ; ils n'ont qu'à les couper, à les conduire au fenil et à les décharger. Ils conduisent aussi le bois à la cuisine et au four, et n'ont plus à s'en occuper. Enfin ils travaillent à enlever les fumiers, mais après qu'ils ont été tirés des écuries. Ils viennent au soleil levant, partent au soleil couchant et ne reçoivent rien. »

« Chaque manse, dans toute l'étendue du territoire [1], doit fournir un homme pour couper les foins, et tous les hommes d'une force suffisante doivent prendre part à la fauchaison. Personne n'en est dispensé, à moins qu'il n'en ait reçu la dispense du maire de son village. Chaque faucheur reçoit de l'abbé un pain de poids, et une année, de la viande avec de la bière, l'autre année, du fromage avec du vin. Tout serf possesseur d'un manse doit labourer quatre journaux de la terre de l'abbé, avec autant de soin que si c'était pour lui-même ; il en labourera trois à l'automne et un au printemps. Mais chaque laboureur recevra pour ce travail trois pains et à l'automne de la bière, au printemps du vin. Tout manse doit fournir un moissonneur, soit pour les grains d'hiver, soit pour les grains d'été ; ce moissonneur reçoit à boire et à manger deux fois par jour et a droit à un pain d'extraordinaire. »

Ces détails étaient nécessaires pour faire bien apprécier la condition des serfs à corvée (*servi triduani*). Quant aux domestiques qu'on appelait hommes de Saint-Martin, ils étaient pleinement aux ordres de l'intendant et de ses agents : *Ad omnia in omnibus, ac si proprii servi, obtemperabunt.* Le texte porte en ce qui les concerne : « Ils lient les épis, élèvent les meules, sassent le blé dans la grange et battent au fléau. Ils mettent la vendange au

[1] Le texte ne dit pas si ce sont tous les manses de censitaires ou seulement les manses serviles. Il semblerait pourtant qu'il ne s'agit que des derniers.

pressoir et font le vin. Ils fendent le bois, chauffent le four et le poêle, aident à faire le pain et la bière, veillent à la maison de l'abbé et préparent ses voyages, entretiennent la propreté de la prison seigneuriale, nettoient les égouts et font tout ce que doivent faire des serfs de corps et des domestiques. »

La comparaison du document de 1120 et de celui de 1144 a fourni à Langethal la matière de quelques observations curieuses. Ainsi dans le registre de 1144, les services ont été simplifiés, les redevances égalisées ; la capitation ou impôt financier que payaient les tenanciers serfs, supprimée ; le rachat facultatif a été établi pour un grand nombre de corvées ; l'hérédité des mairies, qui d'ailleurs existait de fait dès le premier registre, a été positivement reconnue. On sait que le douzième siècle a été l'époque d'une révision à peu près générale des chartes de seigneurie, et que cette révision a toujours été favorable aux cultivateurs qui ont amélioré leur condition et accru leur liberté.

(Dareste de la Chavanne, *Histoire des classes agricoles en France*, 2e édit. 1858, page 175 et suiv.)

(*Note de l'éditeur*).

CHAPITRE XIV.

Des Croisades et de leur influence sur la marche de l'économie politique en Europe. — Dîme saladine. — Révolution dans les habitudes. — Progrès de la navigation, de l'industrie et du commerce.

Au milieu de l'anarchie féodale de l'Europe, ce fut une heureuse idée que l'entreprise moitié chevaleresque, moitié religieuse des croisades. La première pensée en vint au clergé ; l'exécution appartient tout entière à la noblesse, à qui cette fièvre généreuse devait coûter si cher ; mais les peuples en ont recueilli des avantages durables dont le premier fut d'être débarrassé d'une nuée d'oppresseurs. Que d'événements décisifs portaient, en effet, dans leur sein ces fameuses croisades ! L'émancipation des communes, la modification du servage, l'apparition de la bourgeoisie, la résurrection de l'industrie, la création du commerce et de la navigation, et la fortune de cette pléiade si brillante et si poétique des républiques italiennes. Ce ne fut pas l'œuvre d'un jour ; mais l'œuvre, une fois commencée, n'a cessé de marcher d'un pas régulier vers son entier achèvement. Il ne s'est pas écoulé un moment sans que quelque génération y ait apporté son tribut d'intelligence et d'enthousiasme : tant le

10.

monde, fatigué du chaos féodal, avait hâte de se reposer dans une pensée de gloire et d'avenir!

Il est extrêmement intéressant de suivre le progrès de cette révolution dans l'histoire si confuse du onzième siècle, et tout y concourt comme par enchantement, depuis l'usurpation de Hugues Capet jusqu'aux pèlerinages des troubadours. On eût dit que l'Europe entière allait continuer en Orient l'invasion à peine fixée en Occident, tant il se présenta de voyageurs pour ces expéditions aventureuses. Elles ne se composaient pas uniquement de guerriers; il y avait à la suite des soldats une multitude immense d'ouvriers, de marchands, de curieux, de pauvres, de riches, de moines, de femmes, et jusqu'à des enfants au berceau [1]. C'est cette tourbe qui a compromis tant de fois le salut de l'armée par ses désordres et par la misère qu'elle semait sous ses pas. La famine y a fait plus de ravages que le fer ennemi, et nous ne pouvons concevoir aujourd'hui un excès de détresse pareil à celui dont les historiens nous ont transmis les détails lamentables. Un chroniqueur qui en avait été témoin s'écriait : « Plût au ciel que le pape n'eût pas permis aux faibles de prendre la croix; qu'il eût donné aux forts un glaive au lieu d'une panetière, un arc au lieu d'un bâton! » Une funeste habitude dont on nous pardonnera de dire un mot, puisqu'elle a pénétré malheureusement, depuis, dans les mœurs européennes, prit naissance à cette époque parmi les croisés, ce fut la rage du jeu. Cette soif de s'enrichir avec rapidité fit de tels progrès que tout le monde jouait, depuis les chefs jusqu'aux derniers soldats. Après la conquête de Constantinople, les chevaliers jouaient aux dés les cités et

[1] Michaud, *Histoire des Croisades*, tome VI, page 43.

les provinces de l'empire grec. Les compagnons de saint Louis, pendant leur séjour à Damiette, jouaient jusqu'à leurs chevaux, jusqu'à leurs armes.

On se demande quel motif humain avait pu engager une aussi grande foule d'hommes à abandonner leur patrie pour courir de semblables hasards. L'enthousiasme religieux y fut pour beaucoup; mais la pauvreté, le servage, l'espoir d'un meilleur avenir, y contribuèrent davantage encore. Une loi des croisades accordait une terre, une maison, une ville même à celui qui le premier y arborait un drapeau. Les premiers croisés étaient exempts de la taille et furent dispensés de payer leurs dettes [1]. Leurs possessions furent mises sous la protection de l'Église, et par une faveur tout à fait contraire aux habitudes du régime féodal, ils purent engager leurs fiefs et les vendre, soit aux laïques, soit aux ecclésiastiques, sans la permission de leurs seigneurs. Les croisés ne furent plus justiciables que des tribunaux ecclésiastiques. Ce fut une telle fièvre, que les artisans, les marchands, les laboureurs, abandonnaient leurs travaux et leur profession; les barons et les seigneurs se

[1] Voici quelques dispositions relatives à ce privilége : « Les guerriers qui auront pris la croix, auront pour payer leurs dettes, tant envers les Juifs qu'envers les chrétiens, l'espace de deux ans, à compter de la première fête de tous les saints. L'intérêt ne courra pour personne à compter du jour de la prise de la croix. Si quelque guerrier ou clerc engage pour un nombre d'années déterminé son bien ou ses revenus, à quelque bourgeois croisé, ou à un guerrier ou clerc non croisé, l'engagiste percevra cette année les fruits de la terre ou des revenus, et le créancier, au terme des années pendant lesquelles il devait tenir l'engagement ou la ferme, les retiendra un an de plus, pour dédommagement de l'année qu'il a perdue. Aucun croisé ne pourra être assigné pour l'exécution de ses promesses, depuis le jour de son départ jusqu'à celui de son retour, à moins que l'instance n'ait eu lieu avant qu'il ait pris la croix.

débarrassaient en toute hâte de leurs domaines. Les terres, les châteaux furent donnés pour des sommes modiques, et cette circonstance, en amenant des modifications profondes dans le système de la propriété, n'a pas peu contribué à l'affranchissement graduel et définitif des communes. La bourgeoisie sédentaire s'enrichit peu à peu des domaines vendus par la noblesse vagabonde, et le pouvoir passa ainsi avec les terres aux mains des nouveaux possesseurs. Il y eut un moment où les propriétés ne trouvaient plus d'acheteurs. Les croisés dédaignaient tout ce qu'ils ne pouvaient emporter avec eux; les produits de la terre se vendaient à vil prix, et l'abondance reparut tout à coup au milieu de la disette.

Lorsqu'on étudie avec attention les détails de ce grand mouvement, il est impossible de n'être pas frappé de la ressemblance qu'il présente avec l'invasion des Barbares. C'étaient les mêmes rêves de jouissances et de richesses; et, de même que l'Europe avait paru à ceux-ci un séjour préférable à celui de leurs forêts et de leurs marécages, de même, l'Orient semblait aux croisés un Eldorado sans égal dans le monde, *un véritable vestibule du Paradis*, comme le disait l'un d'eux dans son langage naïf [1]. L'amour du vague et de la liberté, la certitude d'échapper à l'esclavage de la glèbe avec leurs femmes et leurs enfants, y conviaient des milliers d'hommes. Les moines, las de la discipline de leurs couvents, pouvaient s'y soustraire par le voyage en

[1] D'autres étaient plus nettement positifs. Dans sa lettre au comte de Flandre, Alexis citait, parmi ses motifs, *amor auri et argenti et pulcherrimarum fœminarum voluptas;* l'amour de l'or et de l'argent et l'espoir de posséder les plus belles femmes du monde.

terre sainte; les malfaiteurs eux-mêmes, absous de leurs crimes par des indulgences, couraient en foule sous les drapeaux de la croix, et prenaient le chemin de Jérusalem. Ceux qui eurent le bon sens de résister à l'entraînement général réalisèrent des bénéfices considérables sur les acquisitions de terres et d'objets de toute espèce, et sur la vente des chevaux et des armes dont la demande s'accrut dans des proportions inouïes. On sait les échecs effroyables qui décimèrent cette foule stupide et grossière dans sa première campagne vers l'Orient, où peu de voyageurs arrivèrent sains et saufs. A l'époque de la seconde croisade, on dut mettre un peu d'ordre dans les enrôlements et on imposa quelques conditions à ceux dont on autorisait le départ. La troisième vit naître la *Dîme Saladine* [1], espèce de contribution forcée dont le produit était destiné à subvenir aux besoins des croisés, et dont on n'exempta que ceux qui payaient de leur personne. Le régime féodal avait tellement pénétré dans les mœurs et dans les lois, que le principal grief contre les contribuables récalcitrants venait de ce qu'ils refusaient à Jésus-Christ, comme suzerain, l'hommage que tout bon vassal était censé devoir à son seigneur. Quand, malgré ces nombreux expédients, l'argent manqua aux entrepreneurs de croisades, on se mit à piller

[1] La teneur de cette pièce curieuse a été conservée par Rigord, *chronographe* de Philippe-Auguste, qui rédigeait en mauvais latin un journal du règne de ce prince. En voici le début : « Tous ceux qui ne sont pas croisés donneront cette année au moins la dîme de tous les biens meubles et de tous les revenus. Le guerrier non croisé donnera au seigneur croisé dont il sera l'homme-lige la dîme de son propre mobilier et du fief qu'il tiendra de lui. Tous les laïques donneront leurs dîmes sous la foi du serment et la peine de l'anathème, et les clercs sous celle de l'excommunication. » Aujourd'hui nous n'avons plus que des porteurs de contrainte.

les juifs, les Grecs et même les chrétiens. La disette fut parfois si cruelle et les besoins si pressants, qu'on alla jusqu'à imposer les biens des églises et des communautés, qui s'en plaignirent vivement. C'est ce que les moines du temps appelaient *livrer aux fureurs des Turcs la vigne du Seigneur*, abominable action digne des peines de l'enfer.

La révolution causée par les croisades a exercé trop d'influence sur le développement des institutions européennes pour qu'on n'ait pas recherché avec soin comment ces expéditions lointaines avaient pu être alimentées. Dans le principe, comme nous l'avons vu, l'enthousiasme suffit; les volontaires s'entretenaient eux-mêmes du produit de leurs terres vendues ou des fonds qu'ils avaient empruntés ; plus tard il fallut les nourrir et les solder; car de toutes parts les habitants fuyaient à leur approche et ne leur laissaient que des déserts à parcourir. Il existe une singulière lettre du pape Innocent III aux chefs de la cinquième croisade : « Vous êtes dévoués, leur disait-il, au service du crucifié à qui toute la terre appartient. Si on vous refusait les provisions nécessaires, il ne paraîtrait pas injuste que vous en prissiez partout où vous pourrez en trouver, *toujours avec la crainte de Dieu et dans l'intention de restituer*. « Le savant historien des croisades qui rapporte cette lettre, ajoute avec beaucoup de sens : « Nous n'avons pas besoin de dire que les croisés étaient naturellement portés à suivre les conseils du pape, et qu'ils ne les attendaient pas pour se procurer les vivres qui leur étaient nécessaires. » Leurs habitudes de pillage ne les préservèrent pas toujours de la famine, et l'histoire des croisades est toute pleine des récits de leurs souffrances. Il n'y eut quelque régularité dans les approvisionnements, qu'à l'époque où les expéditions se firent par mer, avec l'intervention des puissances qui bordaient le littoral de la Méditerranée.

Les résultats des croisades ont été envisagés de diverses manières, suivant le point de vue où les divers historiens se sont placés. Considérées sous le rapport des libertés publiques, on ne saurait nier qu'elles n'aient contribué à l'adoucissement de l'eslavage, en faisant passer une foule de serfs de la noblesse dans la dépenpendance plus tolérable du clergé. En affaiblissant la fortune et le nombre des seigneurs, elles préparèrent l'avénement à la bourgoisie. La grande consommation de soldats qu'elles ne cessèrent de faire, rendit les hommes rares et valut à ceux qui étaient restés en Occident quelques bons traitements. En même temps, ceux-ci, investis du gouvernement des localités en l'absence de leurs maîtres, administrèrent avec modération et laissèrent prendre aux populatious des habitudes que les barons n'osèrent pas contrarier à leur retour. La paix régnait dans les campagnes pendant tout le temps que les tyrans des châteaux guerroyaient en terre sainte. La *trêve de Dieu,* œuvre du clergé, que les expéditions en Palestine rendaient encore plus sacrée, plaçait sous la sauvegarde de l'Église le laboureur et sa charrue, j'ai presque dit son indépendance. On ne sait jusqu'où cette alliance aurait pu s'étendre, si les serfs qui partaient pour Jérusalem avaient eu la pensée d'exploiter au profit de leur émancipation l'enthousiasme qui les poussait à la conquête d'un tombeau.

Insensiblement le clergé prenait la place de la noblesse dans l'administration de la justice, protégeait les veuves et les orphelins, les étrangers, les pauvres, les *lépreux*. Il était devenu le tuteur de tous les mineurs abandonnés par les chefs de famille ; et, bornant à des châtiments spirituels la sanction pénale de ses arrêts, il substituait au glaive des seigneurs une arme moins meurtrière et pourtant aussi respectée. Sa suprématie, tous les jours croissante, avait fini par exciter la jalousie des barons, qui formèrent dans le treizième siècle une ligue contre le clergé, demandant qu'il *rendît à César ce qui appartenait à César*. Il fallut l'intervention des papes pour apaiser ce grave différend que nous verrons se reproduire, et dont la liberté profitera. C'est de là que sortirent les parlements, cette justice bourgeoise, fille du clergé, qui a rendu à l'humanité tant de services, en faisant vivre et respecter la vieille maxime romaine : *Cedant arma togæ*. Il faut reconnaître aussi que la nécessité de prévoir l'avenir, le grand nombre de testaments et de contrats que les pèlerins durent souscrire, firent sentir l'importance du droit et de la justice, et par conséquent secondèrent les progrès de la législation et de la jurisprudence. Mais les progrès se manifestèrent d'une manière plus éclatante dans l'industrie, la navigation et le commerce. Il sembla un moment que les navigateurs de tous les pays s'étaient donné rendez-vous dans les mers d'Orient. Brême et Lubeck firent connaissance avec Gênes et Venise. La mer Baltique, retraite mystérieuse de pirates normands, fut découverte et explorée. Les villes anséatiques, en mettant la liberté sous la protection du commerce, préparèrent dans le nord une confédération rivale des républiques italiennes, et qui apporta comme elles son tribut d'intelligence et de richesses au foyer de la civilisation. L'architecture navale agrandit la forme des vaisseaux pour la facilité du transport des pèlerins. Quinze ans après la troisième croisade, on vit sortir des ports de

Venise et de Gênes des flottes redoutables, telles que la Méditerranée n'en avait jamais porté. Des navigateurs de Barcelone publièrent le premier recueil des lois maritimes qui ait fait autorité en Europe. Les *Assises de Jérusalem* renferment quelques dispositions de ce genre, et l'histoire nous a conservé plusieurs règlements rédigés par Richard Cœur de Lion pour le maintien de l'ordre à bord de ses flottes. La piraterie fut réprimée. La police des mers, exercée avec rigueur par deux ou trois puissances intéressées à la faire respecter, contribua beaucoup aux progrès du commerce en lui donnant un commencement de sécurité. Des convois de navires suivaient les côtes des pays où combattaient les croisés et s'enrichissaient en leur vendant des munitions de guerre et des vivres.

L'industrie n'a pas moins profité que le commerce de l'impulsion donnée aux idées par les nombreuses expéditions en terre sainte. On sait que les croisés enrôlaient de préférence les hommes qui avaient un métier ou qui exerçaient une profession mécanique ; ces industrieux pèlerins ne faisaient pas toujours un voyage inutile pour leur pays ; et, tandis que leurs compagnons marchaient à la conquête des lieux saints, l'industrie avait aussi sa croisade et dérobait aux Sarrasins et aux Grecs des secrets et des procédés plus précieux que des victoires[1]. Les croisés apprenaient dans Damas à travailler avec succès les métaux et les tissus ; ils trouvaient en Orient des manufactures de camelot dont les échantillons excitèrent l'admiration de la reine Marguerite. Beaucoup de villes grecques entretenaient des métiers de soie, qui donnèrent naissance à la culture du mûrier en Italie et

[1] Michaud, *Histoire des croisades*, tome VI, page 346.

par suite une extension immense à ses gracieux produits. Les verreries de Tyr aidèrent au perfectionnement des belles fabriques de Venise, si justement renommées au moyen âge. Il n'est pas jusqu'aux moulins à vent dont l'introduction en Europe ne soit due aux voyages des croisés. La canne à sucre, qu'ils virent pour la première fois à Tripoli, fut transportée par eux en Sicile dès le douzième siècle; une foule d'autres plantes, non moins utiles, entre autres, le maïs, surnommé depuis blé de Turquie, leur doivent aussi d'avoir été naturalisées en Occident. Que de temps et de peines il a fallu néanmoins pour que ces conquêtes pussent porter leurs fruits, surtout quand on pense que les hommes les plus éminents de l'époque, le sire de Joinville, par exemple, supposaient naïvement que le poivre et la cannelle *venaient du paradis terrestre* et qu'on pêchait les épiceries dans les eaux du Nil où elles étaient portées par les vents [1] !

En somme, les croisades ont relevé la puissance des princes et apporté de graves modifications au régime féodal. Les nobles devenus sujets, les bourgeois devenus commerçants, les villes devenues riches, ont assuré aux revenus publics de nouvelles sources fécondes et régulières, qui ont consolidé le pouvoir des souverains. Dès ce moment le tiers état put être opposé à la noblesse, et devint peu à peu, sous les auspices de la royauté, une classe puissante et respectée. Ces résultats ne se sont pas développés au même point et de la même manière dans toutes les contrées de l'Europe ; mais ils n'ont pas eu de cause plus influente que les croisades. Nous examinerons plus tard les véritables éléments de

[1] *Mémoires de Joinville,* 2ᵉ partie, p. 36, édition de Ducange.

l'affranchissement des communes ; ce qu'il y a de certain, c'est qu'elles n'ont commencé à jouir de quelque lueur d'indépendance qu'après les grandes expéditions des croisés. Le commerce lui-même, dont les Barbares avaient quelquefois respecté les franchises, aurait succombé sous le poids des exactions dont l'accablait l'anarchie féodale, si les besoins de la guerre sainte ne lui avaient fait rendre sa vieille indépendance. Ainsi, tandis qu'à Byzance tout était réduit en monopole, le pain, le vin, les huiles, les comestibles de tout genre [1], les denrées circulaient librement dans la Méditerranée et dans les villes maritimes sous les auspices de la croisade religieuse. Les Vénitiens firent adopter les principes de la liberté commerciale partout où s'étendit leur influence politique. C'est à eux que l'on doit l'établissement des premières factoreries, ou comptoirs qui servirent de modèles à tous ceux que les diverses nations entretiennent aujourd'hui les unes chez les autres. Les rois de Jérusalem, qui avaient besoin de ces hardis commerçants, leur accordèrent de nombreux priviléges et même des possessions territoriales. Ainsi naquit l'esprit colonial en Europe, et avec lui les rivalités sanglantes, les entreprises industrielles et les combinaisons financières, dans lesquelles les Juifs, ces économistes rusés du moyen âge, ont joué un rôle qui mérite de fixer un moment nos regards.

[1] Heeren, *Essai sur l'influence des croisades.*

CHAPITRE XV.

Considérations sur la situation et l'influence des Juifs au moyen âge.—Nature des services qu'ils ont rendus à l'économie politique. — Sont-ils les premiers fondateurs du crédit? — Origine de la *lettre de change* et des *monts-de-piété.*

Tandis que le système féodal couvrait l'Europe de barrières, de péages et d'entraves de toute espèce[1], le commerce se réfugiait au sein d'une caste proscrite et préludait sous son influence aux magnifiques destinées que devaient lui assurer les croisades. C'est en effet un spectacle digne d'intérêt que le développement rapide de la richesse au milieu des troubles perpétuels de la féodalité, et aux mains des hommes les plus impitoyablement rançonnés de cette époque de pillage et de spolia-

[1] Pour donner une idée de la singularité et de la diversité de ces péages, il suffira d'en citer quelques-uns. On payait pour passer sous les ponts le droit de *pontaticum*, et celui de *portaticum* pour entrer dans les ports. Les seigneurs faisaient payer sur le bord des fleuves la taxe dite *ripaticum* aux bateaux marchands qui naviguaient le long des terres de leur domination; ils en exigeaient une autre appelée *tranaticum* pour accorder la permission de conduire les marchandises en traîneau. Le *mansionaticum* se payait pour éviter le logement des gens de guerre, et le *pulveraticum*, pour la poussière soulevée sur les chemins par les voitures du commerce. On payait encore le *teloneum*, le *paraverdum*, le *cespitaticum*, le *cœnaticum* et beaucoup d'autres dont les noms ne sont pas moins barbares ni l'objet moins odieux.

tions. Il n'est pas sans importance pour l'histoire de l'économie politique d'exposer rapidement comment ce fait remarquable a pris naissance et s'est élevé au rang des événements les plus décisifs, sous l'empire des circonstances les moins propres à favoriser son apparition.

Je ne rappellerai point à ce sujet l'histoire du peuple juif et de ses longues tribulations. Proscrits par les païens, proscrits par les chrétiens et par les musulmans, les Juifs semblent avoir vécu de persécutions et d'avanies, se dédommageant en silence par le culte de l'or des affronts prodigués à leur culte, et reparaissant toujours plus puissants à mesure qu'ils étaient plus haïs. Déjà, du temps de Charlemagne, on les voit recherchés à la cour, quoiqu'ils n'aient point d'état civil et qu'ils ne soient pas considérés comme des citoyens. Sous Louis le Débonnaire, on leur refuse la *faveur* du jugement de Dieu et des épreuves par l'eau et le feu; mais en compensation ils obtiennent des juges particuliers et il existe, en 828, un magistrat spécial, personnage illustre, revêtu de la charge de *maître des Juifs*, qui leur rend la justice et qui les protége. Aussi en vint-il beaucoup en France sous les rois de la seconde race, principalement dans les villes du midi, où les besoins du commerce, la facilité de trouver un asile en passant les frontières, et les moyens qu'ils avaient de correspondre avec leurs coreligionnaires d'Asie en attirèrent un très-grand nombre. Un moment on put croire qu'ils allaient devenir de véritables mandarins; leur *maître* résida à la cour et fut le conseiller intime du souverain; les princes et les grands recherchaient leur protection par de riches présents, ils leur accordaient même des priviléges enviés par des hommes libres.

Sous le régime féodal, aucun rang ne fut assigné aux Juifs ; ils durent subir la loi commune du servage et obéir aux seigneurs des terres sur lesquelles ils se trouvaient. Leur qualité d'hérétiques les empêchait d'être protégés autant que les autres sujets féodaux, et ils en vinrent au point d'être échangés, vendus et prêtés comme du bétail. Toutefois leur existence était encore supportable, lorsque les premières persécutions systématiques furent dirigées contre eux sous le règne de Philippe Ier, qui les chassa de ses Etats en 1096. Ils y rentrèrent, moyennant finance, quelques années après, et ils y auraient été oubliés peut-être sans les croisades qui donnèrent lieu à un redoublement de ferveur religieuse et par conséquent de rigueurs envers eux. On les fit contribuer aux frais de plus d'une campagne en terre sainte au moyen d'une foule d'accusations vagues et odieuses, et qui les obligeaient de racheter leur vie jour par jour de la fureur du peuple par des contributions exorbitantes. Un moment favorisés par Philippe-Auguste, ils finirent par traîner sous son règne une vie misérable, exposés à tous les genres d'avanies, et plus tard forcés de porter un costume distinctif qui les signalait trop souvent aux meurtres et aux pillages. Saint Louis les accabla des lois les plus intolérables, libéra leurs débiteurs, défendit toutes poursuites au profit des Juifs et poussa la rigueur jusqu'à leur interdire de contracter [1]. Une ordonnance de 1254 portait expressément « que les Juifs eussent à cesser usures, blasphèmes et sortiléges, et à vivre désormais du labeur de leurs mains et autres besognes, sans prêter de l'argent. » Ces ordonnances étaient exécutées avec une sévérité d'autant plus grande,

[1] *Ordonnances des rois de France,* tome I, pages 53 et 54.

que le roi déclarait les avoir rendues pour soulager sa conscience et pourvoir à son salut. On était allé plus loin en 1239, et l'on trouve dans l'assise de Bretagne[1] une disposition atroce en vertu de laquelle il était défendu d'informer contre quiconque tuerait un Juif. Plus tard, en 1288, le parlement de Paris les condamnait à payer une forte amende pour avoir chanté trop haut dans leurs synagogues. Philippe le Bel les proscrivit et les rappela tour à tour, selon le besoin qu'il avait de leurs finances. Son successeur traita de leur existence comme d'une matière purement commerciale, et leur permit de faire rentrer leurs créances, à condition de lui en payer les deux tiers. « Si, par aventure, dit l'ordonnance, ils ne peuvent recouvrer leurs synagogues et leurs cimetières, nous leur ferons délivrer habitations et hébergements *pour prix convenables.* » Après douze années écoulées, le roi ne pouvait les chasser qu'en leur donnant un an pour emporter leurs effets. Enfin, il leur garantissait une certaine liberté de leurs personnes et de leurs propriétés, ce qui ne les empêcha point d'être pillés et traqués en 1321, avant l'expiration des douze années, sous prétexte de connivence avec les lépreux et même avec les infidèles. On les accusa aussi, suivant l'usage, d'avoir empoisonné les fontaines, et on en brûla un grand nombre en conséquence. Plusieurs conciles leur défendirent l'exercice de la médecine, et menacèrent de l'excommunication les chrétiens qui oseraient recourir à leurs soins. Nous ne saurions aujourd'hui comment caractériser de telles absurdités, et cependant nous les imitons dans nos colonies envers les hommes de couleur aux-

[1] D'Argentré, *Histoire de Bretagne*, liv. IV, chap. XXIII, page 207.

quels certaines professions sont encore interdites; tant il est vrai que les temps changent, mais que les préjugés sont lents à disparaître!

L'histoire des Juifs ne présente ainsi qu'une suite monotone de vicissitudes sans cesse renaissantes. En 1340, on fait défense à leurs débiteurs de les payer; en 1346, ils sont forcés de se convertir ou de sortir du royaume. En Italie, en Espagne, en Allemagne, mêmes avanies, mêmes persécutions, quelquefois suspendues quand les gouvernements ont besoin de leur argent, et reprises aussitôt que ces besoins sont satisfaits. A la charge de *maître des Juifs* succède celle de *gardien général* en 1359, comme si ces hommes eussent formé une nation au milieu de la nation; vient la captivité du roi Jean dont ils aident à payer la rançon, et cette assistance est suivie d'une pluie de faveurs. On rend aux Juifs leurs cimetières; on les autorise à acquérir des maisons; ils sont exempts d'aides et de gabelles; on défend aux juges du roi de se mêler de leurs affaires, et pour ce qui leur est dû, on est autorisé à les croire sur leurs affirmations. C'étaient les états-généraux qui leur avaient valu tous ces avantages. Heureuse et singulière conséquence, pour ce temps-là, de l'intervention de la nation dans ses affaires! Mais ces beaux jours ne furent pas de longue durée, et nous voyons encore les Juifs forcés de racheter au poids de l'or, et pour ainsi dire une à une, les libertés qu'ils ont déjà payées tant de fois. Charles VI les chasse de France en 1393 et les force de se retirer en Allemagne, où de nouvelles vexations les attendent pour durer plus longtemps qu'en tout autre pays. Ce qu'il y a de certain, c'est qu'à aucune époque ils ne furent populaires. Les services qu'ils rendirent aux différents gouvernements comme bailleurs de fonds, étaient chèrement payés par les peuples et tendent à expliquer comment on a pu les voir, presque au même instant, si vivement protégés par les uns et si cruellement traités par les autres. L'isolement dans lequel ils furent forcés de vivre, et la défense longtemps maintenue d'acquérir des immeubles, dirigèrent leurs spéculations vers le commerce et l'industrie, où ils obtinrent bientôt une supériorité incontestable. Malheureusement, ils s'y livrèrent avec une défiance et des sentiments craintifs qui les habituaient peu à peu à chercher dans la ruse un asile contre les abus de la force, et c'est ainsi qu'ils furent amenés à ces transactions honteuses dont leur histoire n'offre que trop d'exemples.

Rien n'est plus curieux à étudier que l'état commercial de cette nation qui n'a eu ni territoire propre, ni ports, ni armées, et qui, louvoyant sans cesse sur une mer agitée, avec des vents contraires, a fini par arriver au port avec de riches cargaisons et d'immenses richesses. Les Juifs firent le commerce, parce qu'il leur fut rarement permis de faire autre chose et d'exercer leur industrie avec sécurité. Tandis que la multiplicité des péages et la tyrannie des seigneurs féodaux rendaient toute spéculation impossible, hormis celle des petits marchands des bourgs et des villes, les Juifs, plus hardis, plus mobiles, songeaient à des opérations plus vastes et travaillaient en silence à lier des continents, à rapprocher des royaumes. Ils esquivaient les barrières et les donjons, cachant soigneusement sous des apparences misérables leur opulence réelle et le secret de leurs transactions. Ils allaient chercher à de grandes distances, et mettaient à portée des consommateurs aisés les produits peu connus des pays les plus reculés. A force d'errer et de courir de contrée en contrée, ils avaient acquis une connaissance exacte des besoins de toutes les places ; ils savaient où l'on devait acheter et où l'on pouvait vendre : quelques échantillons et un carnet leur suffisaient pour leurs opérations les plus importantes. Ils correspondaient entre eux sous la foi des engagements que leur intérêt les obligeait de respecter, en présence des ennemis de toute espèce dont ils étaient entourés. Le commerce a perdu la trace des inventions ingénieuses qui furent le résultat de leurs efforts ; mais c'est à leur influence qu'il doit les progrès rapides dont l'histoire nous a signalé le phénomène brillant au milieu des horreurs de la nuit féodale. Insensiblement, les Juifs accaparaient tout le numéraire, puisque c'était la seule propriété qu'ils pouvaient acquérir et mettre en sûreté, et l'usure s'offrit bientôt à eux comme le moyen le plus sûr de s'enrichir. Libres d'armer des navires et d'entreprendre des spéculations avouées, ils auraient peut-être renouvelé les merveilles de Tyr et de Carthage ; esclaves et rançonnés, ils s'habituèrent à reprendre par l'usure ce qu'on leur enlevait par la spoliation. En vain publiait-on des lois sévères contre le prêt à intérêt ; ces lois ne servaient qu'à rendre les emprunts plus difficiles et par conséquent l'intérêt plus onéreux. Les prêteurs savaient éluder alors aussi bien qu'aujourd'hui les prescriptions qui gênaient leurs projets, et leurs escomptes étaient d'autant plus usuraires que leurs risques étaient plus sérieux. Peu à peu ils se rendirent maîtres de toutes les fortunes, à l'aide de quelques capitaux, et plus d'une fois le désespoir de leurs débiteurs les massacra comme créanciers, plutôt que comme hérétiques [1].

[1] Arthur Beugnot, *les Juifs d'Occident*, 2e partie, page 35.

Cet état de choses a duré jusqu'à la découverte du cap de Bonne-Espérance et de l'Amérique, époque à laquelle les nations européennes se livrèrent à des entreprises bien plus importantes que le colportage des Juifs et leurs spéculations de prêteurs à la petite semaine. Mais, pendant près de cinq cents ans, c'est dans l'histoire de cette nation qu'il faut étudier la marche du commerce et les essais plus ou moins hardis par lesquels il s'est élevé au rang de puissance politique. Les Juifs commencèrent par vendre des esclaves sous la première race ; ils devinrent aussi percepteurs des péages (*telonarii*), et ils abusèrent tellement de cette charge qu'on fut obligé de la leur retirer. Plus tard, on les voit établis à Vienne en Dauphiné, en relation avec Marseille pour le commerce du Levant ; ils obtiennent, par suite de ces relations, plusieurs missions diplomatiques et ils les remplissent avec habileté. Le moine de Saint-Gall cite un certain marchand juif qui était devenu le favori de Charlemagne et qui allait chercher dans les pays d'outre-mer les objets les plus précieux. Les prêtres et les évêques étaient devenus leurs tributaires, et plus d'une fois les vases sacrés furent mis en gage entre les mains de ces hérétiques, pour subvenir aux dépenses ruineuses du clergé. Les Juifs étaient les dépositaires des plus belles étoffes connues, et ils en faisaient le commerce avec d'immenses bénéfices ; ils en répandaient en même temps l'usage et le besoin dans les châteaux et dans les abbayes. Ils s'emparaient aussi de l'orfévrerie et du négoce des matières d'or et d'argent. La féodalité troubla moins qu'on ne pense ces occupations lucratives ; les seigneurs y mirent des conditions sévères, mais ils eurent le bon esprit de les respecter. Aussi, au milieu de la terreur générale qui ne cessait de planer sur toutes les routes et sur tous les voyageurs, les Juifs, armés de sauf-conduits, parcouraient sans inquiétude l'Europe entière et disposaient en souverains de tout le commerce de la France, aux dixième et onzième siècles. A cette époque, ils avaient déjà beaucoup simplifié les procédés commerciaux, et leur correspondance aurait fait honneur aux plus habiles négociants de nos grandes cités.

L'apparition des marchands de la Lombardie, de la Toscane et des autres parties de l'Italie acheva de perfectionner l'œuvre des Juifs et de donner au commerce du moyen âge une impulsion énergique. Ceux-ci firent dès lors ressource de tout et mirent en circulation les objets meubles et immeubles, tels que des chevaux, des terres et des maisons ; l'historien Rigord va jusqu'à dire que les Juifs étaient, à cette époque, propriétaires réels de la moitié du royaume. En vain, des ordonnances royales fixaient le taux de l'intérêt, réglaient les hypothèques, le mode des poursuites contre les débiteurs et une foule d'autres questions d'une importance économique non moins grande : les Juifs continuaient de prêter et de vendre à ceux qui avaient besoin d'emprunter et d'acheter, et qui se gardaient bien de trop discuter les conditions. On prétend même que ce fut alors qu'apparurent les premières lettres de change, dont les uns font remonter l'invention vers le septième siècle et les autres seulement au milieu du douzième. C'est un point qui n'a pas encore été éclairci et qui ne mérite pas autant de l'être que quelques écrivains l'ont pensé. La date d'une telle découverte, en supposant qu'on pût la fixer d'une manière authentique, n'aurait qu'un simple attrait de curiosité ; mais il paraît qu'elle est destinée à demeurer toujours dans le doute. On pense avec raison que l'invention est due bien plutôt aux marchands italiens qu'aux brocanteurs juifs de ce temps, ceux-ci n'ayant pas eu occasion de se livrer d'aussi bonne heure que les autres au commerce de de place en place, qui a probablement suggéré cette idée. Le nom même de la lettre de change, qui était primitivement italien, semble en indiquer les véritables auteurs; et la première ville où l'on en fit usage, Lyon, alors l'entrepôt de l'Italie, est un indice de plus. Il est probable que les Lombards et les Juifs y ont pris une part égale et en ont deviné dès l'origine les importantes conséquences [1].

[1] M. Courcelle-Seneuil, dans un savant article qu'il a publié dans le *Dictionnaire de l'Economie politique* de Guillaumin (1853, 2 vol. gr. in-8°), fait remonter l'emploi de ce procédé de commerce jusqu'à l'antiquité. Nous croyons devoir reproduire ici la partie historique de ce travail intéressant :

« On ne peut affirmer que les Phéniciens connussent la lettre de change..... On sait peu de chose de ce peuple qui apporta l'écriture aux Occidentaux et écrivit peu lui-même, qui laissa régner à dessein un impénétrable mystère sur ses procédés industriels et commerciaux, et sur les découvertes de ses navigateurs. Toutefois il est difficile de croire que les nombreux comptoirs phéniciens répandus sur l'Océan indien, sur la mer Rouge, sur la Méditerranée et jusqu'au delà des colonnes d'Hercule, n'eussent entre eux ni échange de créances, ni virements suivis d'ordres de payer à Asiongaber ou à Carthage, partout enfin où se trouvaient des marchands phéniciens ayant la même écriture, le même langage et à peu près les mêmes lois.

Les Athéniens, qui connaissaient le billet à ordre, le compte d'intérêt, le dépôt de banque et la négociation des titres, connaissaient aussi ce qu'on peut appeler la forme élémentaire de la lettre de change. Dans son plaidoyer contre le banquier Pasion, Isocrate, parlant au nom d'un jeune homme venu du Pont à Athènes pour voir le monde et apprendre le commerce, s'exprime en ces termes : « Comme je voulais faire venir des fonds du Pont, je priai Stratoclès, qui partait pour ce pays, de me laisser son or, que lui rembourserait mon père. Je croyais avoir un grand avantage à ne pas faire naviguer mes fonds sur une mer infestée par

Ces ingénieux inventeurs entrèrent plus tard en lutte, et l'histoire des républiques italiennes du moyen âge est toute pleine des débats qui s'élevèrent entre eux au sujet des priviléges que les uns voulaient exploiter à l'exclusion des autres. On voit les Juifs se faire intendants,

les pirates de Lacédémone... Stratoclès s'étant inquiété de savoir qui lui rendrait son or, si mon père ne satisfaisait pas à mes lettres et si j'avais quitté Athènes à son retour, je le conduisis à Pasion, qui promit de lui rembourser, le cas échéant, le capital et les intérêts. »

» Voici bien une lettre de change en forme achetée par Stratoclès, et il est très-probable que le commerce d'Athènes, qui avait pénétré jusque dans l'Inde, jusqu'en Sérique, près de la Chine, et d'un autre côté jusqu'à la Vistule, où il avait rencontré les Phéniciens, avait senti, bien avant le client d'Isocrate, l'avantage des échanges de créances au moyen desquels on fait voyager en quelque sorte des fonds, sans les exposer aux naufrages ou aux pirates de terre et de mer.

» Les Romains, eux aussi, connurent sous cette forme la lettre de change. « Faites-moi savoir, écrit Cicéron à Atticus, si l'argent dont mon fils a besoin à Athènes peut lui être envoyé par voie de change ou s'il faut qu'on le lui apporte (*permutarine possit, an ipsi ferendum sit*). » Ce passage, où la lettre de change est désignée presque par son nom, ne permet pas de douter de son existence dans l'antiquité.

» Il est vrai que ni les lois romaines, du moins celles que nous possédons, ni l'histoire ne contiennent de renseignements précis sur la lettre de change. Mais comme nous l'avons déjà dit, l'histoire qui, de nos jours, néglige volontiers le commerce, s'en occupait bien moins encore dans ces temps reculés. D'ailleurs, chaque profession, chaque corps d'état et les banquiers au moins autant que les autres, eurent leurs colléges ou confréries et leurs secrets, dans toute l'antiquité et pendant le moyen âge. Les opérations de change, comme les autres opérations de banque, étaient régies par un règlement intérieur, par des coutumes et des usages non écrits dont les initiés avaient seuls le secret et que les législateurs et les gens du monde ignoraient entièrement.

» Que les Juifs aient mieux conservé que les autres le secret de la lettre de change, il n'y a pas lieu de s'en étonner ; car dès les premiers Césars, ils s'étaient répandus dans tout l'empire, comme l'attestent les *Actes des Apôtres*, et ils faisaient presque exclusivement le commerce des métaux précieux et des monnaies. Les

économes, procureurs, hommes de finance et même entremetteurs de mariages, selon qu'ils sont plus ou moins vivement pourchassés de toutes les positions commerciales régulières par les bulles des papes ou par la jalousie de leurs concurrents. Tout contribue ainsi à les

Juifs ont dû porter avec eux la lettre de change, aussi bien avant qu'après leur expulsion de 1181, simple incident de la longue persécution dont ils ont été l'objet pendant quinze siècles.

» Au moyen âge, comme auparavant, on trouve la lettre de change partout où le commerce est en vigueur, à Amalfi, à Sienne, à Florence et dans les hanses du Rhin et de l'Elbe. En 1255, dit Mathieu Paris, le roi d'Angleterre, Henri III, ayant besoin d'argent pour son second fils, Edmond, chargé par le pape de conquérir les Etats de la maison de Souabe en Italie, négocia un emprunt auprès des marchands de Sienne et de Florence. L'échéance venue et le roi ne sachant comment payer, l'évêque de Hereford, Egeblanke, lui offrit un moyen commode : il lui conseilla de s'acquitter en faisant tirer des lettres de change sur les évêques d'Angleterre par les marchands italiens jusqu'à concurrence du montant de l'emprunt, et ce conseil fut suivi. Les évêques eurent beau protester et dire qu'ils n'avaient fait aucun acte de commerce, ils furent condamnés à payer par les tribunaux du pape qui avait approuvé l'expédient. Tel est l'usage curieux, bien que peu commercial, qu'on fit des lettres de change au treizième siècle.

» Mais ni dans le moyen âge, ni dans l'antiquité nous n'avons rencontré aucune trace de l'endossement et de ses conséquences. « Les Juifs, dit Savary, trouvèrent le moyen de retirer leurs effets, qu'ils avaient confiés entre les mains de leurs amis, par des lettres secrètes et conçues en termes courts et précis, et cela par l'entremise des voyageurs et des marchands étrangers. » Ainsi ces lettres de change n'étaient même pas tirées au profit du porteur, comme celle de Stratoclès : ce n'étaient, à proprement parler, que des avis de virement de comptes, et nous doutons que la police de change, introduite à Amsterdam par les exilés lombards, fût autre chose.

» La formule de lettre de change, du 1er février 1381, que M. Nouguier rapporte dans son traité, ne contient ni nom de preneur, ni ordre, ni mention quelconque de protêt ou de garantie. C'est un simple avis de virement de compte.

» Du reste, il suffit de réfléchir un seul instant à la situation du commerce dans les sociétés de cette époque et dans l'antiquité pour comprendre que la lettre de change moderne, avec l'endos-

enfermer dans un cercle vicieux, d'où ils ne peuvent sortir que par l'usure et les négociations d'argent. Quand l'envie les a forcés d'abandonner une ville, l'intérêt des habitants les y rappelle ; leurs capitaux sont devenus tellement nécessaires à ces cités industrieuses, que l'on désobéit aux ordres des autorités pour empêcher que les Juifs ne les portent ailleurs. Aussi vit-on bientôt des maisons de prêt s'établir jusque dans les villages, et les Juifs de la Toscane diriger d'un point central une foule de succursales de leurs maisons de Florence ou de Pise. Leur opulence et leur faste dépassaient toute imagination et leur suscitaient des adversaires fanatiques. On connaît l'histoire de ce fameux Bernardin de Feltre, qui poussa l'enthousiasme jusqu'à prêcher une croisade

sement et ses garanties et le protêt, ne pouvait guère y trouver place. La propriété, mobilière surtout, y était si peu respectée, que le recours aux tribunaux était à peu près impraticable. La lettre de change, si elle eût existé, n'aurait pu avoir cours qu'entre un très-petit nombre de banquiers tous bien connus les uns des autres et d'une bonne foi assez éprouvée pour n'avoir jamais besoin de l'intervention des tribunaux.

» C'est ainsi, du reste, que la lettre de change est entrée dans la société moderne. Lorsque Louis XI rendit l'ordonnance de 1462, il ne fit point une loi sur la lettre de change : il autorisa seulement les négociants de la foire de Lyon à en faire usage, comme si cela leur eût été interdit auparavant. Les ordonnances qui établirent ou plutôt reconnurent en 1549 la juridiction consulaire de Toulouse, et en 1563 celle de Paris, attribuèrent à ces juridictions la connaissance de toutes les contestations relatives aux lettres de change, et c'est dans les archives de ces tribunaux qu'il faudrait chercher la loi commerciale du temps, qui était la coutume.

» La lettre de change moderne, avec l'endossement et les obligations qui en découlent, ne doit pas avoir son origine au delà du grand mouvement commercial qui signala la fin du quinzième siècle, et elle ne prit place dans le droit français que par l'ordonnance de 1673, au moment même où le commerce grandissait en France dans la société civile et s'emparait de l'opinion. *Diction. de l'Écon. pol.*, article *Lettre de change*. (*Note de l'éditeur.*)

contre eux, et qui dans toute occasion se montra leur ennemi le plus implacable. Il les poursuivait partout comme des usuriers altérés du sang des peuples ; et, pour ruiner leurs établissements, il imagina de leur opposer ces maisons de prêt sur gages, qui furent nommés *monts-de-piété*. Dès le principe, tout y était gratuit, et les sommes prêtées l'étaient sans intérêt, tandis que les Juifs prélevaient quelquefois de 30 à 40 pour cent. Aussi, le succès en fut-il prodigieux, et la plupart des villes de l'Italie eurent leurs monts-de-piété, qui devaient surpasser un jour en exactions usuraires les plus audacieuses opérations des Juifs.

Toutefois, ces monts-de-piété ne purent remplacer les établissements des Juifs, et cette circonstance prouve avec quelle sagacité ceux-ci avaient deviné les véritables besoins de la circulation. Quoique les monts-de-piété prêtassent de l'argent presque sans intérêt, les formalités qu'il fallait remplir pour avoir droit à leur secours, les lenteurs inévitables de leur administration, la nécessité de prouver la légitime possession des articles engagés, et par-dessus tout l'obligation pour les déposants de livrer leurs noms à la publicité, ne tardèrent pas à en éloigner les emprunteurs qui trouvaient des fonds à toute heure, en secret et sans formalités, chez les banquiers juifs. Riches et pauvres, seigneurs et vilains, accouraient auprès d'eux, et leur crédit était si grand à Livourne, au temps des Médicis, qu'on disait proverbialement : *Il vaut mieux battre le grand-duc qu'un Juif.* Le pape Sixte-Quint leur avait rouvert toutes les sources de richesses que ses prédécesseurs avaient taries ; leurs marchandises même étaient exemptes de tout péage, et le *sacro monte della pietà* cessa de leur faire concurrence, lorsque les chrétiens chargés de le diriger eurent dépassé les abus de leurs rivaux. Après moins de dix ans d'existence, les monts-de-piété étaient devenus ce qu'ils sont aujourd'hui, des abîmes ouverts sous les pas du malheur plutôt que des asiles pour y échapper.

Tout semble donc nous autoriser à reconnaître que les Juifs ont exercé une influence notable sur la marche de l'économie politique en Europe, en conservant, au milieu de l'anarchie féodale, le dépôt des traditions commerciales qui viendront se perfectionner et s'épurer au foyer du quinzième siècle. C'est aux persécutions dont ils furent victimes que nous sommes redevables des premiers essais du crédit et du système de la circulation. Eux seuls peut-être, en concentrant sur le commerce de l'or et de l'argent une attention que les préjugés de leurs contemporains les empêchaient d'occuper ailleurs, eux seuls ont préparé la grande révolution monétaire que la découverte des mines d'Amérique et l'établissement des banques européennes devaient accomplir dans le monde. Ainsi brille et se conserve, au sein même des événements les plus sombres, la trace lumineuse de l'avenir, et nous allons la suivre encore plus prononcée dans l'histoire des villes anséatiques.

CHAPITRE XVI.

Des villes anséatiques. — Motif de leur association. — Singulière organisation de leurs comptoirs. — Importance de l'entrepôt de Bruges. — Origine du commerce de commission.

Tandis que les Juifs créaient et répandaient la science commerciale en Europe, malgré l'anarchie féodale et les persécutions sans cesse renaissantes dont ils étaient accablés, une association puissante se formait en Allemagne et complétait l'œuvre des croisades après l'avoir devancée. Le nord et le midi marchent ainsi de concert à la conquête des grands éléments de la richesse publique, et le génie de la production trouve toujours un asile contre les abus de la force et les exactions de la tyrannie. Ce progrès n'est pas facile à suivre au travers des vicissitudes qui ne cessent d'agiter la société européenne depuis le règne de Charlemagne jusqu'à celui de Charles-Quint; mais il est impossible de méconnaître les efforts qui sont tentés chaque jour, soit dans un pays, soit dans un autre, pour restituer au travailleur son rang et au travail ses prérogatives. Même en le pressurant on lui rend hommage, et l'histoire des Juifs sans cesse proscrits et rappelés n'est qu'une suite de tâtonnements dont les gouvernements subissent la nécessité avant d'arriver à l'emploi du crédit, c'est-à-dire au respect inviolable de la foi promise et de la propriété. L'établissement de la ligue anséatique est un de ces essais laborieux, et il doit occuper sa place dans l'histoire de l'économie politique.

Il n'existe aucun monument authentique des premiers temps de cette association célèbre, d'après lequel on puisse préciser l'époque exacte de sa fondation. La plupart des actes d'accession à l'union anséatique ont même disparu des archives des principales villes qui en faisaient partie. Aucun registre de délibérations, aucun procès-verbal de conférences, ne nous est parvenu du premier âge de ces opulentes cités, plus occupées d'agir que de parler et d'écrire. Ce qui est certain, c'est que dès le treizième siècle on voit déjà plusieurs villes maritimes de la basse Allemagne unies entre elles pour leur défense commune et surtout pour la protection de leur commerce. « Leurs commencements furent faibles, dit le savant historien de ces villes [1], leurs progrès rapides, leurs succès étonnants, et sans doute elles étaient loin de prévoir qu'un jour leur opulence régnerait en souveraine sur les deux mers du Nord, et pèserait d'un grand poids dans la balance politique de l'Europe. » Les premiers traités qu'elles firent entre elles eurent pour but la répression de la piraterie et l'abolition de ce brigandage connu sous le nom de *droit de naufrage*, alors impitoyablement exercé contre tous les navigateurs. A mesure que leurs profits s'étendaient, il fallait les mettre à l'abri des déprédations maritimes qui correspondaient d'une manière si cruelle aux exactions des barons terriens. On achetait les priviléges qu'on ne pouvait obtenir

[1] Sartorius, *Histoire des villes anséatiques*, tome I.

du bon droit ou par la force. En se réunissant, on acquérait plus d'influence, et peu à peu on eut assis sur des bases solides une foule de franchises qui devinrent la source de toutes sortes de prospérités.

Les croisades offrirent bientôt un aliment actif à l'esprit d'entreprise des villes anséatiques. Leurs navires prirent part aux expéditions en terre sainte et visitèrent souvent la Méditerranée; ils débarquèrent en plus d'une rencontre de hardis passagers et qui eurent facilement reconnu la supériorité du commerce de long cours sur le cabotage pauvre et restreint de la mer Baltique. A l'occident et dans la mer d'Allemagne, Cologne, Brême, Lubeck, Hambourg, se faisaient octroyer des priviléges importants. On leur avait accordé la faveur de s'organiser en corporation à Londres, d'y avoir une maison et des magasins, et elles en usèrent avec une telle habileté, qu'en moins de quinze années tout le commerce anglais était tombé entre leurs mains. En Suède, en Danemark, en Norwége, en Livonie, leur prééminence ne connaissait plus de bornes, et jusque dans Novogorod la Grande les magistrats de Lubeck exerçaient sur les comptoirs anséatiques une influence respectée. A la fin du treizième siècle on voit déjà sept villes maritimes de la Baltique s'unir pour défendre des priviléges que le roi de Norwége voulait leur disputer dans ses ports; elles arment une flotte pour se les faire rendre et triomphent de la résistance du prince. Dans le siècle suivant, leur prépondérance est si grande que la plupart des villes de l'intérieur de l'Allemagne décident de s'y rattacher, avec des provinces entières. Tout le monde veut être de cette association où il y a tant de profits à faire et si peu de risques à courir. Les petites villes y sont admises à titre de clientes, à condition de supporter leur part des charges générales, comme rançon de leur indépendance nouvelle. On croit que ce fut à cette occasion qu'on dressa le premier acte de confédération générale dans une assemblée tenue à Cologne en 1364, où la ligue prit le nom d'anséatique ou de *hanse*, qui signifiait, dans le vieux langage du pays, *corporation*. Ce qu'il y a de certain, c'est qu'à partir de cette époque, on n'entend plus parler ni des *marchands de l'Empire*, ni des *navigateurs de l'Allemagne*, mais des comptoirs et des factoreries des villes anséatiques.

Malheureusement, cette ligue portait dans son sein des germes de désorganisation qui devaient tôt ou tard amener sa décadence et sa ruine. Elle manquait d'une puissance exécutive pourvue de moyens suffisants pour forcer tous les associés à se soumettre aux résolutions adoptées par la majorité; elle n'avait pas de chef institué pour diriger toutes les forces vers le bien général. « C'était un corps à cent bras, sans tête[1]. » En vain avait-on stipulé que les villes réfractaires seraient retranchées de la confédération, et que leurs différends seraient jugés par un conseil suprême; ces clauses essentielles ne furent jamais ponctuellement exécutées, et nulle idée de persévérance et d'ensemble ne présida jamais aux entreprises de la ligue. L'esprit d'anarchie qui dominait alors en Europe avait aussi soufflé sur elle, et nous ne comprenons pas comment chacune des villes dont elle était composée pouvait avoir conservé le droit de contracter des alliances avec des princes ou des États étrangers à la confédération. Aussi, arriva-t-il plus d'une fois que l'intérêt d'un ou de plusieurs membres de la

[1] Schoell, *Cours d'histoire des États européens*, tome XV, page 291.

ligue se trouva en opposition avec celui de tous les autres, et entraîna des guerres funestes à l'association tout entière. Les rois de Danemark, de Suède et de Norwége, toutes ces puissances féodales habituées aux tributs et aux pillages, finirent par voir de mauvais œil l'indépendance de quelques cités commerciales et l'insolence bourgeoise qui en était la conséquence. Celles-ci, devenant de plus en plus puissantes à mesure qu'elles devenaient plus riches, pouvaient prendre à leur solde les sujets mêmes de leurs ennemis, et elles opposaient une aristocratie de commerce et d'argent à l'aristocratie purement féodale qui leur faisait la guerre. Elles étaient militairement fortifiées et pouvaient résister en ces temps où l'artillerie, encore inconnue, ne permettait pas de battre en brèche leurs murailles[1].

Leur puissance ne tarda point à se manifester dans les premières luttes qu'il leur fallut soutenir, nommément contre Valdemar, roi de Danemark. Elles forcèrent ce prince à fuir de ses États, et répandirent une telle terreur dans la Baltique, que toutes les rivalités s'humilièrent devant leurs triomphes. Ainsi disparurent les flottes de ces redoutables Normands, qui avaient tenu

[1] On n'a jamais connu avec certitude le nom de toutes les villes anséatiques. Les plus renommées et celles qui étaient désignées habituellement dans les actes officiels de la Confédération, ne s'élevaient pas au delà de quarante ou de quarante-cinq. C'étaient *Lubeck, Wismar, Rostock, Stralsund, Greifswalde, Colberg, Anelam, Demmin, Stettin, Kiel, Brême, Hambourg, Mustargard, Culm, Thorn, Elbing, Dantzig, Kœnigsberg, Riga, Dorpt, Revel, Pernow, Cologne, Soest, Munster, Osnabruck, Brunswick, Magdebourg, Hildesheim, Hanovre, Lunebourg, Utrecht, Zwoll, Deventer, Zutphen, Zirikzée, Briel, Middelbourg, Dordrecht, Rotterdam, Amsterdam, Campen, Groningue, Harderwick, Staveren.* Les autres étaient désignées par la qualification générale de villes anséatiques. On peut les évaluer ensemble à quatre-vingts.

l'Europe entière en échec et fondé des royaumes à plus de cinq cents lieues de leurs rivages. Les escadres de la ligue anséatique, commandées par des sénateurs de Lubeck, purgèrent les mers du Nord de pirates, et le traité de Stralsund, en 1370, leur livra pour quinze ans les places fortes de la Scanie, avec les districts qui en relevaient. Dès ce moment, on peut dire que le droit des gens maritime commença à naître, et que le commerce fit la loi à la barbarie. Partout où flotta l'étendard des villes anséatiques, on vit succéder le respect des traités à l'abus de la force. Des agents commerciaux, des entrepôts, des comptoirs, des magasins s'établissaient sur tous les points où les échanges pouvaient avoir quelque importance. La Russie a été réellement découverte par ces navigateurs hardis, qui se frayèrent les premiers une route jusqu'à Novogorod. Les produits naturels de ces vastes contrées fertiles, quoique mal cultivées, devinrent et sont restés, depuis lors, le principal objet du commerce de la mer Baltique. C'étaient des peaux, des cuirs, des pelleteries, des grains, du chanvre, du goudron, des bois de construction dont l'Europe manquait, et que les villes anséatiques lui fournirent presque aussitôt en abondance. La plus parfaite liberté régnait entre ces villes dans les transactions qu'entravent aujourd'hui les exigences de la politique, les tarifs de douanes et toutes les lenteurs de la fiscalité.

Il faut se transporter par la pensée dans nos comptoirs modernes en Orient ou à la Chine, pour retrouver la trace des usages commerciaux que les villes anséatiques avaient fait prévaloir dans toute l'Europe aux treizième et quatorzième sièlces. En Angleterre et en Russie, leurs marchands jouissaient de priviléges considérables. Ils avaient à Novogorod un magistrat chargé de maintenir l'ordre parmi eux, et de juger leurs procès d'après les lois de l'*Union*. Ce magistrat, assisté de quelques prud'hommes, avait le droit de prononcer dans certains cas de fortes amendes, et même la peine de mort, avec appel soit à Lubeck, soit à la diète anséatique. L'Église et la factorerie de l'Union étaient entourées d'une enceinte fermée pendant la nuit et sévèrement gardée. Les marchands de *la Hanse* avaient eu soin de s'assurer le monopole des affaires; les Russes ne pouvaient vendre qu'à eux, et un statut de la confédération avait défendu de solder les marchés en espèces : toutes les transactions devaient se consommer par forme d'échange. De là naquirent la contrebande et l'interlope, soit par la Suède, soit par la Finlande, jusqu'au moment où les Anglais, ayant trouvé le chemin d'Arkangel par la mer Blanche, annulèrent de fait le monopole de la confédération. Aussi, peu à peu le lien tendait-il à se dissoudre, et depuis ce moment on voit chaque jour quelque ville se détacher de l'Union, à la tête de laquelle Lubeck a longtemps brillé du plus vif éclat.

Pour bien comprendre l'influence exercée sur le développement de la science des richesses par les villes anséatiques, il est nécessaire de jeter un coup d'œil sur la manière dont ces cités avaient organisé les comptoirs qu'elles entretenaient à Novogorod, à Bergen, à Bruges, à Londres et dans d'autres places. Tous ces établissements étaient soumis aux mêmes règlements, sauf un petit nombre de modifications locales. Les comptoirs se composaient d'une série de bâtiments isolés et généralement construits sur le bord de la mer ou des fleuves, afin que les navires en pussent approcher aisément pour y prendre ou y déposer leurs cargaisons. Chaque corps de bâtiment avait un nom et une destination particulière.

Les employés, les surveillants logeaient à portée des marchandises, qui étaient réparties, suivant leur nature, dans des greniers, des magasins ou des caves, comme dans les *docks* actuels de la ville de Londres ; de vastes jardins servaient au besoin de dépôt supplémentaire et fournissaient les légumes nécessaires à la consommation des habitants. Pendant l'hiver, une salle commune réunissait autour du même foyer cette nombreuse famille industrielle ; de vastes dortoirs la recevaient ensuite pendant la nuit. Aucun habitant du comptoir ne pouvait se marier, et l'infraction de cette loi était punie par la perte du droit anséatique et du droit de cité. Imaginez la règle d'une communauté religieuse appliquée à une association commerciale, et vous aurez une idée de la constitution de ces factoreries, dont celles des Anglais à Canton reproduisent de nos jours, à quelques différences près, les principales dispositions.

Comme aujourd'hui à Canton, il était défendu aux employés de visiter, *sous peine de mort*, la partie de la ville qui appartenait aux naturels. Les abords des comptoirs étaient entourés de sentinelles pendant la nuit, et gardés par des dogues énormes qui se jetaient avec fureur sur tout inconnu qui s'approchait d'eux. Il paraît, en outre, que les règlements de la confédération ne permettaient pas aux employés de faire le commerce pour leur propre compte ; ils n'étaient considérés que comme des commis agissant au nom de leurs patrons, et au bout de dix ans ils retournaient en Allemagne, riches de leur expérience et des connaissances qu'ils avaient acquises. Pour subvenir aux frais du comptoir, chaque marchandise payait un droit léger à l'entrée ou à la sortie. On employait au même usage le produit des amendes pour violation de statuts ou de formalités, et chaque cité confédérée était soumise à une taxe pour l'entretien des comptoirs.

Les comptoirs étendirent un moment leurs ramifications dans toute l'Europe et donnèrent partout une impulsion extraordinaire au commerce et à l'industrie. La factorerie de Bruges devint l'entrepôt de toutes les productions de l'Europe, et la ville compta jusqu'à 35 mille maisons. Durant les plus beaux jours de leur prospérité, les cités anséatiques étaient maîtresses des pêcheries, des mines, de l'agriculture et de l'industrie de toute l'Allemagne. Les grains, la cire et le miel de la Pologne, les métaux de la Bohême et de la Hongrie, les vins du Rhin et de France, les laines et l'étain de l'Angleterre, les toiles de Hollande, les draps de la Belgique s'échangeaient par masses énormes sur leurs marchés. Les marchands du midi envoyaient à l'entrepôt de Bruges les produits de l'Orient et de l'Italie, les épices de l'Inde, les soieries, et les drogues dont la consommation était très-considérable. Mais bientôt la prospérité de cette ville excita la jalousie des autres cités qui contribuaient aux frais élevés de ses employés, et Cologne rompit avec éclat le lien qui l'attachait à elle. Les administrateurs de la grande factorerie avaient commis la faute d'établir deux catégories de marchandises, dont les unes devaient être nécessairement négociées dans le dépôt de la confédération, tandis que les autres étaient affranchies de cette condition. Peu à peu on s'efforça d'augmenter le nombre des articles affranchis, c'est-à-dire de faire prévaloir ce que nous appelons aujourd'hui l'*entrepôt fictif* sur l'*entrepôt réel*. La lutte qui s'établit à cette occasion détermina plusieurs négociants à consigner leurs marchandises à des maisons flamandes, pour échapper aux exigences des entrepôts, et c'est ainsi que le *commerce de commission*, dont les destinées devaient être si brillantes, naquit d'une protestation contre l'arbitraire des tarifs.

Les Anglais se lassèrent à leur tour des priviléges qu'ils avaient accordés aux villes anséatiques, et, en effet, ces priviléges étaient vraiment exorbitants. Il avait été stipulé que les procès entre Anglais et Allemands seraient souverainement jugés par deux magistrats que le roi nommerait ; les Allemands étaient soustraits à la juridiction du tribunal de l'amirauté. On leur avait abandonné, en toute propriété, un quartier de Londres, un autre à Boston et à Lynn, et ils étaient exempts d'une série de taxes de douane et d'autres redevances, auxquelles tout le monde était soumis. La querelle commença à s'envenimer, lorsque les Anglais s'aperçurent que ceux des villes anséatiques profitaient de leurs priviléges pour inonder le pays des draps fabriqués en Allemagne, et pour accaparer toutes les opérations commerciales. Il fut démontré que les Allemands avaient importé en une seule année quarante-quatre mille pièces de drap, tandis que les fabriques anglaises n'avaient pu en placer que onze cents. Plus tard, la reine Élisabeth favorisa de tout son pouvoir le progrès des établissements que les *aventuriers* [1] avaient fondés pour rivaliser avec les villes anséatiques, et mit le sceau de son autorité à ces représailles de douanes qu'on peut considérer comme le prélude des luttes industrielles auxquelles nous assistons. Dès ce moment, le commerce s'élève au rang de puissance politique ; on combat à coups de tarifs autant qu'à coups de canon ; et l'économie politique fait son entrée

[1] On sait que ce fut sous ce nom que s'établit une compagnie de marchands anglais, dans le but de se soustraire à la domination commerciale des Allemands.

dans les conseils des rois et dans le droit européen.

Les villes anséatiques ont merveilleusement servi ce mouvement si favorable à la liberté et à la civilisation, en rapprochant les peuples par le lien puissant des intérêts et des industries. L'établissement de l'entrepôt de Bruges, qui unissait le Nord et le Midi, était devenu le rendez-vous de tous les négociants de l'Europe et une place du premier ordre pour la circulation des espèces et les combinaisons du crédit. On y comptait soixante-huit corps de métiers, et dès le commencement du quatorzième siècle [1], il y existait une chambre d'*assurances* et des courtiers instruits des principales règles du change [2]. De là partaient comme d'un centre commun les ordres du commerce qui auraient réveillé l'industrie du sommeil où elle était plongée, si le régime des corporations, en vigueur alors dans toute l'Europe, n'eût contribué à l'y maintenir. Et cependant, les villes anséatiques ont créé le système des pêcheries modernes, du hareng et de la baleine, la marine marchande, les entrepôts, la commission et les franchises du genre de celles dont jouissent les Européens dans l'Orient et à la Chine, faute de mieux. Elles ont accoutumé la barbarie féodale au respect du travail dont elle a fini par devenir tributaire, et substitué l'influence de l'intelligence industrieuse et économe à celle de la cuirasse et du glaive. Elles ont préparé l'émancipation des communes de France et d'Angleterre, en faisant voir de quel côté

[1] En 1310.

[2] Comme les habitants des villes anséatiques étaient vulgairement désignés en Angleterre sous le nom d'*Esterlings*, et que, dans les ventes, on stipulait les payements en monnaie des Esterlings, il est probable que la dénomination de *livre sterling* remonte à cette époque.

12.

serait la force, le jour où les communes voudraient s'entendre et s'associer. Nous leur devons enfin l'abolition des premières barrières commerciales et les premiers essais du crédit public dont elles donnèrent l'exemple, toutes les fois que les besoins de la confédération les mirent dans le cas d'y recourir. Le régime représentatif et électif qu'elles propagèrent, l'espèce de hiérarchie qu'elles établirent entre les villes alliées, protégées ou assujetties, exerça chacune d'elles à la défense de ses droits et les conduisit à la conquête de droits nouveaux. Ainsi se retrouve toujours la trace du progrès économique, au milieu des vicissitudes des peuples qui semblent l'avoir perdue, et les forces productives de l'homme l'emportent sans cesse sur ses penchants destructeurs.

CHAPITRE XVII.

De l'affranchissement des communes et de son influence sur la marche du progrès économique et social.

Tandis que les villes anséatiques s'organisaient en confédération dans le nord, le grand-œuvre de l'affranchissement des communes s'accomplissait dans le midi. Les traditions romaines s'y étaient conservées plus vivaces que dans le reste de l'Europe, et sous la domination même des Barbares, les grandes cités de la Provence et du Languedoc n'avaient jamais cessé de jouir des bienfaits du régime municipal. Insensiblement, à mesure que les villes du nord acquéraient de l'importance par leurs richesses, elles firent des tentatives pour conquérir leur indépendance ; elles voulaient disposer librement de leur fortune et y rattacher quelques priviléges, à une époque où c'était une preuve de servitude de ne pas en avoir. Les bourgeois parvinrent à se faire juger par leurs pairs et à se soustraire à la justice des seigneurs, oppressive, partiale et vénale. Ils réclamèrent le droit d'être imposés d'une manière fixe et limitée, de régler eux-mêmes leurs intérêts et de maintenir l'ordre dans les villes et bourgs. « Voici, disait l'abbé Guibert, chroniqueur du douzième siècle, voici ce qu'on entend aujourd'hui par ce mot *nouveau et détestable de commune :* les gens taillables ne payent plus qu'une fois l'an la rente à leurs seigneurs ; s'ils commettent quelque délit, ils en sont quittes pour une amende légalement fixée, et quant aux levées d'argent qu'on a coutume d'infliger aux serfs, ils en sont exempts [1] »

C'est bien sous un semblable aspect, en effet, que la liberté naissante devait apparaître à un homme d'Église. L'Église avait raison de s'alarmer de la conspiration universelle qui éclatait contre tous les priviléges, et qui allait bientôt attaquer les siens. Car, peu à peu, elle s'était substituée aux seigneurs, en obtenant des exemptions de taxes et des prérogatives fiscales de la plus haute importance. Chaque jour voyait augmenter ses biens par des donations, et ses prétentions s'élevaient avec sa fortune jusqu'au point d'inquiéter les rois sur leurs trônes. Louis IX lui-même, qui était un saint, fut obligé d'y mettre ordre, et ses successeurs, souvent excommuniés, ont eu à soutenir de longues luttes avec la papauté, protectrice naturelle des exigences ecclésiastiques de tous les temps. Ainsi se continuait cette protestation permanente, immortelle, de l'espèce humaine en faveur d'une répartition plus équitable des profits du travail. L'Église s'y était associée aux jours de ses malheurs, et elle avait fourni de puissantes armes aux défenseurs de l'égalité civile, à l'époque où tout le monde pliait sous le joug féodal. Mais, à mesure que la féodalité s'affaiblit, l'Église voulut devenir son héritière, et reprendre sa vieille domination sur les rois, qui se jetèrent dans les bras des peuples et créèrent le tiers état au sein des communes affranchies.

[1] *Mémoires de Guibert*, liv. III, chap. 7.

Cette grande révolution n'a pas été l'œuvre d'un jour; nous en voyons les résultats, mais nous n'en savons pas la date certaine. Ce qui est probable, c'est que le mouvement a commencé par quelques villes opulentes, et s'est propagé insensiblement, selon les circonstances, à toutes les villes, dont les unes ont demandé la confirmation des privilèges qu'elles possédaient depuis longtemps et les autres ont argué de services rendus et d'actes accomplis, pour faire légitimer par l'octroi ce qu'elles avaient gagné par la conquête. Cependant on attribue communément à Louis le Gros les premières chartes d'émancipation, parce qu'il est le premier roi qui ait recouru à l'appui des bourgeois pour résister aux usurpations de la noblesse. Mais ce serait une erreur de croire qu'à l'époque où les diverses cités se constituèrent en communes, elles ne possédaient aucune institution populaire et locale, chargée de surveiller les intérêts des habitants. Elles avaient des maires, des échevins, des pairs, des jurés, des consuls. On sait la lutte énergique et célèbre que les habitants de Vézelai soutinrent contre leur abbé et ses moines, qui prétendaient les maintenir irrévocablement sous le joug féodal. Rien n'est plus curieux que de voir dans l'histoire cette longue querelle élevée entre des moines qui parlaient au nom des libertés de leur église, et quelques bourgeois qui réclamaient les priviléges de leur commune; dispute sérieuse qui dura plusieurs années et dans laquelle intervinrent des évêques, des seigneurs, la cour de Rome, le roi de France, pour la ruine et l'asservissement d'une chétive bourgade. Les villes de Tournay, de Noyon, de Meaux, de Dijon jouissaient de priviléges fort étendus, au premier rang desquels figurent toujours quelques libertés commerciales, quelques prérogatives particulières en matière de routes, de monnaies, de corvées et d'impôts. L'abbé Suger, qui était ministre et qui a été biographe de Louis le Gros, dit expressément[1] que *les hommes des paroisses du pays* assistèrent ce prince au siége de Thoury. Plus tard la reine Blanche, pendant l'absence de saint Louis, confia la garde de villes à des milices bourgeoises. Plus on étudie ce sujet, plus on est convaincu que c'est la richesse accumulée dans les villes qui a fait naître les idées de liberté et préparé l'affranchissement des communes.

Si ces communes ne formèrent point, comme en Allemagne, une confédération générale, c'est qu'elles trouvèrent un appui dans les souverains aussi intéressés qu'elles-mêmes à l'abaissement du pouvoir des barons. La royauté ne pouvait rien toute seule contre cette nuée de seigneurs retranchés dans leurs donjons et qui exploitaient pour leur compte personnel les ressources de la France. Les communes ne pouvaient pas davantage sans l'appui des rois; il y eut entre elles et eux une véritable alliance offensive et défensive qui n'a pas peu contribué à fonder l'indépendance et l'unité nationales. Les Chroniques de Saint-Denis ont célébré le dévouement des villes de Corbie, d'Amiens, d'Arras, de Beauvais et de Compiégne qui envoyèrent leurs contingents à la bataille de Bovines. La royauté eut le bon esprit de déclarer libres les cités qui ne relevaient que de son autorité, et cette résolution intelligente lui assura une foule de dévouements qui ne furent pas toujours payés d'ingratitude. Je n'oserais affirmer que les rois et les

[1] Suger, *de Vitâ Ludovici Grossi;* dans Duchesne, *Hist. franc. script.*, tome IV, page 301.

villes aient cru, en agissant ainsi, obéir à un système, et jeter d'un commun accord les bases d'un nouvel ordre social; mais le mouvement fut si rapide que l'histoire a peine à suivre ses progrès et qu'elle s'exerce encore de nos jours à en rechercher les causes.

On ne saurait nier, pourtant, que cette révolution soit due à l'influence de la richesse et du travail qui, plus tard, s'en aidèrent pour marcher à de nouvelles conquêtes. Il s'opère en Europe, vers cette époque, une véritable rénovation dont l'aurore remonte aux premières croisades. On dirait que partout les idées s'agrandissent et prennent leur essor; l'intelligence humaine s'émancipe sous la protection du grand principe d'association. On s'associe au sud pour la conquête de la terre sainte, et au nord pour la sûreté du commerce. Des corporations d'arts et métiers, naguère inconnues, se multiplient avec une telle abondance qu'il faudra bientôt les régulariser, de peur qu'elles ne se fassent la guerre et qu'elles ne deviennent une puissance dangereuse au sein de l'Etat. Partout le travail est remis en honneur; les magistratures municipales sont de véritables syndicats; les échevins, les prévôts des marchands marchent les égaux des seigneurs, et disposent de l'opinion et de la puissance des villes. Lisez les ordonnances des cinq ou six premiers rois de la troisième race; vous en trouverez un grand nombre qui sont consacrées à des matières d'économie politique, aux foires, aux marchés, aux monnaies, aux changes, aux ventes et aux achats, aux poids et mesures, à la liberté du commerce, et surtout aux priviléges des communes. La royauté gouverne sérieusement; elle met la main à toutes les affaires, et la science de l'administration se manifeste principalement par la manière neuve et hardie dont elle aborde les questions économiques. Nous verrons bientôt avec quelle fermeté saint Louis a su les poser, s'il n'a pas eu le temps ou le bonheur de les résoudre ; et l'on sera surpris de l'immense travail qui a été fait sous son règne, au milieu des préoccupations extérieures des croisades et des luttes intérieures de l'esprit féodal contre la royauté. *On sait que les rois ont les mains longues,* disait déjà l'abbé Suger dans sa Vie de Louis le Gros, et saint Louis les avait encore plus longues que ses prédécesseurs.

On éprouve un vif intérêt à voir surgir ainsi des ténèbres du moyen âge les premières lueurs de ce feu brillant des arts et de l'industrie, qui fut tout à la fois l'effet et la cause de nos libertés municipales. Les communes prirent le nom de *conjuration*, d'*amitié*, de *confédération*, de *confrairies* qui indiquaient clairement le but de leur existence et de leur organisation. Elle s'emparèrent chacune d'une tour qui était armée d'un beffroi, signal de réunion ou de combat ; elles se donnèrent une garde et des magistrats ; elles eurent une caisse municipale, un sceau communal, des marques distinctives de leur pouvoir, de leur individualité. Elles interdirent l'érection de toute forteresse à portée de leurs murailles et capable d'exciter leur inquiétude, et elles firent, en toute circonstance, acte de souveraineté locale. L'exemple des républiques italiennes, celui des villes anséatiques, qui étaient aussi des puissances communales, leur apprirent à faire respecter cette souveraineté. Pour bien comprendre l'importance *économique* de l'affranchissement communal, il faut considérer à quelles dures nécessités les habitants des villes et des bourgs étaient soumis. Les seigneurs avaient la prétention de se faire maintenir chez tous les bourgeois un crédit illimité ;

souvent même ils prenaient tout ce qui était à leur convenance, sans payer jamais, et l'on sait que de ses vieilles habitudes c'est celle-là que l'aristocratie a eu le plus de peine à perdre. Aussi voit-on les bourgeois (ceux de Soissons entre autres) stipuler dans leur charte que les habitants de la ville ne feront pas plus de trois mois de crédit à l'évêque, et que, s'il ne paye au terme convenu, tout crédit ultérieur lui sera refusé. Les associations de métiers qui ont paru présenter depuis lors un caractère purement industriel, étaient des corps essentiellement dévoués au maintien des libertés de la commune; ils avaient pour but d'échapper aux vexations de la noblesse et de se défendre contre les emprunts forcés qui auraient renouvelé pour eux, sous une apparence de liberté, toutes les misères du servage.

Le privilége de commune différait des franchises municipales, en ce sens que la sanction royale lui était nécessaire et lui conférait une grande force. Quelquefois on l'acquérait par transaction avec le seigneur féodal qui le cédait à prix d'argent; mais comme ce privilége entraînait de graves modifications dans la situation financière des villes, soit en réduisant, soit en supprimant les redevances qu'elles payaient aux barons, ceux-ci opposèrent souvent beaucoup de résistance aux tentatives des bourgeois, qui eurent de temps en temps besoin de se compter pour les vaincre. On lit, dans le préambule d'une charte communale, accordée aux habitants de Dourlens, « que cette charte est concédée à cause des injus-» tices et des vexations exercées par les puissants contre » les bourgeois de ladite ville. » Philippe-Auguste disait en octroyant une charte à la ville de Saint-Jean d'Angely, qu'il y adhérait de grand cœur afin que les habitants pussent mieux défendre et garder *tant ses droits que les leurs*[1]. Ce qu'il y a de certain, c'est que la liberté marche du même pas que le travail, et que nulle époque n'est plus féconde tout à la fois en développements industriels et en conquêtes sociales, que celle où nous entrons. M. Guizot a fait remarquer[2], comme une preuve frappante du mouvement général des esprits vers les réformes, que, dans les douzième et treizième siècles, on trouvait deux cent trente-six actes de gouvernement relatifs aux communes, savoir : neuf sous Louis le Gros, vingt-trois sous Louis VII, soixante-dix-huit sous Philippe-Auguste, dix sous Louis VIII, vingt sous saint Louis, quinze sous Philippe le Hardi, quarante-six sous Philippe le Bel, six sous Louis X, douze sous Philippe le Long, et dix-sept sous Charles le Bel. Maintenant, si l'on considère que les rois n'étaient pas les seuls qui donnassent des chartes et qui intervinssent dans les affaires des communes, il sera facile de concevoir l'importance du changement qui s'était opéré dans la condition des peuples.

Cette révolution; car c'en est une, fut le résultat immédiat et direct de l'immense création de richesses due aux cités industrieuses du moyen âge. Les barons, possesseurs du sol, dédaignaient toute occupation laborieuse et laissaient aux bourgeois le soin de pourvoir à leurs besoins et à leurs plaisirs. Peu à peu le numéraire obtenu par ces seigneurs, au moyen des taxes ou des pillages, allait s'entasser dans les coffres des citadins en échange des lainages, des soieries, des gants, des casques et des objets de luxe dont l'aristocratie était avide. « Les seigneurs étaient prodigues, les bourgeois, au

1 *Ut tàm nostra quàm sua propria jura meliùs possint defendere, et magis integrè custodire.*

2 *Cours d'Histoire moderne*, t. V, page 132.

contraire, passaient pour très-avares[1], » et il n'est pas surprenant qu'ils aient ainsi créé par l'épargne une masse considérable de capitaux qui acquirent une grande valeur, grâce à la sécurité consolidée par l'affranchissement des communes. On en trouve la preuve dans Joinville : « Il y avait tant de malfaiteurs et larrons autour de Paris, que tout le pays en était plein. Le roi qui mettait grande diligence comment le menu peuple fût gardé, sut toute la vérité; il ordonna enquête par tout le royaume afin que l'on *fît bonne justice et roide*, et qui n'épargnât pas plus le riche que le pauvre. La terre alors commença à s'amender, et le peuple y vint pour le bon droit qu'on y faisait, et tant se multiplia et amenda, que *les ventes, les saisines, les achats et les autres choses valaient à double que quand le roi y prenait devant.* »

Ainsi, nous voyons s'établir presque simultanément les communes dans toute l'Europe, en Italie, en Espagne, en Allemagne, en France, en Angleterre. Il y en a partout, parce que partout l'industrie et le commerce reprennent leur essor. Gênes, Florence, Venise, Barcelone, Brême, Lubeck, Hambourg, Bruges, Paris, Lyon, Marseille, Londres, Bristol, semblent un moment régies par les mêmes lois. La richesse mobilière s'y établit fièrement à côté de la propriété foncière et revendique ses droits. La terre, incapable désormais de suffire seule aux besoins de la société nouvelle, commence à perdre de son prestige, et voit passer aux mains des artisans une part du pouvoir des propriétaires. La démocratie apparaît, forte de l'esprit d'association et de toutes les ressources du travail organisé et discipliné. Le tiers-état se constitue; la classe moyenne, rêvée jadis par Platon et par

[1] Capefigue, *Histoire de Philippe-Auguste*, t. IV, page 243.

Aristote, devient un corps délibérant, accorde ou refuse des subsides, se juge, se garde, se régit elle-même. La population s'accroît avec les moyens de subsistance. Les industries se perfectionnent, le commerce donne le signal du rapprochement général des nations, et les châteaux forts deviennent tributaires des manufactures. Il y en a un témoignage bien remarquable dans la législation royale contemporaine. Le premier volume du recueil de ces ordonnances, pour la troisième race, en comprend plus de cent, toutes consacrées à des questions de travail et d'industrie, de monuments, de commerce et d'échanges. Sans doute ces ordonnances laissent beaucoup à désirer, car elles sont généralement rédigées dans des vues fiscales et oppressives; mais leur nombre et leur variété même démontrent l'importance qui s'attachait déjà aux matières qu'elles ont voulu définir. Nous allons en exposer l'esprit et les faits principaux avec quelques détails; parce que leur ensemble forme le premier point de départ officiel de la science économique en Europe.

CHAPITRE XVIII.

De la législation économique des premiers rois de France de la troisième race.—Ordonnances sur les Juifs.—Sur les monnaies. — Contre l'exportation du numéraire. — Sur le commerce des grains. — Règlements somptuaires. — Origine officielle de nos préjugés commerciaux.

Il existe, avons-nous dit, une preuve authentique du mouvement prodigieux imprimé à la production des richesses, soit par l'influence des croisades, soit par le commerce des villes anséatiques, du douzième au quatorzième siècle; c'est la collection des ordonnances des premiers rois de France de la troisième race. On trouve parmi ces ordonnances plus de cent dispositions toutes relatives à des matières industrielles et commerciales, principalement sur l'usure et sur les Juifs, sur les monnaies, sur les ouvriers, sur les poids et mesures, et même quelques essais de *maximum* et de règlements somptuaires. L'économie politique du temps se révèle tout entière dans ces documents remarquables, dont l'étude nous a paru mériter une attention particulière, parce qu'elle résume parfaitement les idées de nos ancêtres sur plusieurs questions qui nous divisent encore aujourd'hui. Assurément si le commerce et l'industrie n'avaient pas acquis, dès lors, une extension considérable, nous ne verrions pas l'administration contemporaine aussi sérieusement occupée de leurs affaires, à ce point que sous le seul règne de Philippe le Bel cinquante-six ordonnances ont été rendues seulement sur les monnaies royales et seigneuriales, et plus de dix sur les Juifs et les marchands italiens.

L'examen attentif de ces monuments de la législation économique du moyen âge nous permet d'apprécier avec quelque exactitude la nature de l'influence exercée par le gouvernement sur les questions de finance et d'industrie à cette intéressante époque. Une telle étude est d'autant plus curieuse, que la plupart de nos préjugés commerciaux actuels n'ont pas d'autre origine que la législation exclusive et intolérante du treizième siècle. Ainsi nos lois sur l'usure, si profondément en désaccord avec l'expérience, avec le bon sens, avec l'intérêt général des prêteurs et des emprunteurs, ne sont qu'une réminiscence des ordonnances rendues contre le prêt à intérêt, et surtout contre les Juifs sous Louis IX et sous ses successeurs. Nos mauvaises lois de douane, si exclusives, si hostiles à l'étranger, sont le fruit des habitudes étroites de nationalité et d'égoïsme répandues à l'époque où l'unité nationale en avait peut-être besoin pour se consolider, mais non pour s'enrichir. L'intervention du gouvernement dans l'achat et la vente des marchandises, et les tentatives de *maximum* renouvelées sous la terreur de 1793, datent du jour où Philippe le Bel [1] crut devoir fixer le prix du blé et obliger les marchands à en fournir le marché, quelle qu'en fût la

[1] Ordonnance de mars 1304, dans le *Recueil du Louvre*, tome I, page 426.

rareté. Toute notre législation des grains remonte aux ordonnances qui en défendaient l'exportation, et les premières erreurs du système de *la balance* se trouvent dans l'ordonnance du 28 juillet 1303, qui prohibait l'or et l'argent à la sortie. Qui peut dire jusqu'à quel point ces prescriptions, sans cesse répétées, ont contribué à fortifier dans l'esprit des peuples des préjugés déplorables !

Nous examinerons donc rapidement et selon l'ordre chronologique les ordonnances rendues depuis l'avénement de Philippe-Auguste jusqu'à l'époque de Charles le Bel, c'est-à-dire pendant une période d'environ deux siècles. De tous les rois qui ont occupé le trône durant ces deux cents années, il n'y en a aucun qui n'ait cru devoir signaler sa puissance ou son orthodoxie par des mesures sévères contre les Juifs : à chaque instant on voit reparaître des ordonnances contre ces parias du moyen âge, considérés comme la matière imposable par excellence. Philippe-Auguste en a rendu quatre célèbres, dont la première les menace, la seconde les dépouille, la troisième les chasse, et la quatrième libère leurs débiteurs. Louis VIII publia aussi la sienne. Il supprima toute espèce d'intérêt, et fit payer au profit des seigneurs les sommes dues aux Juifs. Nous avons déjà vu que saint Louis ne se montra pas moins sévère à leur égard ; Philippe le Bel, Louis le Hutin continuèrent le système de leurs prédécesseurs. Après les Juifs viennent les monnaies, et nul règne ne s'accomplit sans que l'autorité royale ait rendu plus d'une ordonnance sur cette matière. Saint Louis voulut que la monnaie de son gouvernement se substituât partout à celle des seigneurs, et cette prescription déjà tentée par ses prédécesseurs aurait eu des résultats favorables, si, plus tard, les rois n'en eussent abusé pour multiplier artificiellement leurs ressources par des altérations frauduleuses. Ces altérations se renouvelaient avec une persévérance inouïe, malgré les échecs qui les suivirent presque toutes. Tantôt on défendait à ceux qui possédaient moins de six mille francs de rente, d'avoir de la vaisselle d'or et d'argent; tantôt on enjoignait aux personnes qui en avaient, d'en porter le tiers à la monnaie, où les manipulateurs de la couronne l'achetaient au prix ancien, pour la revendre avec profit sous forme d'écus de mauvais aloi [1]. Le roi lui-même était obligé d'en demander pardon à ses propres sujets, et il promettait de les dédommager à l'avenir [2].

Les règlements sur les céréales occupent une place notable dans la collection des ordonnances. Une guerre, une disette, une mauvaise récolte suffisaient pour faire défendre l'exportation des comestibles, sous des peines très-graves; mais ces prohibitions ressemblent presque toujours à des représailles, et elles sont généralement accompagnées d'un correctif. « Considérant, est-il dit, que nos ennemis pourraient profiter de nos vivres et qu'il importe aussi de leur laisser leurs marchandises, nous avons ordonné que les premiers ne pourraient pas

[1] Ordonnance de Philippe le Bel, dans la *Collection du Louvre*, tome I, page 324.

[2] Voici un extrait de cette curieuse pièce : « *Nostrum facimus quod pro ingruentibus nostris negotiis, temporibus istis monetam fabricari disponentes, in quâ forsan aliquantulum deerit de pondere, alleio, seu lege... ne propter hoc monetam recipientes eamdem in posterum damnificari contingat aut lædi, præsentium tenore promittimus, quod omnibus qui monetam hujusmodi in solutum, vel alias recipient in futurum, in quod de ipsius valore, ratione minoris ponderis, alleii, sive legis deerit, in integrum de nostro supplebimus, ipsosque indemnes servabimus.* » ORDONNANCES DES ROIS DE FRANCE, tome I, page 325.

sortir, ni les dernières entrer. » Ainsi c'était une pensée de guerre qui faisait repousser les marchandises étrangères en 1304, par Philippe le Bel, et en 1793 par la Convention nationale ; et aujourd'hui en pleine paix, en pleine civilisation, le même système prévaut encore, appuyé des mêmes arguments ! Quelquefois pourtant les ordonnances étaient empreintes d'une sollicitude sage et raisonnée, comme quand elles prescrivaient la statistique des approvisionnements de grains, par ville et par province, dans l'intention de rassurer les citoyens et d'éclairer les magistrats. L'édit de février 1304, dû à Philippe IV, offre même, sous d'autres rapports, une justesse de vue et une sagacité remarquables. « On envoira par toutes les villes et par les villages de la vicomté de Paris, et l'on saura partout combien il y aura de grain, froment, méteil, seigle, orge et avoine et toute autre manière de grain et combien en chacune ville et ès territoire, et combien il en faudra pour leur vivre jusques aux nouveaux, et pour semer, et ce qui sera par-dessus l'on fera porter aux marchés dedans cette vicomté, *non pas tout ensemble, mais petit à petit,* si que le grain se puisse continuer jusqu'au renouveau ; et ne sera pas souffert qu'il en soit trait hors ladite vicomté, sans congé spécial. A qui le grain ou le blé voudra acheter, si paie tantôt l'argent, et que nul n'achète grain pour le mettre en grenier, sous peine de le perdre. »

Cependant, malgré ces précautions qui avaient pour but de prévenir tout à la fois les terreurs populaires et les accaparements, le même prince était obligé le mois suivant[1] de promulguer une ordonnance de *maximum*,

[1] En mars 1304.

en vertu de laquelle nul ne pouvait vendre, *sous peine de confiscation de biens*, le setier du meilleur froment, mesure de Paris, plus de quarante sols parisis, et le setier de blé de qualité inférieure, en proportion. Le setier des meilleures fèves et du meilleur orge, mesure de Paris, devait être vendu trente sols ; la meilleure avoine vingt sols ; le setier du meilleur son, dix sols. Quiconque avait plus de blé que ne le comportaient les besoins de sa provision et de ses semailles, devait l'envoyer au marché ; et si, après la proclamation faite, il s'en trouvait chez quelques personnes au delà de la quantité nécessaire, tout était confisqué au profit du roi [1]. Qui aurait

[1] Il nous a semblé utile de mettre en regard les *considérants* de cette ordonnance avec ceux du décret de la Convention nationale, qui proclama le *maximum*. Voici l'ordonnance de Philippe le Bel :

Philippus Dei gratiâ, Francorum rex, Ballivo Viromandensi salutem. Sicut in subjectorum nobis populorum tranquillitate et prosperitate venturâ gloriamur uberiùs, sic et in ipsorum afflictione et adversitate noxiâ, et oppressis compatimur, et condolemus afflictis vias exquirentes et modos, juxtà datam nobis à Deo potentiam, quibus et eorum succuratur indigentiis, dispendiis obvietur.

Cùm itaque victualium omnium et præcipuè bladorum, pisorum, fabarum, hordei, avenæ, cœterorumque granorum, quibus sustentari consuevit populi multitudo, adeo in regni nostri partibus Domino permittente caristia invaluerit his diebus, quod humilis plebis copia innumerabilis, nisi eis indilato succuratur remedio, *diutiùs, absque gravi totius vulgi dispendio, non poterit sustentari.*

Generali condolentes excidio, præsertim cum necessitatis tempore omnia ferè communia jura publicè proterantur, *consultè duximus ordinandum, quod baillivias, vice comitatus, prepposituras, et alia loca regni nostri, de quibus expedire viderimus, faciemus publicè proclamari, ac etiam inhiberi, sub omni amissione bonorum, ne quis subditorum nostrorum sextarium frumenti melioris, ad mensuram parisiensem, ultra summam quadraginta solidorum parisiensium, vendere, vel emere, seu vendi, aut emi facere, quoquomodo præsumat, et sextarium frumenti, seu bladi*

cru pourtant alors, qu'après cette ordonnance menaçante, la disette augmenterait et que les marchés seraient déserts? C'est ce qui arriva en effet, parce qu'alors comme aujourd'hui toute loi semblable devait porter ses fruits. En vain Philippe IV avait-il pris soin d'ajouter

minoris, pro minori pretio, vendi, aut emi descendendo, præcipimus, habitâ consideratione ad valorem et pretium melioris sextarii, aut pisorum meliorum, ad mensuram prædictam similiter, pro quadraginta solidis parisiensibus, et minora pro minori pretio descendendo, vendi præcipimus, ut est dictum.

Fabas quoque, et hordeum, pro triginta solidis, avenamque pro viginti solidis, et furfur pro decem solidis parisiensibus, sextarium, ad mensuram parisiensem, de melioribus et de aliis pro minori pretio descendendo, ac cætera grana, habito respectu ad meliora, juxta eorum qualitatem, vendi volumus, modo quo superiùs est expressum.

Vobis itaque præcipimus, et mandamus quatenùs in civitatibus, oppidis, bonis villis et aliis locis bailliæ vestræ, de quibus expedire videritis, ordinationem, et statutum prædictum publicè et solemniter proclamari, et in quâlibet suâ parte faciatis firmiter observari. Si quem vel quos ipsius transgressores inveneritis, animadversione in eosdem expressâ punientes, nemini in hac parte parcendo, nisi de nostrâ speciali licentiâ, seu mandato.

Voici maintenant l'exposé des motifs de la loi du *maximum* présenté à la Convention par Coupé, de l'Oise, au nom du comité des subsistances.

« Je me hâte de venir présenter à la Convention nationale le résultat des discussions de votre commission sur le *maximum* à fixer pour les différentes marchandises de première nécessité, excepté le bois et le charbon que vous avez taxés hier par un décret particulier.

» Cette loi est attendue avec la plus grande impatience; et la malveillance, la cupidité, combinant leurs opérations détestables avec celles de nos ennemis du dehors ne nous permettent pas de la différer.

» Nous en avons senti toutes les difficultés et l'étendue; elle a paru effrayer même certains de nos collègues : nous ne sommes restés qu'en petit nombre, soutenus moins par la confiance de nos forces que par notre bonne volonté.

» Dans les temps ordinaires, le prix des choses se compose et se forme naturellement de l'intérêt réciproque des vendeurs et des acheteurs : cette balance est infaillible. Il est inutile, même

que *l'on pourrait amener sûrement toute manière de pain* au marché, avec un sauf-conduit royal, et sans que nul pût *arrêter ni prendre chevaux et charrettes* : son infraction aux lois éternelles du négoce ne tarda point à aggraver le mal qu'elle avait pour but de préve-

au meilleur gouvernement de s'en mêler. Quelque éclairé, quelque bien intentionné qu'il soit, il ne rencontre jamais aussi juste, et il court toujours risque de l'altérer en y portant la main.

» Mais, lorsqu'une conspiration générale de malveillance, de perfidie, de fureurs dont il n'y a point d'exemple, se réunit pour rompre cet équilibre naturel, pour nous affamer, nous dépouiller, *le salut du peuple devient la règle suprême.*

» La société a le droit de résister à cette guerre du commerce et des tyrans, de rétablir et d'assurer d'une main ferme la balance qui doit exister au milieu de nos productions et nos besoins.

» Alors cependant il faut un calcul intelligent ; il faut, par un *maximum*, se contenter d'établir des bornes salutaires et justes, qu'il ne sera pas permis d'outre-passer. Il convient de laisser encore son action au commerce légitime et de ménager les rapports des intérêts ; et ils sont innombrables par toutes les localités qu'embrasse la France, et bien plus encore par toutes les circonstances de cent guerres différentes, et de la conjuration inouïe de toutes les parties de l'Europe contre nous.

» Votre commission a envisagé que ce serait un travail sans fin, un dédale inextricable, que de descendre dans tous les détails des denrées particulières, des rapports des localités, et surtout que la loi deviendrait infinie et impraticable.

» Elle a tâché de saisir un principe général et simple, qui pût s'appliquer partout et en même temps, et selon les variétés des besoins de vendre et d'acheter.

» Pour cela elle a choisi une base qui les représente dans leur état naturel et spontané ; elle a choisi la valeur respective des denrées telle qu'elle existait en 1790.

» Alors chaque chose était à son taux, selon le rapport des pays productifs avec les pays de consommation, et la répartition des différences nécessaires à l'activité du commerce se trouve toute faite : il ne restait plus qu'à y ajouter une quantité d'augmentation proportionnée aux circonstances plus ou moins aggravantes où nous nous trouvons. » — Suivait le décret dont voici l'article premier :

Les objets que la Convention nationale a jugés de première né-

nir, et il se vit obligé de révoquer l'ordonnance de *maximum*, presque aussitôt après l'avoir rendue. Les termes dont il se servit à cette occasion sont assez remarquables pour que nous les reproduisions textuellement; ils appartiennent d'ailleurs à l'histoire de la science, qui trouve rarement dans le langage des rois une franchise aussi explicite.

« Philippe, par la grâce de Dieu, roi de France, au bailli de Senlis, salut. Comme *pour réfréner la commune tempête* et nécessité de ce jourd'hui, pour la cherté du blé, pois, fèves, orge et autres grains dont la communauté du peuple est soutenue, avons naguère ordonné et établi et fait crier et défendre dans notre royaume que nul de nos subgiets, sous peine de perdre tous ses biens, n'osât vendre froment le meilleur plus de 40 sols,

cessité, et dont elle a cru devoir fixer le *maximum* ou le plus haut prix, sont :

La viande fraîche,	Le sucre,
La viande salée et le lard,	Le miel,
Le beurre,	Le papier blanc,
L'huile douce,	Les cuirs,
Le bétail,	Les fers,
Le poisson salé,	La fonte,
Le vin,	Le plomb,
L'eau-de-vie,	L'acier,
Le vinaigre,	Le cuivre,
Le cidre,	Le chanvre,
La bière,	Le lin,
Le bois à brûler,	Les laines,
Le charbon de bois,	Les étoffes,
Le charbon de terre,	Les toiles,
La chandelle,	Les matières premières qui servent aux fabriques,
L'huile à brûler,	
Le sel,	Les sabots,
La soude,	Les souliers,
Le savon,	Les colza et navette,
La potasse,	Le tabac.

fèves et orge plus de 30 sols, avoine plus de 20 sols, et son plus de 10 ; duquel statut et de laquelle ordonnance *nous espérions que plus grand allégement et plus grande pourveance dût venir à notre peuple, ce que encore n'est fait.* Toutefois que pour ce que les nouvelles causes survenant, il convient muer (changer) les conseils et les ordonnances : Nous, pour que plus hâtivement il puisse être secouru à la nécessité de notre peuple, *avons rappelé* (révoqué) et *rappelons* les prix que nous avions mis ès dits grains, et avons ordonné et établi que quiconque de notre royaume aura du grain susdit, il puisse le vendre au marché *et le donner pour tel prix comme il en pourra avoir.* Et voulons et commandons que sûrement et paisiblement on puisse venir au marché, sans craindre pour chevaux ni charrettes. »

Ainsi, une expérience de quelques semaines avait suffi pour démontrer l'inutilité des moyens violents en matière d'approvisionnement. Les ordonnances de Philippe le Bel sont très-instructives en ce sens qu'elles forment comme un petit drame économique où l'action s'engage, se complique et se dénoue, précisément selon les règles de la science, c'est-à-dire au profit de la liberté. On a même quelque peine à comprendre comment, après des expériences aussi décisives, nous voyons recommencer la lutte sous plusieurs règnes et même à la fin du dix-huitième siècle, entre l'abbé Galiani et Turgot ; entre les administrateurs et les *économistes*. Il y a plus ; désabusé par ces essais malencontreux de *maximum*, Philippe le Bel alla plus loin qu'il ne nous a été donné de parvenir, à Paris même, au moment où j'écris. Un an après la révocation de ses ordonnances et la réhabilitation du libre commerce des grains, il affranchit les consommateurs du monopole des boulangers et permit à chaque citoyen de se fournir de pain, comme bon lui semblerait. « Nous ordonnons et voulons que chacun de Paris ou à Paris demeurant puisse pain faire et fournir en sa maison et vendre à ses voisins, en faisant pains suffisants et raisonnables, et en payant les droits accoutumés. Nous ordonnons et voulons que tous les jours de la semaine quiconque voudra, puisse apporter à Paris pain et blé et toutes autres victuailles et les vendre sûrement et paisiblement. Voulons également que de toutes denrées venant à Paris, dès quelles seront *afforées* (mises sur le marché), tout le commun en puisse avoir pour tel prix, comme les *grossiers* (marchands en gros) les achèteront. » Chose remarquable! près de 500 ans plus tard, Saint-Just était obligé de reconnaître au sein de la Convention nationale, presque dans les mêmes termes que Philippe le Bel, l'inefficacité du *maximum* pour conjurer la disette. « Les différentes lois que vous portiez naguère sur les subsistances auraient été bonnes, disait-il[1], si les hommes n'avaient été mauvais. Lorsque vous rendîtes la loi du *maximum*, les ennemis du peuple, plus riches que lui, achetèrent au-dessus du *maximum*. Les marchés cessèrent d'être fournis par l'avarice de ceux qui vendaient : *Le prix de la denrée avait baissé; mais la denrée fut rare.* Les commissionnaires d'un grand nombre de communes achetèrent en concurrence, et comme l'inquiétude se nourrit et se propage d'elle-même, chacun voulut avoir des magasins et prépara la famine pour s'en préserver. » Qui ne serait frappé de la ressemblance de ces aveux, malgré les cinq siècles qui les séparent? Mais à aucune époque on n'a pu violer impunément les lois essentielles qui président à la production des riches-

[1] *Moniteur* du 14 octobre 1793, page 92, troisième colonne.

ses, sans ressentir presque immédiatement les funestes effets de cette violation, et l'histoire est toute pleine de pareilles leçons, qui n'empêchent pas les mêmes erreurs de se renouveler.

On en trouve une preuve frappante dans la persistance infatigable des souverains à bouleverser, au gré de leurs caprices, la législation des monnaies. Nous avons peine à comprendre la patience des peuples à supporter ces changements perpétuels dans la valeur officielle des pièces d'or et d'argent, véritables sophistications dont le commerce était victime, et qui ne peuvent être considérées que comme des banqueroutes. Tantôt il plaisait au roi de déclarer que les *petits royaux* auraient cours pour *onze sols parisis ;* tantôt qu'on reviendrait à la bonne monnaie du temps de *Monsieur saint Louis*, et que nul ne se hasardât à payer autrement; puis on interdisait l'emploi des monnaies étrangères, puis enfin celle de billon. Après avoir ainsi jeté la perturbation dans les prix, il fallait intervenir dans les contrats, dans les baux, dans les fermages, et l'on finit par ordonner que les payements seraient faits chaque année, chaque semestre, *en la monnaie courante* [1]. Personne, dès lors, ne peut plus compter sur des revenus réguliers, et le roi lui-même est obligé, pour pouvoir vendre ses bois dont personne ne veut, de faire amende honorable et de déclarer que ceux qui ont acheté *du temps de la bonne monnaie* payeront en la

[1] Si les marchés sont faits sous une somme, sous une quantité à payer, *à diverses années,* pour *cinq mille livres,* par exemple, ou pour plus ou pour moins, *à payer en dix ans,* chaque an tant de mille livres, on les payera *en telle monnaie comme il courra selon notre ordonnance, au temps que le payement de chacune charra.* (Ordonnances, tome I, page 444.

bonne monnaie, et ceux qui achèteront des mêmes bois du temps *de la faible monnaie* payeront *en la faible.* Chaque ordonnance d'altération était suivie d'une catastrophe à laquelle on croyait remédier par des règlements tyranniques. Cette lutte est intéressante à étudier, parce qu'elle démontre le danger et l'inutilité de l'intervention souveraine dans les transactions, auxquelles le gouvernement doit seulement la liberté et la sécurité. En s'écartant de ces doctrines fondamentales, les rois de France ont ouvert la voie aux crises commerciales et commencé la longue et douloureuse série d'expériences qui remplissent la première époque de notre histoire économique. Que de tentatives pour empêcher la sortie de l'or et pour faire arriver de toutes parts à l'Hôtel des Monnaies les métaux précieux que les ouvriers de la couronne transforment jour et nuit en écus de mauvais aloi ! Les pèlerins eux-mêmes sont à peine exceptés de la règle sévère qui défend l'exportation du numéraire. Il semble qu'en le retenant on retienne la richesse ; on ne comprend pas encore les plus simples lois de la circulation, et l'on pose les fondements de ce culte de l'or dont *le système exclusif* deviendra plus tard la dernière expression. Les uns sont obligés de vendre leur vaisselle d'argent, les autres de faire fondre leurs colliers et leurs anneaux. On croit multiplier la richesse, en faisant d'un bon écu deux mauvais, et quand les prix s'élèvent en présence de ces assignats de fraude royale, on ne trouve d'autre correctif à cette conséquence inévitable que de proclamer des lois somptuaires et d'imposer des limites à la consommation.

« Nous voulons, dit une ordonnance de 1294, que toute manière de gens qui n'ont six mille livres de rente tournois n'usent et ne puissent user de vaissellement d'or et d'argent, ni pour boire, ni pour manger, ni pour autre usage, et que nul, sous peine de corps et de biens, n'y fasse fraude ; et de l'argent susdit nous voulons faire nos monnaies pour *le commun profit de notre royaume.* »

Une autre ordonnance de la même année disposait ce qui suit :

« Nulle bourgeoise n'aura char.

» Nul bourgeois ni bourgeoise ne portera vert, ni gris, ni hermines, et se délivreront de ceux qu'ils ont, de Pâques prochaines en un an. Ils ne porteront, ni pourront porter or, ni pierres précieuses, ni couronnes d'or, ni d'argent.

» Les ducs, les comtes, les barons de six mille livres de terres, ou plus, pourront faire quatre robes par an et non plus, et les femmes autant.

» Chevalier qui aura trois mille livres de terre pourra avoir trois paires de robes par an, et non plus ; et sera l'une de ces trois robes pour l'été.

» Nul ne donnera au grand manger que deux mets et un potage au lard, sans fraude ; et s'il est *jeûne,* il pourra donner deux potages aux harengs et deux mets.

» Il est ordonné que nul prélat ou baron ne puisse avoir robe pour son corps de plus de 25 sous tournois l'aune de Paris. »

Qui croirait que toutes ces injonctions, dignes des plus mauvaises utopies de Sparte, et que *ces potages aux harengs,* non moins ridicules que le brouet noir des Lacédémoniens, appartiennent à une époque où l'industrie faisait effort de toutes parts pour renaître, où les villes anséatiques et les républiques italiennes s'étaient déjà élevées à un très-haut degré de richesse et de splendeur ! Mais l'aspect même de cette richesse suffit pour expliquer la persévérance aveugle des rois à prohiber la sortie de l'or. La France avait, à cette époque, peu de chose à offrir en échange des produits dont elle avait besoin; et c'est en vain que d'anciennes ordonnances défendaient de trafiquer autrement que par des échanges de marchandises, puisque d'un côté il n'y avait que des écus et de l'autre des produits. Il fallait absolument que le numéraire sortît, et il allait s'engouffrer dans les coffres des gouvernements italiens, que nous verrons bientôt entretenir des armées de mercenaires avec l'or des nations tributaires de leur commerce et de leur industrie. En vain, de temps en temps, la colère royale atteindra, sous le nom de Lombards, d'usuriers et de *Caorsins*, ces marchands intrépides; l'intérêt général les a rendus nécessaires, et ils reparaissent toujours, âpres à la curée, semant au cœur des peuples les premières défiances, encore ineffaçables, contre l'exportation de l'or [1]. Tel est le véritable point de départ de nos préjugés en économie politique, œuvre du ressentiment politique, quand on interdit tout commerce avec les Flamands [2]; ou du fanatisme religieux, lorsqu'on persécute les Juifs. Ces préjugés se sont perpétués d'âge en âge dans les administrations et dans l'esprit des peuples, et ils y règnent encore, investis de la sanction suprême des gouvernements. C'est ce qui explique pourquoi l'on éprouve aujourd'hui tant de

[1] « Et comme nous avons appris que plusieurs Italiens étaient dans notre royaume, lesquels excercitent (exercent) marchandises et contrats *qui ne sont pas honnêtes*, notre intention n'est pas de donner à tels Italiens lesdites franchises et libertés. » *Ordonnance de Louis le Hutin*, du 9 juillet 1315.

[2] Voir une autre ordonnance de Louis le Hutin, du 28 février 1315, et les soixante ou quatre-vingts ordonnances rendues contre les Juifs en moins de quatre règnes.

peine à les détruire, malgré les réfutations et les démentis solennels de l'expérience et de l'histoire. Telle est la force de tout ce qui a été vigoureusement organisé, et rien ne l'a été avec plus de talent et d'habileté que les industries naissantes, dont nous allons étudier les commencements sous saint Louis.

CHAPITRE XIX.

Organisation des corporations sous le règne de saint Louis. — Du *Livre des Métiers*, par Etienne Boyleau. — Vue générale du système des corporations. — Ses avantages anciens et ses inconvénients modernes.

On a pu juger, par les ordonnances que nous avons citées, de l'état d'anarchie où se trouvait la société européenne à la fin du douzième et au treizième siècle. Il n'y a de repos et de stabilité que pour la propriété foncière; elle seule résume toutes les jouissances, tous les priviléges, toutes les libertés. Mais déjà s'élève à côté d'elle la richesse mobilière créée par le travail de la démocratie, et c'est en vain qu'on lui refuse dans l'Etat le rang qu'elle ambitionne et qu'elle va bientôt occuper. Peu à peu elle s'émancipe dans les villes soit qu'elle achète, soit qu'elle s'adjuge la bourgeoisie; chaque jour voit éclore un nouvel édit en sa faveur, et sa puissance se consolide par les efforts mêmes qu'on fait pour la ruiner. Les communes étaient déjà émancipées quand elles obtinrent la concession de leurs franchises, et les persécutions contre les Juifs, sans cesse proscrits et toujours rappelés, prouvaient déjà l'importance des possesseurs de capitaux. La législation s'humanise à mesure que les vilains acquièrent des richesses. On les protége dans les foires, sur les marchés ; on leur accorde des tribunaux composés de leurs pairs, et ils sont exemptés d'une foule d'avanies dont on les accablait auparavant. Mais il se passe au moment de leur émancipation un fait très-remarquable, qui caractérise d'une manière frappante l'esprit féodal de l'époque : c'est l'organisation hiérarchique des travailleurs sous le régime des corporations. Il ne vient à l'esprit de personne d'affranchir l'homme comme homme ; le principe de l'égalité n'existe pas encore. Il y aura des maîtres et des apprentis comme il y avait des seigneurs et des vassaux, et une glèbe pour l'agriculture. Nul ne conçoit le travail libre ; il faut absolument que l'ouvrier travaille pour un maître, comme le paysan pour un seigneur. La liberté est à ce prix ; le roi la vend comme une denrée, mais elle ne manque pas d'acheteurs. Et comment en eût-elle manqué au sein de cette armée industrielle que nous voyons surgir tout à coup des ténèbres de la féodalité !

Ce sera toujours un grand honneur pour Louis IX d'avoir eu le premier la pensée de soumettre une telle armée au joug de la discipline[1]. Elle y a gagné en puis-

[1] Il est prouvé aujourd'hui que l'organisation des métiers était antérieure à saint Louis. Voici ce que dit à ce sujet M. Levasseur dans son excellente *Histoire des classes ouvrières* (1859, 2 volumes in-8°, Guillaumin) : « Certaines corporations remontaient sans doute aux colléges romains, bien qu'il soit impossible de suivre leurs traces dans l'histoire du ve au xie siècle. Il ne faut pas s'étonner du silence des chroniqueurs et des archives sur de pareils sujets, à une époque de grossièreté et d'ignorance où l'industrie était si peu de chose, où les événements les plus importants eux-mêmes ont laissé si peu de souvenirs. Mais dès que l'usage de l'écriture devient plus fréquent, les preuves de l'antique existence

sance et en vitalité ce qu'elle paraissait perdre en indépendance, et c'est depuis cette époque que l'industrie a pris un essor qui ne s'arrêtera plus. Il est impossible de n'être pas frappé d'admiration en voyant avec quelle ingénieuse sagacité tout a été classé dans ce monument de législation si curieux, qu'on appelle *Établissements*

de quelques corporations commencent à paraître. Les marchands d'eau, à Paris, sont probablement les descendants directs des nautes parisiens. Il avait fallu de tout temps qu'une compagnie de mariniers transportât les denrées et les marchandises nécessaires à l'approvisionnement de Paris. L'histoire, après la chute de l'empire romain, avait perdu leur tracé; elle la retrouve sous Louis VII, qui, à la date de 1121, leur accorde des priviléges comme à une compagnie déjà ancienne. Au commencement du XIIe siècle, on ne savait déjà plus à quelle date remontait l'origine de la corporation des bouchers de Paris; une charte de 1134 parle de « leurs antiques étaux ; » une autre de 1162 rappelle « l'ancienneté des coutumes dont ont joui depuis longtemps les bouchers » et ordonne leur rétablissement.

« Si nous avions sur l'organisation industrielle des chartes antérieures au XIe et au XIIe siècle, il est probable que nous y verrions figurer encore les marchands d'eau et les bouchers, qui, de tout temps nécessaires à la ville de Paris, n'ont pas été exposés à périr comme tant d'autres dans le naufrage de la civilisation. Les corps de métier qui se reconstituèrent durent le faire d'autant plus promptement que la ville habitée par les artisans était plus industrieuse et plus peuplée. Le corps de métier devança la commune, mais on ne saurait dire de combien d'années, et il dut y avoir dans cette réorganisation pacifique et secrète du travail plus de diversité encore que dans la réorganisation bruyante des communes. Le XIe et le XIIe siècle paraissent cependant être l'époque où les artisans commencent à sentir le besoin de s'unir et forment leurs premières associations. Il paraît que les statuts des chandeliers de Paris datent de 1061. Dans le *Registre des métiers*, rédigé par ordre d'Etienne Boileau, les artisans invoquent souvent les priviléges que leur avait donnés ou même confirmés Philippe-Auguste et qui, par conséquent, ne peuvent pas être postérieurs à l'année 1223. En 1160, Louis le Jeune concède à Theci, femme d'Yves, et à ses héritiers, la grand'maîtrise des cinq métiers de savetiers, de baudroiers, de sueurs, de mégissiers et de boursiers. Il fallait que chacun de ces métiers fût antérieurement organisé. A Rouen, les cordonniers et savetiers formaient une corporation

des métiers de Paris, et qui nous est parvenu tout entier[1], du règne de saint Louis[2]. Ce fut à Etienne Boyleau que Louis IX confia le soin de mettre à exécution la grande pensée qu'il avait conçue de donner à l'industrie et au commerce des règlements protecteurs et une discipline capable d'en assurer la prospérité. Les *Établissements* ont exercé une trop grande influence sur le développement de la richesse publique et sur les destinées de l'industrie pour ne pas occuper une place dans l'histoire de l'économie politique, et nous allons leur consacrer un examen particulier. La simple citation du préambule en donnera une première idée.

« Étienne Boyleau, garde de la prévôté de Paris, à tous les bourgeois et à tous les résidans de Paris, etc., salut. Pour ce que nous avons vu à Paris en notre temps mout de plais et deffrénées convoitises qui gaste soi-même, et par le non sens des jeunes et des peu sachants, entre les étrangers gens et ceux de la ville, qui aucun métier usent et hantent, pour la raison de ce qu'ils avaient vendu aux étrangers aucunes choses de leur métier qui

à laquelle le roi Henri Ier, mort en 1135, avait concédé certains droits.

« Les corps de métiers existent donc avant le treizième et même avant le douzième siècle; mais c'est seulement vers l'an 1260, lorsque le mouvement communal, auquel ils avaient donné naissance, leur eut à son tour communiqué une nouvelle activité, qu'on les voit constitués d'une manière complète et régulière. » (Tome I, p. 193 et suiv.) (*Note de l'éditeur.*)

[1] Il en existe trois ou quatre manuscrits. Le plus ancien appartient à la Bibliothèque impériale. Les archives de la préfecture de police en possèdent une bonne copie, dont je dois la communication à l'obligeance de M. Labat, conservateur de ces archives.

[2] Depuis la première édition de cet ouvrage, le *Registre des métiers* d'Étienne Boyleau a été publié dans la collection des documents inédits sur l'histoire de France, par M. Depping. 1837, in-4°. (*Note de l'éditeur*).

n'étaient pas si bonnes, ni si loyaux que elles dussent..... notre intencion est à enclaver en la première partie de cette œuvre, au mieux que nous pourrons, tous les métiers de Paris, leurs ordenances, la manière des entrepresures de chascun métier et leurs amendes. En la seconde partie, entendons nous à traiter des chaussées, des tonlieus, des conduits, des rivages, des hallages, des poids, des batages, des rouages et de toutes les autres choses qui a costume appartiennent. En la tierce partie et en la dernière, des justices et des juridictions, à tous ceux qui justice et juridiction ont dans la ville et dedans les faubourgs de Paris. Ce avons-nous fait pour le profit de tous, et mêmement pour les povres, pour les étrangers qui à Paris viennent acheter aucunes marchandises, que la marchandise soit si loyaux qu'ils n'en soient deçus, par le vice de li ; et pour châtier ceux qui percevront de vilain gain ou par non sens les demandent et prennent contre Dieu, contre droit et contre raison. Quand ce fut fait, recueilli, assemblé et ordonné, nous le fîmes lire devant grande assemblée des plus sages, des plus léaux et des plus anciens hommes de Paris et de ceux qui plus devaient savoir de ces choses, lesquels tous ensemble louèrent beaucoup cet œuvre, et nous commandâmes à tous les métiers de Paris, à tous les péagiers et à tous les coutumiers qu'ils ne fissent et ne allassent encontre. »

Ainsi le roi avait surtout en vue de mettre un terme aux fraudes nombreuses qui se commettaient au détriment des acheteurs, et de rédiger pour chaque métier des règlements particuliers. Quelques industries demeurèrent libres ; plusieurs furent astreintes à payer certains droits, et il y en eut un petit nombre qui ne purent être exercées qu'avec privilége du souverain. Telles étaient (qui le croirait?) la profession de savetier et celle de marchand d'oignons et d'échalotes[1]. Les prescriptions les plus minutieuses obligeaient les ouvriers de se conformer, sous peine d'amende, à une foule de pratiques tracées à l'avance dans les *Établissements*. Il était défendu aux *filandiers* de mêler le fil de chanvre à du fil de lin. Le boulanger, privilégié du roi, pouvait vendre du poisson de mer, de la chair cuite, des dattes, des raisins, du poivre commun, de la cannelle et du réglisse, et le coutelier n'avait pas le droit de faire les manches de ses couteaux. Les écuelliers et faiseurs d'auges n'auraient pas pu se permettre de tourner une cuiller de bois. La seule profession de chapelier comptait cinq métiers différents. En établissant ainsi la division du travail, saint Louis a beaucoup contribué au perfectionnement de l'industrie, et, en garantissant aux acheteurs des marchandises *loyales*, il a favorisé le commerce plus que n'ont fait ses successeurs en dix règnes.

Le *Livre des métiers* contient des règlements pour plus de cent cinquante professions diverses, dont le nombre et la variété suffiraient pour démontrer l'importance que l'industrie avait acquise dans les villes[2]. La plupart

[1] Nul ne peut être savetier s'il n'achète le métier du roi.
Nul ne peut être regrattier (revendeur) de fruit ou d'aigrun : c'est à savoir, d'aux, d'oingnons ou d'eschallongues, s'il n'achète le métier du roi. (Extrait du *Livre des métiers*.)

[2] Voici les noms des principales industries organisées par Etienne Boyleau, telles qu'elles sont désignées dans son *Livre* :

Lampiers,
Barilliers,
Potiers d'étain,
Foulans,
Teinturiers,
Chaussiers,
Potiers de terre,
Chaudronniers,

Tisserands de draps,
Harengers,
Fèvres-maréchaux,
Serruriers,
Talmeliers,
Meuniers de Grandpont,
Blatiers,
Mesureurs de bled,

de ces règlements, qui seraient insupportables de nos jours, ont produit une véritable révolution dans les arts qu'ils avaient pour but de surveiller ou de perfectionner. On vit bientôt disparaître les nombreuses fraudes qui déshonoraient les ateliers et qui paralysaient les spéculations commerciales. Quand même l'organisation des corporations n'aurait rendu que ce service au travail, le bien qui en résultait devait être immense ; mais les travailleurs se fortifièrent en se disciplinant. L'esprit de corps, en d'autres temps si funeste, prit naissance parmi eux et donna à leur association un caractère grave et

Crieurs,
Jaugeurs de vin,
Taverniers,
Cervoisiers,
Regrattiers de sel et de poisson de mer.
Regrattiers de fruits et d'aigrun,
Orfèvres,
Cordiers,
Bimbelottiers,
Fèvres-couteliers,
Couteliers faiseurs de manches,
Serruriers de laton,
Batteurs d'archal,
Boucliers de fer,
Boucliers d'archal,
Tréfiliers de fer,
Tailleurs de robes,
Liniers de Paris,
Liniers dehors Paris,
Marchands de chanvre et de fil de chanvre,
Chanevaciers,
Epingliers,
Imagers tailleurs de crucifix et de manches de couteaux,
Peintres et tailleurs d'images,
Huiliers,
Chandeliers de suif,
Gaîniers,
Gaîniers de gaînes d'épées,
Ecriniers,
Peigniers-lanterniers,
Faiseurs de tables à écrire,
Oyers et cuisiniers,
Poulaillers,
Deiciers, faiseurs de dez à jouer.
Deiciers, faiseurs de dez à coudre,
Boutonniers,
Barbiers,
Etuveurs,
Merciers,
Fripières-lingères qui vendent dans les halles neuves,
Tréfiliers d'archal,
Attacheurs,
Haubergers,
Patenôtriers de patenôtres d'os et de cor.
Patenôtriers de corail,
Patenôtriers d'ambre,
Emailleurs d'orfèvrerie,
Cristalliers,
Batteurs d'or à filer,

une existence solide. Ces *Confréries*, ces *universités* d'ouvriers ne se laissèrent pas facilement ravir, dans la suite, des priviléges qu'on leur avait vendus si cher. Elles se mirent sous la protection des saints, adoptèrent des bannières sacrées, véritables étendards de leur indépendance, et elles vengèrent avec persévérance la moindre offense faite à l'un de leurs membres. Elles eurent leurs syndics, leurs chambres de discipline, leurs conseils, leurs défenseurs. L'honneur des diverses corporations, ainsi placé sous la sauvegarde de tous ceux qui en faisaient partie, éleva les classes laborieuses au rang des puissances sociales, telles que le clergé, la noblesse et la

Batteurs d'étain,
Batteurs d'or en feuille,
Lasseurs de fil et soye,
Fileresses de soye à grands fuseaux,
Crepiniers de fil et de soye,
Ouvriers de tissus de soye,
Braceliers de fil,
Ouvriers de drap de soye,
Fondeurs,
Fermaillers de laton,
Patenôtriers, faiseurs de bouclettes à souliers et noyeaux de robes,
Tixerandes de couvrechef de soye,
Charpentiers,
Maçons
Escuelliers,
Tixerands de lange.
Tapissiers de tapis sarrazinois,
Fripiers,
Faiseurs de bourses et brayers (de peau),
Selliers et peintres de selles,
Chapuiseurs.
Blazonniers,
Bourreliers,
Conréeurs de Cordoües,
Couratiers de Cordoües,
Baudroyeurs,
Cordouenniers,
Bazenniers ou chaveteniers de bazenne,
Tapissiers de tapis nouez,
Savetiers,
Megissiers,
Courroyers, faiseurs de courroies,
Foiniers,
Chapeliers de fleurs,
Chapeliers de coton,
Chapeliers de feutre,
Chapeliers de paon,
Fourreurs et garnisseurs de chapeaux,
Chirurgiens,
Fourbéeurs,
Archers, faiseurs d'arcs artilliers,
Pescheurs (à verge),
Poissonniers d'eau douce,
Poissonniers de mer.

magistrature. La hiérarchie n'y fut pas moins sévère que dans les rangs élevés, et les seigneurs des donjons n'étaient pas plus respectés de leurs vassaux que les maîtres de leurs apprentis. Les habitudes de domination passèrent bien vite des châteaux aux ateliers ; il y eut un despotisme de boutique à côté de la tyrannie des manoirs.

Saint Louis était loin de prévoir toutes les conséquences de son organisation des métiers, œuvre de police autant que d'économie politique. Il n'a vraiment posé de ce grand édifice des corporations que la première pierre, et l'on pourrait résumer son système en deux lignes : « Chacun fera son métier et rien que son métier, afin de le bien faire et de ne tromper personne. » Mais, comme le prévôt Étienne Boyleau avait soigneusement prévu tous les cas de fraude et indiqué les meilleurs procédés de travail, il se trouva que le *Livre des métiers* devint un traité de fabrication, et le modèle d'après lequel chacun devait diriger ses efforts. Le *grand chambrier* du roi obtint la surveillance des communautés, et assura la sanction royale à toutes les mesures qui pouvaient leur être utiles. Dès ce moment, il s'établit entre les artisans une vive émulation ; réunis dans les mêmes quartiers [1], placés sous les yeux les uns des autres, et comme en regard des consommateurs libres de choisir parmi eux les plus honnêtes et les plus habiles, ils acquirent bientôt des qualités qui seraient demeurées fort rares sous le régime anarchique précédent.

Il était réservé aux successeurs de Louis IX de compléter son œuvre et de compliquer, en voulant les ré-

[1] Joinville, page 152.

soudre, les questions difficiles qui en devaient sortir tôt ou tard. Saint Louis avait, en effet, réglé trop minutieusement la tâche de chaque artisan, pour qu'il ne s'élevât pas de nombreux conflits entre les industries. Comment aurait-on pu éviter des discordes entre les chapeliers, dont les uns n'avaient le droit de fabriquer que des chapeaux de coton, et les autres des chapeaux de feutre? Qui pouvait répondre que l'harmonie régnerait toujours entre le couteliers fabricants de manches de couteaux et les couteliers fabricants de lames? Qui ne voit la difficulté de reconnaître, dans la fabrication des chandelles, le mélange défendu de la graisse de bœuf avec le suif de mouton, et dans celle des bougies le mélange de la vieille cire avec la nouvelle? Les filateurs ne devaient pas non plus filer ensemble le chanvre et le lin; les savetiers n'avaient pas le droit de raccommoder des souliers et de les remettre à neuf de plus des deux tiers, sous peine d'empiéter sur la prérogative des cordonniers. Les maîtres selliers sans ouvrage pouvaient bien faire des souliers, mais les cordonniers ne pouvaient pas faire des selles. Les menuisiers avaient des attributions soigneusement distinctes de celles des charpentiers. Aussi, à peine ces confréries étaient-elles établies, que les industriels cessèrent de vivre en frères. Puissantes contre les attaques du dehors, les corporations eurent à soutenir dans leur propre sein une guerre civile de tous les moments, et leurs discordes ne tardèrent pas à les livrer, pieds et poings liés, à l'arbitraire de la couronne. Depuis saint Louis jusqu'à Louis XIV, il n'y a pas un souverain qui ne leur impose des entraves, des taxes et des règlements nouveaux : la justice les accable d'arrêts et d'amendes sans ralentir leur ardeur ni calmer leurs haines. Le fondateur des corporations de métiers avait voulu y créer l'ordre : ses successeurs n'y ont vu qu'un moyen de faire de l'argent.

Une ordonnance de Charles VI, en 1407, commence à modifier les prescriptions de Louis IX relativement à la vente des marchandises. L'édit de Henri III, en 1581, établit sur les corporations une taxe élevée, sous forme de droit royal, et multiplie les règlements à propos de l'apprentissage, de la réception des maîtres et de l'élection des jurés. Un autre édit de Henri IV, rendu en 1597, confirme le précédent et y ajoute quelques dispositions nouvelles plus oppressives. Enfin Louis XIV, par son édit de mars 1673, établit les corporations dans toutes les villes et bourgs du royaume et créa plus de quarante offices parasites. Ainsi mutilées par la main de dix rois, les corporations ne ressemblent plus guère à ce qu'elles étaient sous Louis IX, et il ne reste presque rien de la haute pensée qui les avait constituées. Elles ne présentent plus qu'une vaste arène où se livrent d'ignobles combats mercantiles, au profit de la féodalité nouvelle, qui exploite, sous le nom de compagnons et d'apprentis, les malheureux échappés à la glèbe du servage. Le monopole envahit la société industrielle. On limite sévèrement le nombre des métiers pour assurer à quelques privilégiés les avantages de la maîtrise. Des obstacles artificiels sont opposés au génie qui devance l'âge, et des lenteurs interminables prolongent, sous le nom d'apprentissage, l'enfance de l'homme. Cet apprentissage lui-même n'est qu'un esclavage déguisé ; mais c'est encore de l'esclavage. Pendant toute sa durée, le malheureux apprenti est la propriété de son maître, investi du droit de le faire travailler même à coups de bâton. Il y a des vices rédhibitoires pour lui comme pour les animaux. Tantôt ce temps de rudes épreuves dure huit années, tantôt il se termine au bout de sept, et l'*apprenti* s'élève à la dignité de *compagnon*. C'est l'affranchi de ce temps-là, le mulâtre de ces colonies intérieures. Tel qui avait fait à Rouen cinq ans d'apprentissage et autant de compagnonnage, ne pouvait entrer dans une communauté de Paris ou de Bordeaux sans redevenir apprenti; exigence aussi absurde que le serait celle qui obligerait un officier à redevenir soldat en changeant de régiment.

On a trop oublié les longues souffrances de la classe ouvrière sous ce régime de monopole et d'exploitation. Ce qui les rendait plus horribles, c'est que les tyrans sortaient du sein des ateliers, et se montraient impitoyables en raison même de l'origine qui leur était commune avec les apprentis. Quand venait pour un compagnon l'heure de passer maître, il rencontrait pour juges ceux qui étaient intéressés à l'écarter comme rival. Ils lui demandaient un *chef-d'œuvre* pour prouver son talent, mais un chef-d'œuvre exécuté selon certaines règles, afin que son génie fût contraint de s'arrêter à la hauteur de leur médiocrité. Nul ne pouvait s'écarter des procédés reçus, sous peine d'amende; aussi était-ce le bon temps des amendes. Il y en avait pour les moindres oublis comme pour les plus graves écarts. Un tonnelier devait signer ses tonneaux et payer une amende pour un cercle mal posé. Le serrurier répondait par corps de ses serrures, les drapiers de leur drap, les tanneurs de leurs cuirs. On voyait sans cesse passer dans les rues le sergent armé d'une gaule aux rubans de parchemin, barbouillés d'arrêts contre les boulangers, contre les maçons, contre les orfévres et autres artisans. Les percepteurs n'avaient pas d'autre occupation et la couronne pas de meilleur revenu. On est effrayé des abus qui se commettaient chaque jour au détriment des classes laborieuses, quand on lit avec quelque attention l'immense quantité d'arrêts rendus sur les débats soulevés par la jalousie des communautés, ou par leurs discussions avec la couronne. A Paris les frais de ces procès s'élevaient, vers le milieu du dix-septième siècle, à plus de 500,000 francs par année. Des communautés modestes en avaient pour 25,000 fr. Les statuts de toutes les corporations existent encore de nos jours, soit à la bibliothèque de l'Hôtel de Ville, soit aux archives de la police, et on a peine à les découvrir sous le fatras d'édits, d'arrêts et de décisions souveraines provoqués journellement par le moindre incident. L'esprit de corps se joignait aux exigences de l'intérêt privé pour en éterniser la durée, et il y a des exemples de rivalités acharnées qu'on n'avait pu parvenir à mettre d'accord après une lutte de plus de cent ans.

Ainsi, Louis IX avait cru fonder l'ordre, et ses successeurs préparèrent l'anarchie industrielle, malgré l'oppression absolue sous laquelle gémissaient tous les travailleurs subalternes. Qui croirait que les femmes avaient été exclues de la corporation des brodeurs? Les *compagnons* ne pouvaient se marier avant d'avoir obtenu la maîtrise, et comme nous l'avons dit, cette maîtrise était pour eux la terre de Chanaan, qu'il leur était permis de voir, mais rarement d'aborder. Outre l'exécution du chef-d'œuvre accoutumé et les doubles lenteurs de l'apprentissage et du compagnonnage, des frais énormes attendaient l'audacieux qui voulait dépasser la frontière : enregistrement, droit royal, droit de réception, droit de police, droit d'ouverture de boutique, honoraires du doyen et des jurés, salaires de l'huissier et du clerc de la communauté, gratifications aux maîtres appelés à la cérémonie ; rien n'y manquait, et souvent le malheureux compagnon ne pouvait passer maître, faute du capital nécessaire pour jeter une proie à ses juges. Que de sombres désespoirs ont dû agiter l'âme des travailleurs, pendant cette longue période d'oppression ! Tout leur était interdit, jusqu'à la faculté de disposer d'eux-mêmes ; comme si la liberté de travailler n'était pas la plus sacrée de toutes les propriétés ! Mais le dernier mot du système des corporations n'a été proclamé qu'en Angleterre, où la loi punissait de mort, naguère encore, l'ouvrier déserteur, même quand son pays n'avait pas de travail à lui donner. Étienne Boyleau, tout prévôt qu'il était, n'y avait pas pensé.

Cependant, au travers de leurs nombreuses vicissitudes, les corporations organisées par saint Louis dans une pensée d'ordre, de discipline et de probité, ont produit des résultats très-dignes de l'attention des économistes et des hommes d'État. Elles ont accoutumé les travailleurs à la patience, à l'exactitude et à la persévérance ; elles ont fait renaître la sécurité dans le commerce et donné une impulsion immense à cet élément important de la richesse publique. Dès que les consommateurs ont été certains de n'être plus trompés sur la qualité et sur la quantité des produits, ils en ont fait des demandes plus considérables et procuré par là des moyens de subsistance plus étendus aux classes laborieuses. Il y avait bien aussi quelques avantages dans cette hiérarchie sévère qui faisait du *maître* en industrie comme le chef de famille de ses ouvriers, avec des pouvoirs presque aussi étendus que ceux du père sur ses enfants. La limite fixée au nombre des métiers maintenait la concurrence dans des bornes sans doute un peu étroites et par conséquent entachées de monopole, mais elle s'opposait à ces entreprises inconsidérées qui trop souvent donnent aux luttes industrielles de notre temps le caractère d'une guerre à mort, où le vaincu fait faillite, sans que le vainqueur fasse fortune. En retardant le mariage des ouvriers sans capital et sans état, la règle des corporations pouvait passer pour un bienfait, à une époque où la paternité ne semblait que le don de créer des malheureux. Mais qui absoudra cette féodalité de l'atelier de tous les fléaux qu'elle traînait à sa suite? Si elle a rendu quelques services dans des temps déjà bien éloignés de nous, combien n'a-t-elle pas causé de ravages dans les siècles suivants? Combien d'hommes de génie n'a-t-elle pas étouffés au berceau? Quelles funestes habitudes de servitude n'a-t-elle pas entretenues? Tout ce qu'on peut dire de plus significatif à cet égard, c'est que les corporations ont été modifiées ou ébranlées à toutes les époques où la civilisation a fait un pas et qu'elles ont été redemandées toutes les fois que le mouvement humanitaire a paru stationnaire ou rétrograde. Turgot les supprima [1] et sa chute les rappelle ; la révolution et l'empire les détruisent sans retour, et en 1814 une pétition fameuse en sollicite le rétablissement [2].

Nous ne sommes néanmoins pas conséquents lorsque nous refusons aux fondateurs de ce système le tribut d'hommages qui leur est dû. L'établissement des corporations, si on en excepte les abus de la fiscalité, était en harmonie avec la constitution politique du temps où il

[1] Voir l'édit de Turgot de 1776 et le rapport de Dallarde à l'Assemblée constituante, séance du 15 février 1791.

[2] Cette pétition, extrêmement curieuse, et rédigée par M. Levacher Duplessis, a été imprimée in-4°.

prit naissance. On avait peu de métiers, mais on avait les douanes de province à province ; peu de productions et peu de débouchés. Les douanes intérieures assuraient à la fabrication locale la vente de ses articles, et les couvents offraient du pain et un asile aux compagnons inoccupés. La population était contenue, par le célibat des religieux et des ouvriers, dans des limites proportionnées aux moyens de subsistance contemporains. L'apprenti ne gagnait rien; mais, après un petit nombre d'années, son entretien tombait à la charge du maître. La concurrence ne faisait pas baisser le prix des salaires, et l'on n'éprouvait pas dans le commerce ces variations de prix brusques et fréquentes qui déconcertent quelquefois parmi nous les plus habiles spéculateurs. Nous avons émancipé le travail, chose étrange! et sa condition, à beaucoup d'égards, est devenue plus rude et plus précaire. C'est que nous avons bien imparfaitement exécuté ce grand œuvre de l'affranchissement des travailleurs : nous avons proclamé la liberté illimitée de produire, mais nous nous sommes refusé la liberté d'écouler nos produits. Notre système de libre concurrence est incomplet, et nous n'avons conquis, depuis la destruction de l'œuvre de saint Louis, que la faculté de nous encombrer : les guerres de douanes ont succédé aux luttes des corporations.

CHAPITRE XX.

Du mouvement imprimé à l'économie politique par les républiques italiennes du moyen âge. — Influence croissante du travail. — Accroissement de la richesse mobilière. — Changements qui en résultent dans l'état social européen. — Fondation du crédit. — Banque de Venise. — Origine du système prohibitif moderne.

Quand on étudie avec attention l'histoire des derniers temps de la féodalité, il est impossible de n'être pas frappé des efforts tentés sur les différents points de l'Europe pour assurer à tous les producteurs une plus juste part dans la distribution des profits du travail. L'affranchissement des communes en France, l'établissement de la Ligue anséatique en Allemagne, la création des républiques italiennes au moyen âge, ne sont que des épisodes de ce grand œuvre d'émancipation qui se poursuit de siècle en siècle avec une persévérance inébranlable. L'organisation des corporations sous le règne de saint Louis y contribue puissamment à son tour. Partout où les artisans et les marchands se réunissent, ils essayent de se créer une existence indépendante du caprice des seigneurs et des gouvernements. La facilité qu'ils éprouvent à dissimuler leurs richesses ou à les déplacer quand l'orage gronde, leur agglomération, le besoin qu'on a de leurs services, leur assurent des franchises qui ne furent nulle part plus étendues qu'en Italie, puisqu'elles allèrent jusqu'à leur donner le monopole de la souveraineté.

Dès l'année 1282, l'industrie était si puissante à Florence, que les citoyens de cette république se donnèrent une magistrature exclusivement composée de marchands, sous le nom de *Prieurs des arts*. Ces délégués du peuple, réunis en un collége suprême de six membres, furent investis du pouvoir exécutif et logés dans le palais de la nation. Leurs fonctions ne duraient que deux mois, mais ils pouvaient être réélus au bout de deux ans. Les prieurs étaient choisis par leurs prédécesseurs réunis aux chefs des *arts majeurs* et à un certain nombre de notables. A Sienne on fit de même, et les quinze seigneurs qui gouvernaient cette petite république furent remplacés par neuf bourgeois, exclusivement désignés parmi les marchands. A Gênes et à Venise, les fortunes commerciales se substituèrent à l'aristocratie foncière et créèrent un pouvoir plus absolu que celui des barons féodaux. Il fallut, dans la plupart de ces républiques, exercer un art ou un métier pour rester citoyen et pour pouvoir aspirer au gouvernement de l'État. Les marchands voulurent être anoblis par leur profession même : il y eut une *noblesse de soie* et une *noblesse de laine*, et celle-ci se crut bientôt en droit de mépriser celle-là[1]. Au commencement du quatorzième siècle, on remarquait dans toute l'Italie des nuances infinies parmi les diverses constitutions républicaines ; mais elles étaient toutes d'accord en ce sens que nulle part l'aristocratie n'avait prévalu sur

1 Daru, *Histoire de Venise*, tome I, page 505.

les bourgeois de l'industrie et du commerce. Bientôt les armes à feu et l'imprimerie porteront un dernier coup à la puissance des châteaux, en nivelant les forces et les intelligences.

Quel homme du peuple n'eût senti son cœur battre d'espérance à l'aspect des progrès chaque jour croissants de la liberté italienne ! Jamais les républiques de Rome et d'Athènes n'avaient joui d'une liberté semblable à celle-là : à Rome et à Athènes on combattait pour la souveraineté de quelques-uns; dans l'Italie du moyen âge on défendait l'indépendance de tous. On prenait les magistrats dans les comptoirs, dans les échoppes ; on tenait les nobles à distance et en respect. On travaillait pour soi, non pour des maîtres. Peu de vexations et peu d'impôts; liberté absolue du commerce et vigoureuse organisation de l'industrie. L'habitude des réunions publiques et privées fit bientôt naître des orateurs, des hommes d'État, et la pratique des affaires mercantiles donna l'élan aux premières idées financières qui se soient popularisées en Europe. Il ne faut pas croire que ces gouvernements de marchands fussent exclusivement occupés du commerce[1]; leur politique se montra souvent plus libérale que celle des seigneurs dont ils avaient pris la place. Ils accordèrent aux beaux-arts des encouragements de toute espèce, et multiplièrent, avec la plus louable sollicitude, les établissements de bienfaisance, d'instruction, d'utilité publique. Trente hôpitaux avec mille lits pour les malades et pour les pauvres ; plus de deux cents écoles où dix mille enfants apprenaient à lire ; des récompenses splendides prodiguées au génie des

[1] Sismondi, *Hist. des Républ. italiennes du moyen âge*, tome IV, p. 166.

peintres, des architectes et des sculpteurs témoignent du zèle éclairé des administrateurs de Florence au quatorzième siècle.

La prospérité du commerce n'était pas moins digne de remarque. On comptait deux cents fabriques de laine, produisant chaque année environ quatre-vingt mille pièces de drap, dont la vente assurait des salaires à plus de trente mille ouvriers. Quatre-vingts comptoirs étaient destinés au commerce de banque, et leurs nombreuses succursales favorisaient partout l'escompte et le crédit, déjà familiers aux habitants de ce pays, avant que le reste de l'Europe en eût connaissance. Florence égalait alors en richesse et en force productive la république de Venise, qui l'emportait sur la plupart des autres États. Ses revenus publics s'élevaient à trois cent mille florins. Villani en a dressé à cette époque un tableau assez complet[1], qui est suivi du budget des dépenses, monument

[1] Cet important document a été cité par M. de Sismondi, dans son excellente *Histoire des républiques italiennes*. Je le reproduis tout entier comme le seul *budget complet* de ce temps qui ait été conservé à l'économie politique.

Revenus de la ville et république de Florence, de 1336 *à* 1338, *en florins d'or du poids de* 72 *grammes à* 24 *karats.*

Gabelle des portes ou droits d'entrée et de sortie sur les marchandises et les vivres, affermée par année à	fl. 90,200
Gabelle sur la vente du vin en détail, 1/3 de la valeur	59,300
Estimo, ou imposition foncière sur les campagnes.	30,100
Gabelle du sel vendu 40 sols le boisseau aux bourgeois, et 20 sols aux paysans.	14,450
Revenus des biens des rebelles, exilés et condamnés.	7,000
Gabelle sur les prêteurs et usuriers.	3,000
A reporter.	fl. 204,050

financier bien digne de méditation, lorsque l'on considère le peu de progrès qu'avaient fait à cette époque, dans l'art des finances, les nations les plus renommées. On y voit avec surprise que la république n'accordait aucun salaire à ses fonctionnaires publics, à moins qu'ils ne fussent étrangers. La milice tenait

Report.	fl. 204,050
Redevance des nobles possessionnés sur le territoire.	2,000
Gabelle des contrats (inscriptions en hypothèques).	11,000
Gabelle des boucheries pour la ville.	15,000
Gabelle des boucheries pour la campagne.	4.400
Gabelle des loyers	4.050
Gabelle de la farine et des moulins.	4,250
Impôts sur les citoyens nommés podestats en pays étranger.	3,500
Gabelle des accusations.	1,400
Profit sur le monnayage des espèces d'or	2;300
Profit sur le monnayage des espèces de cuivre . .	1,500
Rentes des biens-fonds de la communauté et péages.	1,600
Gabelle sur les marchands de bétail dans la ville. .	2,150
Gabelle à la vérification des poids et mesures. . .	600
Immondices et loyers des vases d'Orto San-Michele.	750
Gabelle sur les loyers dans la campagne.	550
Gabelle des marchands des campagnes.	2,000
Amendes et condamnations dont on obtient le payement.	20,000
Défauts de soldats (pour rachat du devoir des milices).	7,000
Gabelle des portes de maisons à Florence.	5,550
Gabelle sur les fruitières et revendeuses.	450
Permission du port d'armes à 20 sols par tête. . .	1,300
Gabelle des sergents	100
Gabelle des bois flottés sur l'Arno.	100
Gabelle des réviseurs des garanties données à la communauté	200
Part de l'Etat aux droits perçus par les consuls des arts.	300
Gabelle sur les citoyens dont l'habitation est à la campagne	1,000
	fl. 297,600

lieu d'armée pendant la paix, et les mercenaires à la solde de l'État ne figuraient qu'aux dépenses extraordinaires de la guerre. Les impôts indirects l'emportaient de beaucoup en nombre et en valeur sur les impôts directs, et particulièrement sur la contribution foncière, qui était deux fois moindre que le seul revenu des bois-

Gabelle sur les possessions à la campagne.		
Gabelle sur les batailles sans armes		
Gabelle de Firenzuola		
Gabelle des moulins et pêches		
Le total surpasse.	fl.	300,000

Dépenses de la république de Florence, de 1336 à 1338, en livres florentines, le florin d'or à 3 livres 2 sols.

Salaire du podestat et de sa famille (ses archers et sbires)	liv.	15,240
Salaire du capitaine du peuple et de sa famille. .		5,880
Salaire de l'exécuteur de l'ordonnance de justice.		4,900
Salaire du conservateur, avec cinquante chevaux et cent fantassins (office extraordinaire et bientôt aboli).		26,400
Juge des appellations sur les droits de la communauté.		1,100
Officier *chargé de réprimer le luxe des femmes*. .		1,000
Officier du marché d'Orto San-Michele.		1,300
Office de la solde des troupes.		1,000
Office des payes mortes aux soldats.		250
Trésoriers de la communauté, leurs officiers et notaires.		1,400
Offices des revenus fonciers de la communauté. . .		200
Geôliers et gardes des prisons.		800
Table des prieurs et de leur famille au palais. .		3,600
Salaire des douzels de la communauté et des gardiens des tours du podestat et des prieurs		550
Soixante archers et leurs capitaines au service des prieurs		5,700
Notaire des réformations, avec son aide.		450
Lions, torches, lumière et feu au palais.		2,400
Notaire au palais des prieurs		100
Salaire des archers et huissiers.		1,500
A reporter.	fl.	73,770

sons. Le produit des amendes et condamnations joue un grand rôle dans le budget des recettes, triste preuve du peu de respect qu'on avait pour les lois, ou de la dureté qui présidait à leur exécution. Que pouvaient être les profits sur le monnayage des espèces d'or et de cuivre, sinon une concession du même genre que les altérations de monnaies dont notre histoire est toute pleine, depuis Philippe-Auguste jusqu'à Charles le Bel? Néanmoins, le compte des dépenses et des revenus de Florence témoigne vivement de la simplicité du régime gouvernemental de la république; heureuse, si la rivalité des noblesses nouvelles, et trop souvent l'oppression du peuple par les patriciens sortis de son sein, n'eussent ouvert la voie aux discordes civiles et les frontières à l'étranger! Les républiques italiennes du moyen âge peuvent être considérées comme de grandes maisons de commerce, administrées avec habileté et économie. Les revenus créés par le travail y étaient rarement atteints par l'impôt, et donnaient naissance chaque jour à des capitaux nouveaux que la liberté des transactions permettait de

Report.	73,770
Trompettes de la communauté.	1,000
Aumônes aux religieux et aux hôpitaux.	2,000
Six cents gardes de nuit dans la ville	10,800
Les drapeaux pour fêtes et courses de chevaux.	310
Espions et messagers de la commune..	1,200
Ambassadeurs	15,500
Châtelains et gardes des forteresses	12,400
Approvisionnement annuel d'armes et de flèches.	4,650
Florins 39,119, à 3 liv. 2 s. pour 1 florin.	liv. 121,630

Les travaux aux murs, aux ponts et aux églises forment la dépense extraordinaire, avec la solde des gens de guerre. En temps de paix, la république tenait à sa solde de sept cents à mille gendarmes et autant de fantassins.

faire fructifier avec avantage. La ville de Hambourg et celle de Genève, si riches malgré l'exiguïté de leur territoire, rappellent avec assez d'exactitude aujourd'hui la prospérité de ces grandes cités municipales du moyen âge. Leurs environs, couverts de maisons de campagne et de *villas* délicieuses, où l'opulence se repose des fatigues du commerce, sont l'image fidèle des demeures somptueuses des marchands italiens alors presque tous logés dans les palais dont leurs successeurs actuels ne peuvent pas même entretenir le mobilier. Aussi étaient-ils devenus les bailleurs de fonds des principales puissances de l'Europe ; on les recherchait comme intendants et administrateurs de domaines et de finances. C'est toujours à eux que s'adressaient les souverains en détresse; c'étaient leurs florins d'or que les rois de France se plaisaient surtout à altérer, et dont ils portaient la valeur de dix sols à trente. Édouard III d'Angleterre avait choisi ses deux banquiers à Florence, et les emprunts qu'il faisait par eux supassaient tellement ses remboursements, que les Bardi se trouvèrent lui avoir avancé cent quatre-vingt mille marcs sterlings, et les Peruzzi cent trente-cinq mille, ensemble seize millions trois cent quatre-vingt mille de nos francs, dans un temps où l'argent était cinq ou six fois plus cher que de nos jours[1]. Les citoyens des républiques italiennes disposaient à cette époque de la meilleure partie du commerce européen. Leurs ouvriers étaient recherchés partout comme les plus habiles, et leurs produits comme les plus parfaits. Ils étaient devenus les arbitres du goût et les seuls marchands renommés pour les tissus, les modes, les armes, les ameublements. Leurs capitaux leur procu-

[1] Sismondi, *Hist. des Républ. italiennes*, tome V, page 261.

raient aussi des profits immenses, sans parler de leurs bénéfices comme armateurs de navires, comme banquiers, comme associés dans toutes les entreprises de quelque importance. Les lois qu'ils faisaient eux-mêmes, en qualité de législateurs investis du pouvoir suprême, favorisaient de la manière la plus libérale toutes les transactions commerciales; et ils ont prouvé les premiers, par la théorie et par la pratique, les avantages encore méconnus de la liberté la plus illimitée du commerce. Gênes, Venise n'ont pas eu d'autre élément de splendeur.

C'est ici le moment de signaler la part importante qui revient aux Italiens dans la fondation des premiers établissements de crédit. Leur immense commerce leur avait sentir de bonne heure la nécessité de simplifier les combinaisons de tout genre dont se compose cette branche de la production; et, dès la fin du douzième siècle, Venise avait vu s'élever dans son sein une banque de dépôt qui ouvrait des crédits aux bailleurs de fonds, pour faciliter les payements et les revirements. La caisse ne retenait aucun droit de garde ni de commission, et ne payait aucun intérêt; mais ses certificats de dépôts faisaient les mêmes fonctions que le numéraire. Au moyen d'une caisse, dite du comptant, on payait à vue, en espèces, les effets qui étaient présentés, et l'on choisit pour ces payements la meilleure monnaie, qui devint celle de la banque. Il fut réglé que la banque ne payerait et ne compterait qu'en ducats effectifs, dont le titre était plus fin et l'altération moins commune que celle des autres espèces. Dès ce moment, le papier de la banque obtint sur tous les effets des marchands l'avantage de pouvoir être échangé contre une monnaie de bon aloi, et le crédit de cet établissement fut fondé sur des bases solides. Peu à peu le gouvernement introduisit l'usage de faire ses payements en mandats sur la banque, au lieu de les effectuer en espèces, et il ajouta ainsi un nouvel élément de succès à tous ceux dont elle était en possession. Enfin l'ouverture d'un compte de débit et de crédit, qui permit aux propriétaires de fonds de transmettre leurs créances, acheva de compléter les moyens d'action de la banque, et bientôt elle donna naissance à plusieurs établissements semblables [1].

La position de Venise lui fit, dès son origine, une nécessité du perfectionnement industriel et commercial. Venise était une république sans territoire, et sa capitale une flotte de navires amarrés sur leurs ancres. C'est au commerce qu'elle fut obligée de demander non pas la fortune, mais la vie. Aussi, toute la politique du gouvernement a-t-elle eu sans cesse pour but l'accroissement de ses libertés commerciales et de ses franchises financières chez tous les peuples. A défaut de produits plus précieux, les Vénitiens commencent par vendre du sel; puis ils exportent les produits agricoles du nord de l'Italie et ils vont chercher dans la mer Noire ceux de la Turquie, de la Russie et de la Perse. A la foire de Pavie, déjà du temps de Charlemagne, ils avaient ébloui les acheteurs par de magnifiques exhibitions de tapis précieux, d'étoffes de soie, de tissus d'or, de perles et de pierreries. Des lois somptuaires les obligeaient à ménager leurs capitaux et à ne sacrifier à la consommation improductive qu'une portion de leurs

[1] M. Daru a publié, dans le 7e volume de son *Histoire de Venise*, aux pièces justificatives, sect. 2, paragraphe 5, un mémoire sur la banque de Venise, sous la date du 30 juin 1753, extrait de la correspondance de l'abbé de Bernis, alors ambassadeur de France.

revenus. Placés entre l'Orient et l'Occident, ils avaient imité l'industrie d'une partie de leurs voisins et la simplicité économique des autres. Leurs priviléges à Constantinople avaient quelque chose de l'insolence de la conquête, et leurs colonies de la Méditerranée formeraient presque aujourd'hui un royaume. Venise entretenait avec un luxe vraiment royal ses consuls et généralement tous ses employés commerciaux ; elle exigeait qu'ils eussent une suite nombreuse en état de représenter dignement la république et d'imposer aux étrangers. Le podestat de Constantinople fut pendant quelque temps sur le pied d'un souverain. Il jugeait en dernier ressort les différends des nationaux de Venise ; il portait des brodequins d'écarlate, marque de la dignité impériale, et ne paraissait en public qu'entouré de gardes. C'est en honorant de cette manière la profession du commerce et en favorisant par tous les moyens les citoyens qui s'y livraient, que les Vénitiens élevèrent si haut la prépondérance de leur pays et la considération des négociants qui en faisaient la fortune.

Aussi la république occupait-elle au quinzième siècle, dans le seul arsenal de Venise, seize mille ouvriers et trente-six mille marins. Le gouvernement envoyait tous les ans dans les ports principaux des escadres de quatre ou six grosses galères qui recevaient les marchandises destinées aux particuliers. Cet usage avait pour motif d'exercer la marine militaire, d'en tirer parti pendant la paix, de faire respecter le pavillon national et de fournir des moyens de transport à ceux qui n'étaient pas en état d'armer des vaisseaux pour leur compte [1]. La marine du commerce n'en entretenait pas moins trois

[1] Sandi, *Storia civile di Venezia*, lib. v.

mille navires employés à l'importation et à l'exportation des produits de tous les pays du monde. Ces navires exploraient tour à tour les ports de la mer Noire, ceux de la Syrie et de l'Égypte, et ils allaient d'escale en escale visiter toutes les places du Péloponèse, de l'Asie-Mineure, de Chypre, de Candie et de l'Archipel grec. Une flotte, la plus importante de toutes, partait chaque année pour les côtes de Flandre, longeant la Sicile, l'Afrique et l'Espagne, avec de gros navires qui ne pouvaient avoir moins de deux cents hommes d'équipage, et qui trafiquaient successivement sur tous les rivages des marchandises dont leurs habitants avaient besoin. Des traités de commerce assuraient dans chaque relâche les relations les plus avantageuses aux négociants vénitiens qui correspondaient à Bruges, à Anvers, à Londres, avec les marchands des villes anséatiques. Venise avait déjà donné à cette époque une grande impulsion à ses manufactures et les plus riches colis de ses expéditions se composaient de glaces, de cristaux, d'étoffes de laine fine et de tissus de soie magnifiques exécutés par des ouvriers vénitiens. Les gouvernements les plus éclairés de notre temps n'ont jamais montré autant de sollicitude que celui de cette république pour les intérêts du commerce et de l'industrie.

Quelques auteurs ont [1] cru voir dans ces voyages de long cours faits sur des vaisseaux de l'Etat, mais pour le compte du commerce, le modèle des compagnies que les Hollandais, les Anglais et les Français ont organisées dans des temps postérieurs pour le commerce des Indes : nous ne saurions partager cet avis. Sans doute,

[1] Entre autres, M. le comte Daru, *Histoire de Venise*, tome III, page 107.

les particuliers qui avaient loué les vaisseaux du gouvernement pour faire le commerce jouissaient de quelques priviléges; mais ces priviléges n'étaient pas permanents, et chaque galère était affermée séparément à un prix si modéré, qu'on ne peut attribuer raisonnablement à des vues fiscales le système suivi à cet égard. Le commerce a été fort longtemps libre à Venise, et la république n'a commencé à déchoir que lorsque son gouvernement eut fait tarir par le monopole la source de ses prospérités. Dans le principe, tous les jeunes patriciens étaient obligés de passer par les plus rudes épreuves de la carrière commerciale. On les envoyait souvent en qualité de novices à bord des vaisseaux de l'État, tenter la fortune avec une légère pacotille, tant il entrait dans les vues de l'administration de diriger tous les citoyens vers les professions laborieuses! Le seul reproche qu'on puisse adresser aux Vénitiens, c'est d'avoir cherché à exclure les étrangers de toute concurrence. Quoique la jalousie commerciale n'eût pas encore érigé les prohibitions en système, et que les ports de la république fussent ouverts à toutes les marchandises du monde, cependant les Vénitiens n'en permettaient la circulation que sur leurs propres navires; et ils régnaient en maîtres absolus dans toute la Méditerranée. La guerre leur avait fait raison des Pisans, des Siciliens et des Génois. L'Espagne, longtemps occupée par les Maures, leur causait peu d'ombrage. La France dédaignait le commerce; l'Angleterre n'y pensait pas encore; la république de Hollande n'existait pas. A la faveur du droit de souveraineté qu'elle s'était arrogé sur le Golfe, Venise se réservait le droit presque exclusif de naviguer. Des flottilles armées gardaient les embouchures de tous ses fleuves et ne laissaient pas entrer ou sortir une barque sans l'avoir rigoureusement visitée. Mais de quoi lui servit cette sollicitude ombrageuse pour les intérêts de sa navigation? Un jour vint où les Portugais découvrirent la route du cap de Bonne-Espérance, et tout cet édifice de précautions et de défiance s'écroula sur-le-champ.

C'est ici que commencent les premières guerres de douanes, et que l'économie politique reçoit de l'histoire un haut enseignement. Les Vénitiens avaient aplani tous les obstacles, mais pour eux seuls et à l'exclusion des autres peuples. Leur législation était très-dure à l'égard des étrangers, en matière de commerce. Les lois défendaient même de recevoir sur les vaisseaux de l'État un négociant qui n'était pas sujet de la république. Les étrangers payaient des droits de douane deux fois plus élevés que les nationaux. Ils ne pouvaient ni faire construire ni acheter des navires dans les ports vénitiens. Les navires, les patrons, les propriétaires, tout devait être vénitien. Toute société entre les nationaux et les étrangers était interdite; il n'y avait de protection, de priviléges et de bénéfices que pour les Vénitiens; mais du moins ceux-ci y avaient tous les mêmes droits [1]. C'est dans Venise même et là seulement qu'il était permis de traiter avec les Allemands, les Bohémiens et les Hongrois. A mesure que les manufactures nationales acquirent de l'importance, le gouvernement se départit de la politique libérale qu'il avait suivie jusqu'alors, et les fabricants obtinrent la prohibition absolue des marchandises étrangères dont ils étaient devenus producteurs. En vain, dans le dix-septième siècle, le commerce en décadence sollicitait-il le rétablissement des an-

[1] Sandi, liv. VI, chap. 1.

ciennes libertés et la franchise du port; on en fit un moment l'essai, mais l'esprit de restriction l'emporta, et le régime prohibitif prépara de bonne heure l'anéantissement de la république.

Les peuples de l'Italie pardonnaient, néanmoins, aux Vénitiens leur intolérance commerciale, en raison du prix modéré auquel ils livraient toutes les marchandises. Les Juifs, les Arméniens, les Grecs, les Allemands affluaient chez eux, et s'y livraient avec sécurité à des spéculations toujours avantageuses, à cause des sûretés qu'y offraient les institutions de crédit et la probité reconnue des négociants. Mais bientôt Venise vit s'élever en Europe de nombreuses fabriques rivales des siennes, et son commerce rencontra dans celui des Portugais, des Hollandais, des Espagnols et des Anglais la plus formidable concurrence. La découverte du cap de Bonne-Espérance lui enleva le monopole des épiceries de l'Inde. La prise de Constantinople, par Mahomet II, lui avait déjà fait perdre les magnifiques privilèges dont ses sujets jouissaient dans cette riche capitale de l'Orient. Mais la découverte de l'Amérique et les vigoureuses représailles de Charles-Quint, qui, dès le commencement de son règne, en 1517, doubla les droits de douane que les Vénitiens payaient dans ses États, achevèrent la ruine de cet heureux monopole qui avait mis à contribution l'Europe entière. Charles-Quint éleva à 20 pour cent les taxes à l'importation et à l'exportation sur toutes les marchandises vénitiennes; et ce tarif, qui paraîtrait aujourd'hui modéré, suffit alors pour interdire aux Vénitiens l'entrée des ports espagnols. Telle fut l'origine du système exclusif, dont la république de Venise devait expier si cruellement la funeste invention. Tant qu'elle ne chercha la fortune que dans la libre concurrence du talent et des capitaux de ses propres citoyens, elle grandit d'âge en âge et devint un moment l'arbitre de l'Europe ; mais dès qu'elle voulut dominer les marchés par la tyrannie du monopole, elle vit se former contre son commerce une ligue bien autrement redoutable que celle de Cambrai.

Nous ne voudrions pas d'autre argument en faveur de la liberté du commerce que le développement prodigieux de l'industrie vénitienne pendant le long règne de cette liberté. Il n'avait pas fallu recourir à la protection pour assurer à la république, dans ses plus beaux jours, des architectes habiles, des constructeurs de vaisseaux, des ingénieurs civils en état de suffire à tous les besoins de ses services. Ses orfévres passaient pour les plus distingués de toute l'Europe. Elle avait des manufactures de soieries sans rivales en Italie même, où cette industrie fit bientôt de rapides progrès ; et ces manufactures lui rapportaient, dès le principe, plus de cinq cent mille ducats par année, près de trois millions de nos francs. Les ouvriers les plus ingénieux de l'étranger recevaient des encouragements de toute espèce pour s'établir à Venise, et l'inquisition d'État poursuivait de ses menaces homicides les ouvriers nationaux assez hardis pour s'expatrier. « Si quelque ouvrier ou artiste, est-il dit [1], transporte son art en pays étranger, au détriment de la république, il lui sera envoyé l'ordre de revenir. S'il n'obéit pas, on mettra en prison les personnes qui lui appartiennent de plus près, afin de le déterminer à l'obéissance par l'intérêt qu'il leur porte. S'il revient, le passé lui sera

[1] Art. 26 des *Statuts de l'inquisition d'État.*

pardonné et on lui procurera un établissement à Venise; si, malgré l'emprisonnement de ses parents, il s'obstine à vouloir demeurer chez l'étranger, *on chargera quelque émissaire de le tuer*, et après sa mort ses parents seront mis en liberté. » Le résultat inévitable de ces dispositions atroces devait être de ralentir le mouvement progressif de l'industrie, en empêchant les ouvriers d'aller étudier à l'étranger les secrets et les perfectionnements dont elle avait besoin. A force de faire un mystère de leurs inventions déjà vieilles, ils y habituèrent leurs artisans et les y enfermèrent, pour ainsi dire, comme dans un cercle vicieux. Tout marchait autour d'eux, tandis qu'ils demeuraient immobiles, et les produits de leurs fabriques ne conservèrent quelque débit dans l'intérieur de la république qu'à la faveur des lois prohibitives. La décadence commença avec la protection.

Venise avait pourtant débuté dans la carrière industrielle sous des auspices plus heureux. Un tribunal y avait été créé, dès l'année 1172, pour la police des arts et métiers. La qualité et la quantité des matières étaient sévèrement examinées. Il était défendu à tout ouvrier de s'occuper de plus d'une sorte d'ouvrage, afin de l'exécuter avec plus de soin. Aussi l'industrie était-elle parvenue à un très-haut degré de perfection, dès la fin du quatorzième siècle. La fabrication des tissus de coton était déjà connue à Venise vers cette époque. On y faisait les plus belles toiles de toute l'Italie, et on savait leur imprimer des couleurs renommées par leur éclat et leur solidité. Berthollet rapporte [1] que ce fut à Venise que parut, en 1429, le premier recueil

[1] *Éléments de l'art de la teinture.*

des procédés employés dans la teinture. La chimie y était alors plus avancée qu'en aucun autre pays, et les Vénitiens étaient en possession presque exclusive du commerce des drogues. Ils préparaient et doraient les cuirs avec une supériorité reconnue sur tous les autres peuples. Leurs dentelles, connues sous le nom de *point de Venise*, étaient recherchées avec empressement. Leur quincaillerie, leurs raffineries de sucre suffisaient à peine aux besoins de la consommation européenne ; et, quand l'imprimerie était encore dans l'enfance chez leurs rivaux, elle s'était élevée parmi eux au premier rang des industries. Ils avaient établi des manufactures nombreuses, qui ont été surpassées depuis en France et dans le reste de l'Europe ; mais auxquelles appartient l'honneur d'avoir servi de modèle à toutes les autres. Ainsi, les Vénitiens ne brillèrent pas seulement par le commerce, mais par l'industrie ; ils réunirent, pendant longtemps, aux bénéfices des transports, les profits de la fabrication. L'usage prudent et ingénieux qu'ils avaient su faire des combinaisons du crédit s'était répandu peu à peu dans toutes les républiques italiennes, et y avait développé sur une vaste échelle la richesse manufacturière et commerciale.

Il existe un discours remarquable, prononcé en 1421 au grand conseil par le doge Thomas Moncenigo, sur les ressources financières et sur l'étendue du commerce de la république de Venise[1]. Après un exposé exact et

[1] Ce discours est textuellement cité par M. Daru dans son *Histoire de Venise*, tome II, pages 293-314. L'extrait suivant me semble digne de figurer à côté du budget de la ville de Florence :

« J'ai fait faire, dit le doge Moncenigo, le relevé des produits de » notre commerce.

» Toutes les semaines il nous arrive de Milan dix-sept ou dix-

détaillé des profits du travail national sur les marchés étrangers et de la part qui en revenait au trésor de l'État, le vieux doge s'appuyait principalement du danger qu'il y aurait à troubler cette magnifique prospérité,

» huit mille ducats, ce qui fait par an.	900,000 ducats.
» De Monza mille par semaine, et par an. . .	52,000
» De Côme deux mille par semaine, et par an.	104,000
» D'Alexandrie mille par semaine, et par an.	52,000
» De Tortone et de Novare deux mille par » semaine, et par an	104,000
» De Pavie deux mille par semaine et par » an..	104,000
» De Crémone deux mille par semaine, et » par an.	104,000
» De Bergame quinze cents par semaine, et » par an	78,000
» De Palerme deux mille par semaine, et par » an.	104,000
» De Plaisance mille par semaine, et par an	52,000
	1,654,000 ducats.

» Ce qui constate évidemment ce résultat, c'est l'aveu de tous » les banquiers, qui déclarent que tous les ans le Milanais a seize » cent mille ducats à nous solder. Trouvez-vous que ce soit là un » assez beau jardin dont Venise jouit sans qu'il lui occasionne au- » cune dépense ?

» Tortone et Novare emploient par an six mille pièces de drap, » qui, à quinze ducats la pièce, font	90,000 ducats.
» Pavie trois mille pièces.	45,000
» Milan quatre mille pièces de drap fin à 30 » ducats la pièce.	120,000
» Côme douze mille pièces à 15 ducats. . . .	180,000
» Monza six mille pièces	90,000
» Brescia cinq mille pièces.	75,000
» Bergame dix mille pièces à 7 ducats. . . .	70,000
» Crémone quarante mille pièces de futaine à » quatre ducats et un quart la pièce.	170,000
» Parme quatre mille pièces de drap à 15 du- » cats.	60,000
	900,000 ducats.

» En tout quatre-vingt-quatorze mille pièces ; et les droits d'en-

pour repousser une guerre alors vivement réclamée par les impatients de l'époque. « Vous êtes les seuls, disait-il, à qui la terre et les mers soient également ouvertes. Vous êtes le canal de toutes les richesses; vous approvi-

» trée et de sortie, à un ducat seulement par pièce, nous produi-
» sent 200,000 ducats.

» Nous faisons avec la Lombardie un commerce dont on évalue
» la somme à 28,800,000 ducats. Trouvez-vous que Venise ait là
» un assez beau jardin?

» Viennent ensuite les chanvres pour la » somme de.	100,000 ducats.
» Les Lombards achètent de vous tous les » ans cinq milliers de coton pour.	250,000
» Vingt mille quintaux de fil (ou peut-être de » coton filé), à 15 et 20 ducats le cent	30,000
» Quatre mille milliers de laine de Catalogne, » à 60 ducats par mille..	120,000
» Autant de France.	120,000
» Étoffes de soie et d'or pour.	250,000
» Trois mille charges de poivre à 100 ducats » la charge.	300,000
» Quatre cents fardes de cannelle à 160 du- » cats la farde.	64,000
» Deux cent milliers de gingembre à 40 du- » cats le millier	8,000
» Des sucres taxés depuis 2 et 3 jusqu'à 15 » ducats le cent, pour.	95,000
» Autres marchandises pour coudre et bro- » der.	30,000
» Quatre mille milliers de bois de teinture » à 30 ducats le millier.	120,000
» Graines et plantes tinctoriales	50,000
» Savons	250,000
» *Esclaves*.	30,000
	1,817,000

» Je ne compte pas le produit de la vente du sel *. Convenez
» qu'un tel commerce est une belle terre. Considérez combien de
» vaisseaux le mouvement de toutes ces marchandises entretient

* Le comte Filiasi, dans ses *Recherches sur le commerce de Venise* p. 270 évalue le produit du sel à un million de ducats.

sionnez le monde entier. Tout l'univers s'intéresse à votre fortune. Tout l'or du monde arrive chez vous. Heureux, tant que vous conserverez des idées pacifiques, pendant que l'Europe entière est en feu ! Pour moi, tant qu'il me restera un souffle de vie, je persisterai dans ce système, qu'il faut aimer la paix. Je me suis toujours efforcé de prendre des mesures pour que l'intérêt des emprunts et toutes les charges publiques fussent acquittés régulièrement de six mois en six mois, et j'ai eu le bonheur d'y réussir. Il ne tient qu'à vous de maintenir l'heureux état de nos affaires, en priant le Tout-Puissant de vous faire persévérer dans le système salutaire suivi jusqu'à ce jour. Si vous y persistez, vous deviendrez redoutables et possesseurs de toutes les richesses du monde chrétien. Gardez-vous, comme du feu, de toucher au bien d'autrui et de faire la guerre injustement : Dieu vous en punirait. *Alors ceux qui avaient dix mille ducats, n'en auront plus que mille; qui avait dix maisons sera réduit à une, et ainsi du reste. Plus de biens, plus de crédit, plus de réputation. De maîtres que vous étiez, vous vous trouverez sujets, et de qui? Des gens de guerre, d'une soldatesque, de ces bandes que vous soudoyez.* Les étrangers ont souvent rendu hommage à votre sagesse, en prenant des arbitres parmi vous; persistez donc, pour

» en activité, soit pour les porter en Lombardie, soit pour aller
» les chercher en Syrie, dans la Romanie, en Catalogne, en
» Flandre, en Chypre, en Sicile, sur tous les points du monde.
» Venise gagne deux et demi, trois pour cent sur le fret. Voyez
» combien de gens vivent de ce mouvement : courtiers, ouvriers,
» matelots, des milliers de familles, et enfin les marchands dont
» le bénéfice ne s'élève pas à moins de six cent mille ducats.

» Voilà ce que vous produit votre jardin. Êtes-vous d'avis de le
» détruire? Vraiment non; mais il faut le défendre contre qui
» viendra l'attaquer. »

vous et pour le bonheur de vos fils, dans le système qui vous a procuré tant de prospérités. »

Il est difficile de n'être pas touché de la grandeur et de la sagesse de ce langage. Ainsi, même à cette époque fort éloignée de nous, on comprenait déjà que le commerce est essentiellement ami de la paix, et que les nations sont solidaires les unes des autres dans la bonne comme dans la mauvaise fortune. « Que vendrez-vous aux Milanais, disait le doge, quand vous les aurez ruinés? que pourront-ils vous donner en échange de vos produits? Et vos produits, que deviendront-ils en présence des exigences de la guerre, qui entameront les capitaux dont vous avez besoin pour les créer? » Le simple bon sens indiquait alors aux hommes éminents ce que l'expérience a mis, depuis, hors de doute, et ce que la théorie enseigne aujourd'hui, appuyée de l'autorité des faits.

Dans les autres républiques italiennes, où l'esprit industriel et commercial avait prévalu, comme à Florence et à Venise, sur le despotisme féodal, la prospérité n'était pas moins brillante, et les progrès en tout genre moins étonnants. Chacun sait les richesses accumulées à Gênes par la hardiesse de ses navigateurs et par l'habileté de ses négociants. Gênes avait des comptoirs dans l'Archipel et dans la mer Noire, et ses marchands venaient partager dans les ports des villes anséatiques les profits de Venise. La banque de Saint-Georges, née en 1407 des emprunts contractés pour subvenir aux besoins publics[1], devint bientôt la rivale de celle de Venise, et rendit les mêmes services que sa rivale. Néanmoins, les Génois[2] ne persistèrent pas aussi longtemps que les

[1] Gilbart, *History and principles of banking*, page 10.

[2] Le comte Pecchio, *Histoire de l'Économie politique en Italie*, page 6.

Vénitiens dans les principes de la liberté commerciale, et leur gouvernement a fourni le premier exemple de priviléges exclusifs accordés à une compagnie, en payement de subsides. A Milan, dès l'année 1260, on s'occupait du recensement des terres, et dans cette capitale des républiques lombardes il fallait mettre plus de cent hôtels des monnaies en activité, pour suffire à la demande immense de numéraire nécessitée par le développement des affaires. De quelque côté que l'on tourne ses regards, on est frappé de l'activité dévorante qui règne dans toutes ces républiques, et de la sagacité avec laquelle chacune d'elles a su approprier ses institutions aux besoins de l'industrie et du commerce. Nous leur devons la création des premiers établissements de crédit public, soit qu'elles inventent les banques, soit qu'elles imaginent les emprunts. Elles avaient déjà mis de l'ordre dans l'industrie, avant que saint Louis y eût fondé les corporations. La puissance de leurs gouvernements ne semblait pas avoir d'autre mission que de protéger les intérêts du travail ; et, tandis que partout ailleurs on rançonnait les manants et les vilains, à Venise, à Gênes, à Florence, à Pise, à Milan, ces mêmes vilains, enrichis par le commerce et par l'industrie, disposaient en maîtres de la souveraineté.

Les républiques italiennes n'ont donc pas seulement servi la cause de la liberté, en ravivant les nobles rivalités d'indépendance des vieilles républiques grecques ; mais, en mettant partout le travail en honneur, elles ont changé la face de l'Europe et préparé l'avénement des doctrines libérales, dont nous verrons un jour le triomphe. C'est chez elles que se sont faites les grandes expériences économiques, d'où la science devait sortir tout armée. Ces républiques ont essayé, tour à tour, avant les autres peuples, de la liberté du commerce et de la prohibition. Elles ont affronté les premiers écueils du crédit et posé les bases du système des emprunts modernes. Tandis que le reste de l'Europe se couvrait de donjons et de chaumières, l'Italie bâtissait des palais et des temples de marbre ; elle armait des milliers de navires, chargés des produits de ses manufactures. Elle organisait le travail, et appelait tous les citoyens, sans distinction de caste, aux honneurs et à la fortune, quand ils en étaient dignes par leur savoir et leur capacité. Heureuse, si l'aristocratie ne se fût glissée dans son sein, à la faveur des richesses, comme la prohibition à la suite des manufactures et le monopole sur les pas du commerce ! Que de leçons pour nous dans cette immense variété d'événements ! L'expérience y précède la science. et nous montre le premier exemple d'une large application des théories du commerce à la pratique du gouvernement. L'administration s'y présente sous les formes simples et régulières d'une gestion industrielle, où toutes les ressources sont mises en œuvre avec ordre, intelligence et économie. On dirait de vastes entreprises, fortes d'un crédit assuré, qui expédient dans tous les ports de riches cargaisons, et qui s'occupent sans cesse de suffire. par une production infatigable, aux besoins d'une consommation immense. C'est, en effet, dans le sein des républiques italiennes qu'ont pris naissance les arts les plus ingénieux et les doctrines financières les plus avancées dont l'histoire fasse mention à cette époque ; et l'on ne saurait dire à quel degré de splendeur ces États auraient pu s'élever encore, sans le funeste avénement de Charles-Quint, qui changea tout à la fois la face de l'Europe et celle de l'économie politique.

CHAPITRE XXI.

De la révolution causée par Charles-Quint dans la marche de l'économie politique. — L'esprit de conquête substitué à l'esprit de commerce. — Établissement officiel du système restrictif. — Traite des noirs. — Exécutions financières. — Couvents et paupérisme. — Résistance du protestantisme.

Charles-Quint, enfant de Flandre, empereur allemand et monarque espagnol, réunissait au plut haut degré toutes les antipathies italiennes. Il venait d'un pays où les manufactures de Venise, de Milan, de Florence et de Gênes avaient trouvé de redoutables concurrences; il était, en sa qualité d'empereur d'Allemagne, la personnification la plus haute du parti Gibelin, si abhorré en Italie; et, comme roi d'Espagne, il allait devenir le plus funeste rival des banquiers italiens, incapables d'opposer une résistance sérieuse à l'heureux possesseur des mines du Mexique et du Pérou. A peine monté sur le trône, il mit dans la balance du commerce, outre le poids de son épée, celui du nouveau monde et d'une grande partie de l'ancien. En politique, en religion, en industrie, sa puissance ne voulut point souffrir de rivale; et, dès l'âge de vingt ans, il se prépara à soulever toutes les questions et à bouleverser tous les royaumes.

Ce n'est pas sans raison que les historiens s'accordent à considérer le règne de ce prince comme le point de départ d'un nouvel ordre social en Europe. A dater de son règne, en effet, il s'opère un changement rapide et profond dans la marche de la civilisation. Les idées sont aussi agitées que les empires, et pour la première fois, depuis bien des siècles, le monde semble convoqué à la lutte définitive du despotisme et de la liberté. La découverte de l'Amérique, l'expulsion des Maures d'Espagne, la réformation protestante, la traite des noirs, sont des événements contemporains de Charles-Quint, et chacun de ces événements porte dans ses flancs le germe de vingt révolutions futures. Au régime municipal qui s'était établi sous l'influence du travail dans toutes les villes libres de l'Allemagne, de la Belgique, de l'Espagne et des républiques italiennes, nous allons voir succéder la domination de quelques puissantes monarchies qui se partageront l'Europe, après l'avoir ruinée. Charles-Quint a été le principal instrument de cette révolution, dont le contre-coup devait être si fatal à l'économie politique, en mettant sous la protection de la force les plus funestes doctrines qui aient affligé l'humanité.

La nécessité de soutenir des guerres sans cesse renaissantes réduisit ce monarque, dès les premières années de son règne, à des expédients financiers qui enlevèrent la majeure partie des capitaux aux industries productives, pour les engloutir dans le gouffre de la consommation stérile. Son trésor était toujours vide; ses troupes étaient mal soldées, et elles prirent l'habitude de vivre au moyen de pillages, de concussions ou de taxes arbitraires. Des mesures violentes et oppressives remplacèrent partout le système régulier de contributions établi par les financiers italiens. Alors commencèrent les extorsions de toute espèce, les logements militaires, les impôts excessifs sur la consommation, qui faisaient renchérir le prix de la main-d'œuvre au détriment des manufactures. On augmenta les droits sur les matières premières à l'entrée et sur les produits fabriqués, à la sortie. Au libre exercice des arts on substitua le monopole des métiers et celui du commerce. Partout s'élevèrent, flanquées de priviléges, les manufactures impériales ou royales dont il fallut acheter des licences pour avoir le droit de travailler. Tout cet attirail restrictif s'établissait peu à peu dans les lois et dans les mœurs, puis vinrent les sophistes qui en firent des doctrines, et c'est ainsi que toutes les hérésies économiques dont l'Europe est encore infestée, sont devenues d'autant plus difficiles à détruire qu'elles se présentent avec la sanction du temps et le caractère de l'autorité. Charles-Quint les rendit plus funestes, en les organisant, en les faisant pénétrer dans l'administration dont elles devaient devenir la règle de conduite et le dogme inviolable.

Une conséquence plus déplorable du système impérial autrichien-espagnol fut de remettre en honneur l'aristocratie de parchemin et d'épée, qui commençait à disparaître devant les notabilités de l'industrie et du commerce. La noblesse des républiques italiennes, des villes anséatiques, des grandes cités marchandes belges, françaises et espagnoles, travaillait du moins et s'honorait d'une origine laborieuse ; mais Charles-Quint se mit à vendre des titres pour avoir de l'argent, et le préjugé castillan, qui fait consister la noblesse dans l'oisiveté, se répandit comme un fléau sur toute l'Europe. Un seul règne suffit pour faire rétrograder les libertés publiques jusqu'aux plus mauvais temps de la féodalité. Chaque jour, quelque grande existence industrielle se retirait de l'arène, où il ne lui était plus possible de se maintenir sans déroger. Les seigneurs avaient cessé de détrousser les passants sur les routes, comme faisaient leurs prédécesseurs du haut des vieux donjons ; mais ils se retranchèrent dans les priviléges qui leur assuraient la meilleure part des profits du travail de leurs concitoyens. Des nuées de traitants se firent adjuger le fermage des revenus publics ; et l'un des gouverneurs, pour Charles-Quint, dans les pays conquis, osa répondre aux injonctions royales : « Le roi commande à Madrid, » et moi à Milan. » Plus de discussion publique, plus de recours possible à la justice, plus de juridiction consulaire, plus de crédit : toutes les formes tutélaires avaient été abolies pour faire place au régime absolu de pachas espagnols.

Mais ce n'était pas seulement en Italie et dans les États de Charles-Quint qu'on avait à déplorer ce changement soudain dans la marche et surtout dans les doctrines des gouvernements. Pour quiconque se souvient de l'exactitude scrupuleuse des Vénitiens, des Florentins, des Génois et des villes anséatiques à s'acquitter de leurs engagements, les expédients hasardeux auxquels la politique de l'empereur d'Allemagne accoutuma et obliga les autres princes par son exemple et par ses guerres continuelles, paraîtront plus funestes que le dommage immédiat qui en résultait. Rien n'a plus contribué à paralyser le développement social, que l'incertitude et la crainte répandues dans toutes les relations qui avaient besoin de garanties et de sécurité. Sur quelle base pourrait-on désormais asseoir la moindre spéculation, quand les principales sources des revenus publics étaient aliénées à l'avance pour plusieurs années, et les monnaies altérées soit par des alliages audacieux, soit par des décrets spoliateurs? Aussi le numéraire, dont on ne trouvait plus un placement utile et certain, déserta bientôt l'industrie et fut immobilisé en achats de terres. L'agriculture, frappée au cœur par la décadence du commerce, ne tarda point à déchoir sous l'empire d'une législation qui prohibait l'exportation des grains. Pour comble de malheur, les changements nombreux opérés dans l'administration des États bouleversés par la guerre affligèrent l'Europe d'une plaie renouvelée du Bas-Empire : nous voulons parler des procès et des querelles de toute espèce avec leur cortége habituel de rapines et d'hommes de loi. L'éclat éblouissant des beaux-arts n'a jamais dédommagé l'Italie de la décadence qui suivit la perte de sa liberté ; et la diminution continuelle de sa population a suffisamment démontré, depuis lors, que les véritables éléments de la prospérité des États consistaient dans les arts utiles plutôt que dans les arts glorieux.

Le règne de Charles-Quint a surtout été contraire aux progrès de l'économie politique, en ce sens qu'il a détourné violemment l'Europe des voies régulières de la production, pour la précipiter dans les hasards de la guerre et dans le vieux système d'exploitation engendré par la féodalité. Tout ce que nous avons aujourd'hui de fausses doctrines et de funestes préjugés à combattre, nous le devons à son gouvernement, continué et empiré par son exécrable successeur. La liberté du commerce allait s'établir dans le monde et rallier en une solidarité commune les intérêts du Midi et du Nord : Charles-Quint y substitua les restrictions et les prohibitions. Les banques de Venise et de Gênes venaient de fonder le crédit : Charles-Quint se mit à faire de la fausse monnaie; et, quoique déjà les trésors du nouveau monde lui fussent ouverts au point de lui rapporter près de cinquante millions de francs par année, il inonda l'Europe, vers 1540, d'une masse considérable de mauvais écus d'or de Castille. Ce détestable exemple ne trouva que trop d'imitateurs; et il y eut un moment où, selon l'expression de M. Ganilh, « l'Italie se distingua autant par ses mauvaises monnaies que par ses excellents ouvrages sur la monnaie. » On ne cherchait plus la richesse dans le travail et dans l'emploi intelligent des capitaux, mais dans l'accumulation des espèces; on en prohibait la sortie par des lois draconiennes, comme s'il eût été possible d'acheter les marchandises qu'on ne produisait plus soi-même et de garder l'argent qui servait à les payer. C'est alors qu'eurent lieu les premiers essais de ces théories étranges dont l'invention appartient tout entière aux Espagnols, et qu'un économiste de leur pays résumait si naïvement, deux cents ans plus tard, dans ce passage remarquable : « Il est nécessaire d'employer avec rigueur tous les moyens qui peuvent nous conduire à vendre aux étrangers plus de nos productions qu'ils ne nous vendront des leurs : *c'est là tout le secret et la seule utilité du commerce* [1]. »

[1] Ustariz, *Théorie et pratique du commerce*, chap. IV, p. 13, de l'édition française. Cet auteur ajoutait :

« Si nous pouvions au moins rester de pair pour l'échange, ce serait encore assez pour conserver en Espagne la majeure partie des richesses qui viennent des Indes occidentales à Cadix, au lieu qu'elles ne peuvent aujourd'hui nous être d'aucune utilité. Au contraire, ces trésors deviennent funestes à la monarchie, si, dès le port même où ils arrivent, ils passent dans les mains des peuples rivaux de cette couronne, qui les portent en grande quantité dans les pays de la domination des Turcs. Ainsi, outre le malheur d'être dépouillés de notre argent dès qu'il arrive à Cadix par les

Tel est le système qui a donné naissance aux guerres innombrables dont l'Europe a été le théâtre depuis l'avénement de Charles-Quint, et qui domine encore, à leur insu, la politique commerciale de presque tous les gouvernements modernes. Tous se sont efforcés, dès lors, de retenir le numéraire et de proscrire les marchandises étrangères ; tous ont cru voir dans les importations une cause de ruine, sans s'apercevoir que les importations devenaient d'autant plus nécessaires que la production intérieure diminuait exactement, chez chaque peuple, dans la proportion des restrictions imaginées pour en activer l'essor. C'était, d'ailleurs, poursuivre une chimère que de vouloir vendre sans acheter, et d'ambitionner le monopole des manufactures, en abandonnant pour le produit des mines les grands travaux de l'industrie. L'Espagne a cruellement expié, depuis, cette fatale erreur de Charles-Quint; elle a perdu ses fabriques, pour avoir attaché trop d'importance à l'or de ses colonies; et, plus tard, ses colonies lui ont échappé, parce qu'elle avait trop négligé ses fabriques.

Mais ce mauvais système n'est pas la seule erreur que Charles-Quint ait accréditée en Europe. L'humanité a de plus graves reproches à faire à sa mémoire, pour avoir rétabli sur une immense échelle l'esclavage qui venait de mourir, et l'exploitation humaine qui touchait

flottes ou les galions, et le désagrément de le voir enlever par des nations peu affectionnées qui s'en servent à accroître leur commerce et leur opulence, nous avons la douleur de savoir qu'une grande partie de ces millions *passent chez les Turcs et les autres infidèles pour augmenter leurs forces et nos pertes*. Ces funestes conséquences méritent la plus grande attention et les mesures les plus sûres pour les prévenir. »

Et cependant Ustariz écrivait ces lignes en 1740, et il avait été ministre!

à son terme. La traite des nègres fut organisée sous ce règne comme une institution légitime et régulière, et l'on renouvela, des Grecs et des Romains, la doctrine funeste en vertu de laquelle les profits du travail social appartenaient de droit à quelques privilégiés. Des millions d'hommes périrent en Amérique, victimes de ce préjugé détestable, et l'Afrique n'a pas encore cessé, après trois cents ans, de payer son tribut de sang et de larmes au système qui en a été le fruit. On ne saurait se faire une idée de toutes les absurdités qui furent imaginées à cette époque, pour assurer aux hommes de la métropole les bénéfices et les revenus de la nouvelle colonie : jamais l'audace du privilége ne s'était manifestée d'une manière aussi tyrannique. La métropole imposa tous ses produits à la colonie, et lui interdit de se les procurer, même sur son propre sol. Il fut défendu aux Américains de planter le lin, le chanvre et la vigne, d'établir des manufactures, de construire des navires, de faire élever leurs enfants ailleurs qu'en Espagne. En même temps, on leur prescrivait certaines consommations inutiles, et ils étaient assujettis à des avanies dont l'histoire semblerait fabuleuse aujourd'hui. Le fouet du commandeur représentait alors toute la civilisation espagnole.

Tandis que les maximes du gouvernement de Charles-Quint protégeaient en Amérique l'établissement de l'esclavage et des monopoles les plus odieux, elles encourageaient en Europe le despotisme et la paresse par toutes sortes de moyens. Les couvents se multipliaient et se dotaient aux dépens de l'agriculture et du travail. L'inquisition faisait feu de ses mille bûchers contre la liberté civile et religieuse ; des monuments fastueux et inutiles succédaient à ces constructions nombreuses d'utilité publique, qui avaient distingué d'une manière si brillante l'administration des républiques italiennes. On eût dit qu'il n'y avait à loger, en Europe, que cinq ou six demi-dieux dans des temples : l'espèce humaine devait s'estimer heureuse de ramper sous le chaume. Ce fut l'époque de toutes les mauvaises pensées, de tous les mauvais systèmes, en industrie, en politique, en religion. Nous ne commettons pas aujourd'hui une faute, nous n'obéissons pas à un seul préjugé industriel qui ne nous ait été légué par ce pouvoir malfaisant, assez fort pour convertir en loi ses plus fatales aberrations. Non, jamais la science ne trouvera de termes assez énergiques, ni l'humanité assez de larmes, pour flétrir et déplorer les gestes néfastes d'un tel règne! Philippe II, de sinistre mémoire, n'en a tiré que les conséquences; c'est Charles-Quint qui en a posé les bases. Mais les attentats du fils ont cessé en même temps que sa vie, et les doctrines du père entravent encore, après trois siècles, la marche de la civilisation.

De nobles et sublimes résistances ont cependant protesté contre ces graves atteintes portées aux droits imprescriptibles de l'humanité. L'Espagne conserve encore religieusement le souvenir des tentatives héroïques de Padilla et des villes municipales de la Péninsule qui suivirent l'impulsion de son patriotisme. Ce fut un beau reflet de l'ancienne indépendance des communes, et l'on peut juger, par ce qu'elles demandaient, de ce que Charles-Quint leur a fait perdre. « Nous voulons, disaient les chefs de la ligue provinciale, dans leur célèbre remontrance à ce prince, que l'on ne donne plus aux troupes de logements gratuits; que toutes les taxes soient rétablies sur le pied où elles étaient à la mort d'Isabelle; qu'aux états qui se tiendront par la suite, chaque ville ait à envoyer un représentant du clergé, un de la noblesse *et un du tiers état*, élus chacun par leur ordre; qu'aucun membre des états ne puisse recevoir ni office, ni pension du roi, soit pour lui, soit pour des personnes de sa famille, *sous peine de mort* et de confiscation de ses biens; que chaque ville ou communauté paye à son représentant le salaire convenable pour son entretien pendant le temps qu'ils assistera aux états, et *que les terres des nobles soient assujetties à toutes les taxes publiques, comme celles des communes* [1]. » Telle était l'économie politique du parti libéral de cette époque; mais la mort de Padilla [2] et la ruine de l'insurrection espagnole permirent à Charles-Quint d'appesantir son joug de fer sur la plus grande partie de l'Europe, désormais livrée au pillage de ses troupes et à la contagion de ses doctrines. La France même se vit

[1] Robertson, *Histoire de Charles-Quint*, liv. III.

[2] Sandoval, *Hist.*, vol. I, page 478, nous a conservé la lettre admirable que Padilla écrivit à la ville de Tolède la veille de son exécution. Je crois devoir reproduire quelques-unes des dernières pensées de ce martyr des franchises communales. « A toi la couronne d'Espagne et la lumière du monde entier; à toi qui fus libre du temps des puissants Goths et qui, en versant le sang des étrangers et celui des tiens, as recouvré la liberté pour toi et pour les cités voisines : ton enfant légitime, Juan de Padilla, t'informe comment par le sang de ses veines tu dois renouveler tes anciennes victoires. Si le sort n'a pas voulu que mes actions soient placées au nombre des exploits fortunés et fameux de tes autres enfants, il faut l'imputer à ma mauvaise fortune et non pas à ma volonté. Je te prie, comme ma mère, d'accepter la vie que je vais perdre, puisque Dieu ne m'a rien donné de plus précieux que je puisse perdre pour toi... Je ne t'en écris pas davantage; car dans ce moment même je sens le couteau près de mon sein, plus touché du déplaisir que tu vas ressentir que de mes propres maux. »

obligée de descendre dans l'arène [1], où elle combattit longtemps avec gloire, sinon toujours avec succès, jusqu'au moment où la puissante diversion du protestantisme, en Allemagne, replaça toutes les libertés sous la protection d'un principe.

Ainsi, sous quelque point de vue qu'on envisage l'histoire de Charles-Quint, on ne peut s'empêcher de reconnaître que ce monarque a mis obstacle au magnifique développement de richesse et de prospérité créées par le travail des bourgeoisies émancipées du moyen âge. En essayant de reconstruire la monarchie universelle de Charlemagne et d'enlever aux divers États européens leur physionomie avec leur indépendance, il les a condamnés au fléau des armées permanentes et des impôts anticipés. Il a rétabli en Amérique l'esclavage à peu près aboli en Europe. Il a concentré dans sa seule personne et dans celle de quelques princes, alliés ou rivaux, la puissance de la souveraineté, dont les classes moyennes commençaient à entrer en partage. Ce sont là sans doute de graves sujets d'accusation aux yeux de la postérité; mais il y en a de plus graves encore et dont les conséquences ne furent pas moins déplorables. Le gouvernement de Charles-Quint est un de ceux qui ont le plus contribué à répandre sur le monde la hideuse plaie du paupérisme. N'est-ce pas en détruisant la liberté de l'industrie et du commerce, par l'établissement des monopoles et des manufactures

[1] « Dans une de ces nombreuses guerres, en 1552, une armée française de 44,000 hommes, commandée par le connétable de Montmorency, envahit les trois évêchés, en se faisant précéder d'un manifeste français et allemand, dont le frontispice représentait un bonnet avec deux poignards, entourés du mot LIBERTÉ. »
SCHOELL, *Histoire des États européens*, tome XV, p. 160.

royales, qu'il a fait refluer vers les couvents une foule d'existences condamnées à la vie contemplative ou à la mendicité? N'est-ce point en créant le système colonial, qu'il a accoutumé une partie de ses sujets à vivre aux dépens de l'autre? N'a-t-il pas favorisé l'établissement de la société des Jésuites, si féconde en inventions funestes au travail et à la liberté? N'est-ce pas lui qui a fait de si lugubres funérailles aux républiques italiennes?

Mais le mauvais génie d'un seul homme ne saurait prévaloir contre les destinées éternelles du genre humain. Tandis que la fortune semblait sourire à Charles-Quint et couronner toutes ses entreprises, il s'élevait dans la vieille et laborieuse Allemagne une puissance qui devait détruire le fruit de ses victoires et préparer de grandes humiliations à son successeur. La liberté d'examen renaissait à la voix d'un moine irrité. Les germes d'indépendance mal étouffés dans les villes anséatiques fermentaient de nouveau sous l'influence des prédications brûlantes du protestantisme. Les paysans opprimés couraient aux armes; les écrivains les les plus courageux préludaient par des essais hardis aux manifestes éloquents du dix-huitième siècle [1]. La

[1] « Pauvres gens et misérables, disait La Boëtie *, peuples insensés, nations opiniâtres en votre mal et aveugles en votre bien, vous vous laissez emporter devant vous le plus beau et le plus clair de votre revenu, piller vos champs, voler vos maisons et les dépouiller des meubles anciens et paternels; vous vivez de sorte que vous pouvez dire que rien n'est à vous.:... et tout ce dégât, ce malheur, cette ruine vous vient, non pas des ennemis, mais bien certes de l'ennemi et de celui que vous faites si grand qu'il est, pour lequel vous allez si courageusement à la guerre, pour la grandeur duquel vous ne refusez point de présenter à la mort

* *Le Contr'un*, page 125.

contrebande et l'interlope amortissaient l'effet des monopoles naissants. Les vexations des traitants, la vénalité des charges et le poids des impôts faisaient sentir le prix de l'ordre dans les finances et le besoin de considération chez les magistrats, et fortifiaient l'éducation des peuples par de rudes épreuves. L'esprit d'examen émané de la réformation protestante venait de pénétrer dans toutes les questions sociales : il est important d'en étudier les conséquences économiques avant d'aborder celles qui suivirent la découverte de l'Amérique, car ces deux mots *réformation* et *nouveau monde* sont tout pleins d'enseignements mémorables.

vos personnes. Celui qui vous maîtrise tant n'a que deux yeux n'a que deux mains, n'a qu'un corps et n'a autre chose que ce qu'a le moindre homme du nombre infini de nos villes, sinon qu'il a plus que vous tous l'avantage que vous lui faites pour vous détruire. »

CHAPITRE XXII.

De la réformation protestante et de son influence sur la marche de l'économie politique. — Sécularisation des moines. — Vente des biens de l'Eglise. — Leur importance en Angleterre à cette époque. — Lois sur les pauvres. — Augmentation des jours de travail.

Il y a quelque chose de vraiment providentiel dans la marche du travail et de la liberté. Poursuivis sur un point, ils se réfugient sur un autre ; arrêtés dans leur essor, ils s'élancent plus vivement vers l'avenir, aussitôt que cet essor leur est rendu. A l'esclavage grec et romain succède l'indépendance barbare ; celle-ci à son tour, à peine altérée par le servage féodal, reparaît plus brillante et plus forte dans les communes affranchies. La glèbe succède à la meule, et les corporations précèdent la liberté du travail. Quand une expérience a fait son temps, elle rentre dans la nuit du passé et soudain recommence l'expérience nouvelle, chargée de transmettre à la postérité le dépôt et le profit de toutes celles qui l'ont précédée ; la réformation protestante est une des ces grandes péripéties du développement majestueux de l'humanité. Ses commencements furent très-humbles; mais ses résultats ont changé la face de l'Europe. Léon X n'y avait vu que la révolte d'un moine, et Charles-Quint qu'une infraction au dogme de l'obéissance passive; mais sous la révolte du moine se cachait une protestation contre l'exploitation de la chrétienté par l'évêque de Rome, et l'apparition de Luther à la diète de Worms ne fut que le prélude de la ligue de Smalkalde, c'est-à-dire de la première confédération de petits États contre le depotisme des grands. Aussi, dès les premiers éclairs de cette tempête, il devint évident que la foudre allait frapper des institutions que l'on croyait consolidées par le temps, mais que le temps avait minées. Comme la découverte du cap de Bonne-Espérance venait d'arracher aux Vénitiens le monopole du commerce, l'établissement du protestantisme enleva au pape et aux empereurs la domination de l'Europe. Les Guelfes et les Gibelins furent mis hors de cause et la question sociale apparut sous un jour tout nouveau.

On ne peut s'empêcher de reconnaître une sorte de corrélation consolante et merveilleuse entre ces grands événements contemporains, tels que la traite des noirs et la réforme protestante destinée à y mettre un terme; la monarchie universelle de Charles-Quint et la formation des États allemands, auxquels se joindront plus tard la Suède tout entière amenée au combat par le grand Gustave-Adolphe, et les Provinces-Unies de Hollande, ensanglantées par Philippe II. Mais nous n'avons à les considérer que sous le point de vue économique et quoique, pour cet examen, la plupart des historiens soient des guides peu sûrs, les résultats présentent un caractère tellement prononcé, qu'il suffira de les indiquer pour en faire sentir l'importance. Ce n'était d'abord qu'un refus de payer les indulgences au moyen desquelles Rome battait monnaie jusque dans les moindres villages [1]; mais ce refus devint l'ère d'une première réforme dans le système des impôts, et il n'y a pas aussi loin qu'on le pense de cette réforme aux discussions financières des parlements constitutionnels modernes. En Allemagne, les petits princes eurent bientôt compris tout le parti qu'ils pouvaient tirer de l'enthousiasme religieux, pour entraîner leurs peuples à la résistance aux projets ambitieux de l'Autriche. D'ailleurs, l'appât des trésors du clergé que chaque souverain protestant réunissait à son fisc; celui de l'indépendance et l'union intime que la cause commune établissait entre tous les confédérés, décidèrent les plus timorés à courir les hasards de la ligue et à fonder la première coalition efficace d'États libres contre la prépondérance de leurs oppresseurs.

Le premier résultat de la lutte, et le plus important pour l'économie politique, ce fut la sécularisation des religieux, et la vente des biens de toutes les communautés, ou leur adjonction pure et simple au domaine public. Ces biens avaient déjà une grande valeur, et ils en acquirent une plus considérable encore en passant dans des mains laborieuses, au sortir du régime stérile de la main-morte, auquel ils avaient été si longtemps soumis. La noblesse en eut sa part ainsi que les princes souverains, et on en appliqua une partie avec plus ou

[1] J'ai eu entre les mains l'original d'un diplôme d'indulgence plénière accordé pour la somme d'environ 1 franc 50 centimes de notre monnaie; il y était dit textuellement: *Veniam damus Joanni N. pro omnibus peccatis præteritis, præsentibus et* FUTURIS, *quantumcunquè enormibus...* Le bénéficiaire avait ajouté en marge, peut-être imprudemment, le nom de sa femme, qui se trouvait ainsi comprise dans l'indulgence par-dessus le marché.

moins d'équité et de discernement à l'entretien du culte, des pauvres et des instituts d'éducation publique. Lorsque la réformation pénétra en Angleterre, le changement fut encore plus sensible, et il s'y effectua sur de telles bases, qu'on peut le considérer comme une véritable révolution. Le clergé y possédait les sept dixièmes de la propriété foncière [1] et les mille quarante-un établissements religieux répandus sur la surface du royaume, au temps de Henri VIII, jouissaient d'un revenu d'environ six millions de francs de notre monnaie, somme énorme pour cette époque, en raison de la rareté du numéraire et de l'exiguïté du revenu national.

La suppression d'un grand nombre de jours abusivement fériés rendit au travail des millions de bras habitués au désœuvrement et fournit de nouveaux éléments d'accroissement à la richesse publique. Mais, en même temps, cette masse énorme de travailleurs, volontaires ou forcés, jetés dans la circulation au sortir des couvents qui défrayaient leur oisiveté, occasionna des modifications imprévues dans l'organisation sociale et fit apparaître le paupérisme sous une face nouvelle. Il y eut deux sortes de pauvres : ceux qui étaient habitués sous le régime précédent à demander l'aumône, et les gens qui la leur faisaient. Le nombre en devint même tellement considérable, qu'il fallut recourir à la législation pour les contenir et régler les conditions rigoureuses que la réforme des couvents leur avait imposées. La plupart se refusèrent obstinément au travail, et ceux qui s'y résignaient n'en trouvèrent pas toujours. Que ferait-on de cette population aventureuse et nomade, de ces malheureux *roundsmen*, quêtant de porte en porte du pain

[1] J. Wade, *History of the middle and working classes*, p. 38.

et de l'ouvrage, sans trouver le plus souvent ni l'un ni l'autre! Le catholicisme avait créé cette plaie en multipliant les couvents; le protestantisme l'aggravait en les supprimant : qui l'aurait cru, lorsqu'on se mit à l'œuvre!

Aussi, cette époque a-t-elle été plus qu'aucune autre fertile en mesures législatives et administratives de toute espèce, pour contraindre les vagabonds au domicile et les fainéants au travail. Les annales de l'Angleterre en sont pleines, et l'on ne sait de quoi s'étonner le plus, en les parcourant, ou de leur impuissance ou de leur multiplicité. En 1531, Charles-Quint avait publié à ce sujet dans les Pays-Bas un long édit aussi stérile que toutes les ordonnances analogues des rois d'Angleterre. Il avait défendu à toute personne de mendier, excepté aux moines et aux pèlerins, sous peine de la prison et du fouet. Les indigents reconnus devaient être entretenus au moyen de quêtes régulières à la porte des églises, des hôpitaux et des maisons de refuge, et les magistrats étaient autorisés à faire des collectes dans les temples ou dans les maisons particulières, une ou deux fois par semaine, pour le même objet. Les fainéants récalcitrants pouvaient être contraints à travailler [1]. Mais tout cet appareil de sévérité en Belgique, en Angleterre, en Allemagne, ne servit qu'à faire ressortir l'absurdité qu'il y avait à décréter par ordonnance la prospérité publique.

Cette prétention étrange fut poussée, en Angleterre et dans les pays protestants, jusqu'à ses plus extrêmes limites. La suppression des couvents y convertit d'un trait de plume plus de cinquante mille moines en misérables pensionnaires de l'État, et les jeta, sans l'habitude

[1] Anderson, *History of commerce*, vol. II, page 55.

du travail ni du monde, au milieu des besoins et des séductions d'une société industrieuse. Les corrections, les châtiments et les supplices ne pouvaient rien sur ces hommes aguerris à la paresse, et qui d'ailleurs n'avaient pas tous à leur disposition des moyens de travail. Comment distinguer parmi eux l'oisiveté forcée de l'oisiveté volontaire? Cette question n'est pas encore jugée en Europe, quoiqu'elle y ait été posée depuis plusieurs siècles, et elle se complique tous les jours, par les progrès de l'industrie et de la civilisation, d'une foule de difficultés qui la rendent de plus en plus insoluble. En vain le protestantisme a-t-il opposé à la charité aveugle des catholiques la sévérité des lois sur les pauvres : il n'en est résulté qu'une chose, c'est que les pauvres des pays protestants sont obligés de cacher leur misère, tandis que ceux des pays catholiques peuvent l'étaler sans crainte; mais la misère n'en est pas moins réelle dans les deux camps. Qui sait même si la taxe des pauvres n'a pas plus contribué à les multiplier en Angleterre qu'en Espagne, en leur assurant aux frais des paroisses un revenu régulier et forcé, au lieu des ressources précaires de l'aumône!

Ce n'est pas qu'on ait le droit de reprocher à l'influence protestante les conséquences du principe qu'elle a posé. La suppression des monastères et la vente de leurs biens ont été des moyens sages et dictés autant par la raison que par la nécessité. A une autre époque, aussi, quand l'esclavage personnel et même le servage de la glèbe furent supprimés, on aurait été tenté de calomnier la liberté en voyant l'embarras où se trouvaient pour vivre ces prolétaires sans propriété, soudainement émancipés et livrés à eux-mêmes. La liberté leur imposait la nécessité de gagner leur vie à la sueur de leur front, et de justifier leur dignité d'hommes libres par le travail qui en est l'insigne distinctif et la condition essentielle. C'est une condition de ce genre que le protestantisme exigeait de tous les citoyens, comme les besoins nombreux et variés de notre civilisation actuelle demandent plus de travail, parce qu'ils procurent plus de jouissances. Il ne serait donc pas juste de rendre l'un ou l'autre responsable de l'existence d'un mal inhérent à la nature humaine et qui n'a pas cessé de se reproduire sous toutes les religions et sous tous les régimes. Il suffit de savoir quel était alors le genre de vie des populations laborieuses, pour se faire une idée des misères qui attendaient l'indigent sans ouvrage et quelquefois même le cultivateur sur sa terre. Érasme nous apprend que la plupart des maisons étaient encore dépourvues de cheminées, et qu'on y marchait sur la terre nue, faute de carreaux ou de briques ; les lits consistaient en un monceau de paille rarement renouvelée, et un bloc de bois mal équarri y servait d'oreiller. Fortescue, qui avait parcouru la France vers cette époque, disait de nos paysans : « Ils boivent de l'eau, mangent des pommes, se font avec du seigle un pain de couleur noire et ne savent pas même ce que c'est que la viande. »

L'établissement définitif du protestantisme en Europe a beaucoup contribué à changer ce triste état de choses. Si la suppression des couvents ne résolvait pas la question de paupérisme que leur multiplicité avait compliquée, elle forçait du moins une partie des oisifs à chercher leur existence dans le travail. Un trop grand nombre de jours fériés étaient perdus pour la production : les protestants le réduisirent à des proportions convenables, et bientôt les contrées où leurs réformes avaient triomphé présentèrent des différences profondes avec les pays catholiques. A mesure que leurs populations ne pouvaient plus vivre d'aumônes, elles contractaient des habitudes plus laborieuses et plus régulières, qui subsistent encore et qui les distinguent d'une manière très-remarquable en Europe. C'est depuis le schisme de Henri VIII et l'abolition des couvents que l'Angleterre a marché, au travers des plus cruelles vicissitudes, vers son développement actuel. L'Allemagne doit aussi au protestantisme des résultats semblables, et même encore aujourd'hui la partie catholique de ce beau pays est inférieure en civilisation, en richesses et en lumières, à la partie protestante. Voyez Genève et les cantons suisses réformés : quelle différence avec les cantons catholiques ! La prospérité de la Hollande, après sa révolte contre les Espagnols monopoleurs et persécuteurs, ne reconnut pas d'autres causes. En France même, lorsque plus tard Louis XIV mal inspiré signa la fameuse révocation de l'édit de Nantes, les protestants bannis du territoire allèrent donner des leçons d'industrie à toute l'Europe. La Flandre, la Suisse, l'Angleterre, la Prusse [1] s'enrichirent du fruit de leurs travaux. Leur

[1] « A l'avénement de Frédéric-Guillaume à la régence, dit un écrivain allemand, un prince de la maison de Brandebourg, on ne faisait dans ce pays ni chapeaux, ni bas, ni serges, ni aucune étoffe de laine ; l'industrie des Français nous enrichit de toutes ces manufactures. Ils établirent des fabriques de drap, de serges, d'étamines, de petites étoffes, de droguets, de bonnets et de bas tissés sur des métiers, de chapeaux de castor, de poil de chèvre et de lapin, de teintures de toutes les espèces. Quelques-uns de ces réfugiés se firent marchands et débitèrent en détail l'industrie des autres. Berlin eut des orfévres, des bijoutiers, des horlogers, des sculpteurs, et les Français qui s'établirent dans le plat pays y cultivèrent le tabac et firent venir des fruits et des légumes excellents dans les contrées sablonneuses, qui par leurs soins devinrent des potagers admirables. »

prosélytisme ardent et sévère entraîna beaucoup d'esprits généreux et leur fit accepter des sacrifices que la mollesse indolente et fastueuse du catholicisme aurait toujours repoussés. La simplicité de leur culte et de leur costume ménagea pour les besoins de l'industrie des capitaux immenses consacrés dans toute l'Europe catholique à entretenir la majesté des temples ou le luxe des prélats.

La révolution ne fut pas moins décisive en tout ce qui touche de plus près aux questions sociales débattues depuis le commencement des siècles. L'esprit d'association se manifesta dans les rangs catholiques pour attaquer et dans les sectes protestantes pour se défendre. L'imprimerie, qui venait d'être découverte comme une arme nouvelle, servit avec avantage les deux partis et prit rang parmi les puissances. La lutte tout intellectuelle qui s'établit d'abord, força les dissidents à l'étude et au raisonnement, et la lumière, née du sein de l'erreur et du trouble, finit par se répandre sur les objets même qui paraissaient le plus étrangers à ces disputes. Une réforme conduisit à une autre : la scolastique fut remplacée par la philosophie, et la morale des casuistes s'évanouit devant celle de l'Évangile. Tout le monde se mit à l'œuvre, et il se fit à côté des plus hautes modifications religieuses des changements industriels inattendus. Ainsi, la seule suppression des jours maigres prescrits par les commandements de l'Église catholique, amena une diminution considérable dans les armements consacrés à la pêche. La Hollande consomma plus de viande, à mesure qu'elle consommait moins de poisson. Ses mariniers se firent agriculteurs, et ils élevèrent des bœufs au lieu de pêcher du hareng. Le contre-coup de la réforme protestante produisit aussi d'autres effets d'un ordre plus élevé, quoique plus indirects. Lorsque Philippe II s'empara du Portugal et ferma l'entrepôt de Lisbonne aux marchands hollandais accoutumés à y acheter les marchandises de l'Orient, ceux-ci allèrent les chercher directement aux Indes et y jetèrent les fondements de leur puissance coloniale. Une boutade religieuse de ce mauvais prince fit perdre aux Espagnols l'empire de la mer.

Mais il était donné au protestantisme de revêtir un caractère plus élevé et d'exercer une influence plus générale, lorsqu'il eut emprunté le secours de la langue française, qui acheva de le populariser en Europe. A partir de cette époque, la réforme devint un auxiliaire de la politique, et les guerres de religion qui ont désolé notre pays prouvèrent assez qu'on en avait pris au sérieux les doctrines et les conséquences. Les masses pauvres commençaient à comprendre l'importance d'un changement qui les débarrassait des dîmes ecclésiastiques, et les classes élevées ne voyaient pas sans intérêt le mouvement religieux qui leur rendait la liberté d'examen et l'indépendance de la pensée. Les propriétés de l'Église, naguère exemptes d'impôts, rentraient dans le domaine public et soulageaient les contribuables du poids des taxes innombrables dont ils étaient accablés. Une part en revint à l'aristocratie et l'attacha aux nouvelles idées, en augmentant tout à la fois sa considération et sa fortune. Les petits princes d'Allemagne les avaient accueillies comme un moyen de ralliement contre la domination de Charles-Quint ; les gentilshommes de France s'y rattachèrent pour augmenter leur influence locale et parce que le protestantisme s'accordait parfaitement avec leurs habitudes provinciales. Il y eut un moment ou l'Europe fut partagée entre le fédéralisme protestant et l'unité catholique. Elle se serait couverte de grandes cités libres à l'instar des villes anséatiques ou de petits États indépendants comme les républiques italiennes, si le principe calviniste avait complétement triomphé; elle aurait été absorbée en deux ou trois grandes monarchies, peut-être en une seule, si ce principe avait entièrement disparu. Que serait devenue la civilisation, sous l'influence de l'un ou de l'autre événement? On ne saurait le dire; mais la prospérité des pays protestants ne permet pas de douter que la réforme eût beaucoup activé le développement de la richesse publique; nous n'aurions pas vu le revenu social européen dévoré par trois ou quatre puissances belligérantes, plus occupées des intérêts de leur agrandissement et de leur politique que du bien-être des peuples.

Il fallait bien que le protestantisme renfermât dans son sein des germes féconds d'avenir, puisque partout où il s'est établi, les populations ont contracté des habitudes plus régulières, des mœurs plus austères, une propension plus prononcée vers le travail. Comparez la Hollande et le Portugal, l'Angleterre et l'Espagne, l'Allemagne luthérienne et l'Allemagne catholique : quel contraste sous le rapport des lumières, de la richesse et de la moralité! Quelle différence entre la vie qui règne chez les uns et la langueur où végètent les autres! On en peut bien juger désormais en Amérique, où la civilisation semble avoir établi ses deux extrêmes : les États-Unis du nord sont parvenus au plus haut degré de prospérité sous l'influence du libre examen et avec des populations protestantes; les républiques du sud, malgré les avantages naturels de leur climat et la richesse de leur sol, n'ont pu encore établir un gouvernement régulier à cause de leurs préjugés catholiques. L'oisiveté et la mendicité y régnent toujours comme dans leur ancienne métropole, tandis que le travail des Américains du Nord a mis les forêts en culture et peuplé les déserts de villes opulentes en moins de cinquante ans. Malheureusement, le protestantisme, si habile à multiplier la richesse, n'a pas encore trouvé le secret de la distribuer avec impartialité parmi toutes les classes qui la produisent. Il a brisé le lien qui unissait les nations chrétiennes, et substitué l'égoïsme national à l'harmonie universelle où tendait le catholicisme. Il n'y a plus aujourd'hui en Europe de pensée commune en état de rallier les esprits et les convictions. En industrie, en politique, en philosophie, en religion, les idées flottent au gré du souffle des révolutions. Chaque jour on défait l'ouvrage de la veille. Les peuples se disputent les débouchés et se font concurrence, au lieu de s'associer sous l'empire de leurs besoins et pour l'échange de leurs produits respectifs. Je désire avant tout être juste; mais je ne puis m'empêcher de reconnaître que, si le vieux catholicisme n'a pas su se mettre à la tête de la production des richesses, on n'a point à lui reprocher cette sécheresse de doctrines en vertu de laquelle la distribution s'en fait d'une manière si peu équitable dans les pays protestants. Il faut donc qu'aujourd'hui ce soit la science qui se charge des fonctions de ce grand sacerdoce, en prêchant la paix et la solidarité aux nations, et en leur démontrant que leurs intérêts sont communs, malgré l'apparente opposition qu'ils présentent. Cette vérité ressortira plus frappante d'un rapide examen du système colonial.

CHAPITRE XXIII.

Des conséquences de la découverte du Nouveau-Monde et du système colonial des Européens dans les deux Indes.

Les grands profits que les Vénitiens retiraient de leur commerce avec l'Inde, avaient excité depuis longtemps l'émulation et la jalousie des autres peuples. Pendant toute la durée du quinzième siècle, les Portugais n'avaient cessé de chercher une route qui les conduisît par mer aux pays d'où les Maures leur apportaient, à travers le désert, de l'ivoire et de la poudre d'or. Ce fut ainsi que d'escale en escale le long des côtes d'Afrique, Vasco de Gama s'avança jusqu'au cap de Bonne-Espérance et découvrit les rivages de l'Indostan, en 1497, après une navigation de onze mois. Cinq années auparavant, Christophe Colomb abordait en Amérique et dotait sa patrie et le monde d'un nouvel hémisphère. L'Europe se trouve donc tout à coup et sans préparation lancée dans la voie des conquêtes coloniales, qui devaient exercer une influence si profonde sur ses destinées.

On ne saurait comparer avec exactitude le système qu'elle suivit à leur égard, avec celui qui dirigea les Grecs et les Romains dans leurs établissements du même genre. Les colonies grecques s'étaient généralement peuplées de citoyens forcés de s'expatrier par la violence des factions ou par l'impossibilité de trouver une existence suffisante dans leur pays. On a vu que ces colonies jouissaient d'une certaine indépendance, et que la plupart d'entre elles devinrent de véritables empires. Les colonies romaines s'étaient élevées sur des bases différentes : leur administration intérieure, moins indépendante que celle des possessions grecques, était modelée sur le régime de la métropole, qui les considérait tout à la fois comme des asiles pour les citoyens pauvres ou mécontents et comme des avant-postes militaires en pays étranger. Rien de pareil ne se retrouve dans la pensée qui inspira les expéditions espagnoles et portugaises, et qui a dirigé, depuis, tous les établissements des Européens dans les deux Indes. C'est à la recherche de l'or et des richesses que Vasco de Gama et Christophe Colomb, ces sublimes aventuriers, couraient avec une persévérance héroïque, quand ils arrivèrent sur ces rivages où leur apparition devait faire couler tant de sang et de larmes. On n'a qu'à lire le récit de leurs premiers exploits pour se convaincre que leur but n'était ni de civiliser, ni même, quoiqu'ils l'aient dit, de convertir les populations ; mais de les dépouiller, en les exterminant au besoin.

Lorsque Christophe Colomb revint en Europe et qu'il fut présenté en grande pompe à la cour de Castille, ce qui frappa le plus agréablement ses illustres hôtes, ce fut une collection de lames d'or, de bracelets d'or, de morceaux d'or, mêlés à quelques balles de coton, qu'il apportait avec lui des pays nouvellement découverts. Fernand Cortez et Pizarre ne cherchèrent pas autre chose dans leurs audacieuses expéditions au Mexique et au Pérou, et l'on sait quelles furent leur surprise et leur joie à la vue des trésors qu'ils allaient conquérir.. C'est l'amour de l'or qui a conduit ces courageux flibustiers aux extremités du monde, et qui leur a fait surmonter les plus formidables obstacles. Partout où ils mettaient le pied, ils demandaient des nouvelles de l'or; et ils se rembarquaient lorsqu'il n'y en avait pas à ravir. C'est à cette cause qu'on doit attribuer principalement l'extrême lenteur du progrès des colonies espagnoles. L'or et l'argent accumulés par les indigènes furent bientôt épuisés, et les flots d'émigrés qui suivirent la conquête employèrent toute leur activité aux travaux généralement improductifs des mines. Ce ne fut qu'après de longs et stériles essais dans cette carrière hasardeuse qu'on s'aperçut qu'il y avait dans le sol américain des ressources bien autrement riches et fécondes que ses mines d'or et d'argent.

Mais les préjugés engendrés par cette fièvre de métaux précieux ne disparurent pas avec les circonstances qui les avaient fait naître. On sait le rêve de sir Walter Raleigh sur la ville d'or et le pays d'Eldorado. Plus de cent ans après la mort de sir Walter, le jésuite Gumila était encore persuadé de l'existence de cette contrée merveilleuse, et il exprimait avec beaucoup de chaleur combien il serait heureux de pouvoir porter la lumière de l'Évangile chez un peuple en état de recompenser aussi généreusement les pieux travaux des missionnaires[1]. Chaque Espagnol croyait s'embarquer pour la terre promise en faisant voile pour l'Amérique. La cupidité de la multitude était sans cesse excitée par des rapports exagérés auxquels on peut lui pardonner d'avoir ajouté foi, en présence des trésors qu'elle voyait continuellement arri-

[1] Adam Smith, *Richesse des nations*, liv. IV, chap. 7.

ver de ces lieux poétiques. Peu à peu la nation espagnole tout entière s'accoutuma à l'idée de faire fortune sans travailler, et elle dédaigna non-seulement les occupations agricoles, qui auraient pu changer la face de l'Amérique, mais qui lui étaient nécessaires pour empêcher la décadence de son propre pays. Chaque citoyen espagnol se crut un gentilhomme investi de son fief dans le Nouveau-Monde, et la législation coloniale vint bientôt confirmer ce fâcheux préjugé. L'Amérique fut considérée comme une propriété nationale de la métropole, et celle-ci lui imposa des règlements dont la tyrannique absurdité est devenue également funeste aux deux pays. Nous en avons déjà signalé quelques-uns dans notre esquisse rapide de l'économie politique de Charles-Quint.

Telle a été l'origine des préjugés coloniaux qui ont entravé si longtemps la prospérité du monde et frappé de stérilité, aux mains de ses auteurs, la découverte du nouveau continent. L'esclavage noir, cette honte de la civilisation, n'en est qu'un épisode, et quoiqu'il existe encore, nous espérons que sa dernière heure n'est pas loin de sonner. Mais il est d'autres vices qui seront longtemps incurables, parce que leur origine remonte aux premiers jours de la conquête, et qu'ils ont profondément pénétré dans les mœurs coloniales. On s'est trop habitué à vivre aux dépens des travailleurs de tout ordre, et tandis qu'au Mexique et au Pérou les colons exploitaient sans pitié les malheureux indigènes, la métropole, non moins impitoyable, enlevait aux colons le fruit de leurs rapines, sous les noms de tarifs, de dîmes, d'*alcavala* et vingt autres semblables. Cette mauvaise économie politique a infesté l'Europe et préparé les rivalités industrielles et commerciales d'où sortiront presque toutes les guerres modernes.

En attendant que nous assistions à ces événements déplorables, il convient de signaler ici l'un des résultats les plus curieux que la découverte du Nouveau Monde ait fournis à la science. Quand les Espagnols furent las d'expérimenter sur les mines, ils se livrèrent à quelques essais agricoles, tels que la culture de la canne à sucre et celle du coton. On vit alors le phénomène d'une population maîtresse de plus de terres qu'elle n'en pouvait cultiver, obligée d'accorder des salaires très-élevés à des ouvriers en état de devenir eux-mêmes propriétaires et de salarier, à leur tour, d'autres ouvriers bientôt assez riches pour les quitter. La récompense libérale du travail encouragea les mariages, et contribua à l'augmentation de la population. C'est ainsi que les États-Unis ont vu, dans moins d'un demi-siècle, le nombre de leurs habitants s'élever de douze cent mille âmes à plus de quinze millions, tandis que les colonies espagnoles de l'Amérique du Sud, vouées à l'oisiveté, et rongées par des corporations civiles et religieuses également parasites, n'ont cessé de marcher vers leur décadence. Aujourd'hui même, rendues à leur indépendance, elles se débattent encore tristement dans les langes du passé, sous le poids des vices et de l'impéritie de leurs premiers fondateurs.

La grande erreur de ce système, inventé par les Espagnols, fut de chercher à isoler du reste de l'univers un monde qui avait plus de trois mille lieues de côtes accessibles. Les Espagnols oublièrent trop vite que c'était en haine du monopole vénitien que les Portugais avaient cherché fortune dans les découvertes maritimes, et qu'eux-mêmes croyaient bien avoir envoyé Christophe Colomb aux Indes orientales, lorsqu'il découvrit les Indes occidentales. Ce nom commun appliqué à des colonies si différentes témoigne vivement de l'esprit qui animait alors les voyageurs de la Péninsule ibérique. Pourquoi donc s'écartaient-ils si positivement du principe qui leur avait fait entreprendre tant de si grandes choses? Nous l'avons dit : l'esprit de monopole en haine duquel les Espagnols découvrirent l'Amérique et que leur gouvernement y établit sur des bases si odieuses, fut une nécessité de la politique guerroyante de Charles-Quint; réduit sans cesse aux expédients, et pressé par le besoin d'argent, ce prince ne vit dans l'Amérique qu'une mine d'or et l'exploita sans pitié, parce qu'il était sans ressources. Toute sa législation n'eut pour but que de dépouiller les naturels au moyen des colons, et les colons au moyen des tarifs. Malgré la justice de son coup d'œil et sa haute expérience des choses, Charles-Quint ne se douta jamais du parti qu'il aurait pu tirer de sa riche conquête, s'il l'eût sagement administrée, au lieu de la pressurer sans ménagement. Ses successeurs ont tué la poule aux œufs d'or ; mais il lui avait déjà ouvert les entrailles.

Ce mauvais exemple, donné par les Espagnols, fut malheureusement imité par toutes les nations européennes dans leurs rapports avec leurs colonies. Il n'y en eut pas une seule qui ait songé aux bénéfices immenses qu'elle aurait pu obtenir de la liberté du commerce, en la mettant sous la protection de son pavillon. Chaque métropole se considéra comme propriétaire de sa colonie, et l'on vit le moment où l'esclavage de nation à nation allait succéder à la servitude personnelle. Portugais, Français, Anglais, Hollandais, Suédois et Danois, tous obéirent au même préjugé, et l'ont cruellement expié depuis, par des mécomptes irréparables. Le Brésil s'est séparé du Portugal; la France a perdu

Saint-Domingue, l'Angleterre a été chassée des États-Unis, la Hollande est réduite à l'île de Java, et l'Espagne n'a plus que Cuba et les Philippines. Ce n'est pas que le système colonial de ces nations ait été absolument le même. Quelques-unes d'entre elles ont administré directement leurs colonies, comme l'Espagne et le Portugal; d'autres en ont livré le gouvernement à des compagnies privilégiées, comme ont fait l'Angleterre, la France, la Hollande et le Danemark. Mais, s'il y avait quelques différences dans les procédés de toutes ces administrations, il n'y en avait point dans la pensée qui les dirigeait. Partout on voulait exploiter la conquête à la manière grecque et romaine, et pour y parvenir, on multiplia les règlements, les restrictions, les prohibitions, et trop souvent les supplices. Les compagnies privilégiées exploitaient leurs monopoles avec la plus impitoyable rigueur. Les colons étaient obligés de leur vendre la totalité de leurs produits surabondants. Le monopole fixait les prix au taux le plus élevé quand il vendait, et au taux le plus bas quand il achetait. Souvent même l'intérêt des compagnies était d'avilir la valeur des produits coloniaux et d'en arrêter l'accroissement pour que le prix pût en être maintenu très-élevé en Europe. Cette rage a désolé une partie des deux mondes, et l'on a vu les Hollandais mettre le feu aux plantations d'arbres à épices dans les îles Moluques, pour empêcher que leurs rivaux n'en pussent profiter.

D'autres nations, sans accorder de priviléges à des compagnies exclusives, ont restreint le commerce colonial à un seul port de la métropole, duquel il n'était permis à aucun navire de mettre à la voile, excepté à une époque déterminée, soit seul, soit en convoi, à moins d'une autorisation spéciale. Cette circonstance obligeait les armateurs de s'entendre et souvent de s'associer, pour ne pas se nuire par la concurrence; et l'effet demeurait le même à l'égard des colons, toujours obligés d'acheter cher et de vendre à bon marché. Les métropoles les plus libérales ont quelquefois modifié ces règlements dans la forme, mais elles n'ont jamais cessé de considérer les colonies comme des possessions soumises de droit à une justice exceptionnelle. Malgré les révolutions qui ont protesté à diverses époques contre cette oppression, toutes les nations européennes persistent encore dans le même système. Il y a une législation particulière pour les colonies en France, en Angleterre, en Hollande, en Espagne. Ce qui est légitime en Europe, cesse de l'être en Asie, en Afrique, en Amérique. L'esclavage des nègres est venu compliquer dans le Nouveau Monde ce régime déjà entaché de plus d'un vice radical. Les colons se sont dédommagés, aux dépens de cette race infortunée, des avanies qu'ils essuyaient de la part des hauts et puissants seigneurs de la métropole; et c'est ainsi que le régime colonial est devenu l'école de toutes les immoralités dont la civilisation industrielle et commerciale est encore affligée.

Le funeste principe des monopoles a pénétré même dans les établissements où la mère-patrie n'avait pas de droit de souveraineté à exercer. Au Japon, à la Chine, sur quelques points du littoral de la Méditerranée, où, faute de colonies, on fut réduit à des *comptoirs* tolérés, ces comptoirs étaient affermés à des compagnies privilégiées, et ce n'est que depuis quelques années seulement que les Anglais ont aboli le monopole de la compagnie des Indes pour le commerce de la Chine, désormais ouvert à tous les régnicoles. On commence à comprendre aujourd'hui qu'il n'est pas nécessaire d'être maître d'un pays pour y établir des relations avantageuses. Quand, après la guerre d'Amérique, le gouvernement anglais se vit forcé de signer la paix avec sa colonie émancipée, il y eut dans les ports de l'Angleterre une émotion générale. La ville de Bristol adressa une pétition au parlement, pour le supplier de refuser sa sanction à cette paix fatale qui devait entraîner la ruine du commerce britannique ; et quelques années après la signature de la paix, la même ville demandait l'autorisation de creuser de nouveaux bassins pour ses navires, dont le nombre avait doublé par suite de ses rapports avec les États-Unis. En perdant ses possessions révoltées, la nation anglaise économisait les frais de garde et d'administration, et son commerce gagnait en étendue et en importance beaucoup plus que le despotisme colonial n'aurait pu lui donner. Si l'Espagne avait eu le bon esprit de faire la paix, en temps opportun, avec les républiques américaines du Sud et de mettre à profit les avantages résultant de la conformité du langage, des habitudes et des besoins des deux peuples, elle ne serait pas aujourd'hui privée de ressources, et son industrie aurait retrouvé quelques restes de sa vieille splendeur.

Qui ne comprend, désormais, les difficultés de gouverner un pays à deux mille lieues de distance, avec des idées opposées au caractère de ses habitants et avec les dépenses énormes que nécessitent toutes les occupations lointaines! Le pouvoir tombe donc aux mains des vice-rois, des proconsuls, des gouverneurs. Le gouvernement de la mère-patrie ne voit que par leurs yeux, n'agit que d'après leurs conseils, et il est trop souvent dupe des rapports qu'on lui fait. « Les colonies dépendantes, dit J. B. Say [1], ont toujours été aussi mal habitées que mal gouvernées. On n'y va qu'avec l'esprit de retour ; c'est-à-dire pour revenir en Europe avec une fortune acquise bien ou mal. » Aussi, voyez quelle était, après trois cents ans de domination, la situation de la plupart des colonies aujourd'hui enfin émancipées! Elles porteront longtemps les cicatrices des plaies que leur a faites la tyrannie des métropoles, et la longue influence de leurs funestes principes y flétrira pendant un siècle encore tous les essais de régénération. Elles subissent la loi commune des individus, heureux par leur éducation, malheureux quand elle est négligée. L'Europe a amoncelé dans ces régions du privilége tous les abus et tous les vices de ses plus mauvais gouvernements. Elle y a réorganisé l'esclavage sur une immense échelle, au point que dans plusieurs colonies la population noire a débordé comme un torrent l'aristocratie blanche. Saint-Domingue a donné le signal de la réaction, qui déjà gronde à la Louisiane et au Brésil, et que l'abolition de l'esclavage aux Antilles anglaises précipitera d'une manière inévitable, si les colons récalcitrants n'ouvrent enfin les yeux. Quand on entend les révélations [2] que chaque jour amène sur le régime intérieur des colonies, on cesse d'être surpris de l'état de langueur où elles ont vécu et du désespoir qui les a poussées à la révolte. Jamais un démenti plus audacieux n'a été donné aux vues du Créateur. Jamais plus de fronts courbés vers la terre n'ont sollicité une réparation plus tardive et plus méritée.

[1] *Cours complet d'Économie politique*, tome I, page 629.

[2] Il suffit de citer l'ouvrage publié en 1826, à Londres, sous ce titre : *Noticias secretas de America, por don Jorge Juan y don Antonio de Ulloa*, in-4°.

Cependant le système colonial n'a été maintenu dans toute sa vigueur que comme un mal temporaire, et dont l'Europe devait recueillir, dans un avenir plus ou moins prochain, les plus brillantes compensations. Les priviléges des compagnies ne furent jamais concédés à perpétuité, mais seulement renouvelés soit par actes de la législature en Angleterre, soit par des ordonnances royales dans les autres pays. On n'aurait jamais osé proclamer de prime abord la perpétuité d'un régime aussi monstrueux, même quand la politique et la nécessité semblaient en justifier l'établissement. Ce ne devait être, comme tous les monopoles, qu'une mesure de circonstance, indispensable à l'affermissement des colonies naissantes, et qui cesserait de droit dès qu'elles seraient consolidées. Peu à peu, néanmoins, le bail devenu emphytéotique finit par prendre le caractère d'une concession perpétuelle, et la durée n'en aurait jamais été interrompue sans l'intervention des révolutions. C'en était déjà une immense que la découverte des produits spéciaux trouvés ou naturalisés dans le Nouveau Monde, la cochenille, le quinquina, le sucre, le café, le coton, le cacao, l'indigo, les bois de teinture et les autres articles dont toutes les nations européennes voulurent avoir leur part, même au prix de la contrebande, de l'interlope et de la guerre. De là naquit un nouveau droit commercial, éminemment exclusif, chacun voulant garder pour soi le monopole des produits en faveur, ou le ravir à des rivaux plus heureux. Les complications éclatèrent surtout quand la plupart des puissances européennes eurent fondé des établissements sous les mêmes latitudes, et lorsqu'on y eut naturalisé la culture des denrées de grande consommation. Le sucre fut bientôt exporté de Saint-Domingue, de la Jamaïque, de Cuba et de toutes les Antilles appartenant à divers maîtres. On planta le café au Brésil et à la Martinique. Le coton enrichit les plaines de la Louisiane, de la Géorgie et de la Caroline. L'indigo vint à la fois de Calcutta, de Guatemala et de Caracas. Le sucre de l'Inde fit concurrence à celui d'Amérique, tous deux menacés aujourd'hui par celui de la betterave. L'or était épuisé; mais il restait à l'Amérique des mines plus précieuses, et c'étaient les seules que ses aveugles métropoles n'avaient pas su exploiter.

La grande erreur de l'Europe est d'avoir cherché ses profits dans le haut prix résultant de la rareté ou du monopole des produits coloniaux, plutôt que dans leur abondance. Dans le principe, les premiers venus s'efforcèrent d'empêcher leurs rivaux d'arriver : ils essayèrent même de cacher la route des Indes comme des avares cachent leur trésor; puis la route une fois connue, ils interdirent aux étrangers l'abord de leurs possessions, et quand, malgré la force et la menace, il fallut se résigner à souffrir des compétiteurs, les guerres de tarifs créèrent des distinctions de provenances entre les denrées d'un même sol. Le sucre et le café coûtèrent plus cher suivant qu'ils étaient importés par navires étrangers ou par bâtiments nationaux. Telle colonie américaine voisine de la Terre-Ferme fut obligée de faire venir son blé d'Europe, au risque de mourir de faim, en cas de retard des arrivages. Toute cette absurde législation est en vigueur aujourd'hui [1]. L'Angleterre l'a fortifiée dans son fameux acte de navigation; la France par toutes ses dispositions de douanes; l'Espagne par respect pour sa propre invention. Des terres séparées

[1] Voir la note de l'éditeur au chap. XXIX.

par un bras de mer de quelques heures sont aussi étrangères l'une à l'autre, sous le ciel des Antilles, que si l'océan Atlantique étendait entre elles ses quinze cents lieues de largeur. Nous-mêmes, nous sacrifions encore à deux ou trois îles moins peuplées qu'un seul de nos départements, les intérêts généraux du commerce national. Les conséquences du système adopté par les premiers colonisateurs ne nous ont valu en définitive que la traite des noirs, les guerres de douanes, les guerres maritimes, des dépenses navales énormes, même en temps de paix, et la nécessité de payer fort cher les denrées qu'aujourd'hui toute l'Europe devrait avoir à bon marché, si elle eût employé à fertiliser les colonies la dixième partie des trésors consommés à les ruiner. Un jour nos neveux auront peine à croire que ce système ait duré si longtemps, et que les peuples d'Europe aient supporté d'aussi grands sacrifices pour le maintien d'un état de choses si opposé à leurs intérêts bien entendus. On a dit, pour l'expliquer, que le commerce exclusif des colonies, en empêchant la concurrence, ne risquait pas d'être atteint par les perturbations qui menacent plus ou moins le commerce que l'on fait avec les nations indépendantes; mais, outre que la concurrence est un avantage réel, il faut considérer que le monopole ne peut s'exercer que sur des colonies d'une petite étendue et faciles à garder. Toute la marine britannique ne suffirait plus aujourd'hui à protéger contre la contrebande le littoral de l'Union américaine, si ce pays lui appartenait encore, et s'il y avait du profit à y porter des produits. Les règlements sévères du gouvernement espagnol, ses douaniers, ses gardes-côtes n'ont pas empêché l'Amérique du Sud d'être inondée de marchandises européennes. Il n'est pas vrai, non plus, que ce soit au système prohibitif que les métropoles doivent la régularité de leurs approvisionnements en denrées coloniales. La Prusse, l'Autriche, la Saxe, la Suisse, la Bavière et tous les États qui n'ont point de colonies transatlantiques, n'ont jamais manqué de sucre, de café, ni de coton; au contraire, ces articles y ont toujours été à meilleur marché que dans les pays à possessions d'outre-mer. N'ayant point de monopole à exercer ni à prétendre, ces États choisissent les lieux où ils peuvent se procurer aux conditions les plus avantageuses les denrées dont ils ont besoin, et l'expérience a prouvé qu'ils en avaient toujours été fournis à meilleur compte que les nations maritimes.

En somme, le régime colonial n'a abouti qu'à créer entre les monopoles et leurs dépendances une réciprocité de préjudices et de dommages, et le commerce des colonies n'a été, des deux parts, qu'une source de vexations et d'appauvrissement. C'est du plus pur sang de leurs veines que les populations européennes ont payé l'honneur de fonder des établissements dans les deux Indes. Ces établissements ne sont aux yeux de l'observateur attentif que comme des enfants qui ont imposé de grandes privations à leurs familles jusqu'au moment où, parvenus à l'âge mûr, ils seront en état de se soutenir. Quelquefois alors la reconnaissance les attache plus vivement aux auteurs de leurs jours; plus souvent ceux-ci ont à se plaindre de leur indifférence ou de leur ingratitude : mais c'est folie de croire que l'indépendance n'arrive pas avec l'âge, et qu'après trois cents ans de tutelle, cet âge ne soit pas arrivé pour toutes les colonies. Prolonger leur enfance, c'est continuer à nourrir des gens qui peuvent se suffire, ou opprimer des citoyens dignes de vivre libres. Aujourd'hui que toutes les chimères sur l'or et l'argent se sont évanouies, et qu'une ruine éclatante a frappé de discrédit les derniers essais d'exploitation de mines tentés en Amérique, c'est à des sources différentes qu'il faut aller chercher la richesse. Mais, avant de les indiquer en détail, nous devons porter nos regards en arrière et présenter un exposé rapide des révolutions monétaires qui ont précédé et suivi la découverte du Nouveau-Monde.

CHAPITRE XXIV.

Des divers systèmes monétaires qui ont régné en Europe depuis les anciens jusqu'à la découverte des mines du Nouveau-Monde. —Conséquences économiques de la découverte de ces mines. — Vue générale des ouvrages qui ont été publiés sur les monnaies.

Les anciens avaient apprécié aussi bien que les modernes les véritables fonctions de la monnaie. Aristote en avait dit : « C'est une marchandise intermédiaire destinée à faciliter l'échange entre deux autres marchandises. » Xénophon [1] n'est pas moins explicite : « Dans la plupart des autres villes, dit-il en parlant d'Athènes, un marchand est obligé de prendre des marchandises en retour de celles qu'il y apporte, parce que la monnaie dont on y fait usage n'a pas grand crédit au dehors; chez nous, au contraire, le commerçant étranger a l'avantage de trouver une multitude d'objets qui sont partout en demande, et, de plus, s'il ne veut pas encombrer son vaisseau de marchandises, il se fait solder en argent comptant, qui de tous les articles *commerçables* est le plus sûr et le plus commode, attendu qu'il est reçu en

[1] *Essai sur le revenu de l'Attique.*

tous pays, et qu'en outre, il rapporte toujours quelque profit à son maître, quand celui-ci juge à propos de s'en défaire. »

Les fonctions de la monnaie n'ont pas changé depuis Xénophon et Aristote; l'argent est toujours une marchandise intermédiaire destinée à faciliter l'échange entre les autres marchandises. D'où vient donc que son histoire, qui semblerait devoir être très-simple, est précisément la plus compliquée et la plus difficile de toutes celles dont l'ensemble constitue les annales de l'économie politique? d'où vient que tous les peuples ont eu leur monnaie particulière, au lieu de s'entendre pour le choix d'un étalon uniforme? et surtout pourquoi chaque siècle nous offre-t-il le spectacle d'une révolution monétaire, c'est-à-dire d'un bouleversement dans la valeur, la forme, le poids et le titre du principal élément de la circulation, celui de tous qui aurait dû demeurer le plus inaltérable? pourquoi, enfin, voit-on apparaître tour à tour, sur les marchés du monde, tantôt de bons écus, tantôt de mauvais; les uns de métal presque pur, les autres presque absorbés par l'alliage? Une réponse exacte et développée à toutes ces questions exigerait des volumes, et ces volumes existent; aussi me bornerai-je à indiquer les plus importants, pour ne pas donner à l'examen du sujet qui y est approfondi plus d'étendue que n'en comportent les proportions de cette histoire.

La question des monnaies est une de celles que les modernes ont le plus compliquées; il y règne la même confusion que dans les langues, et la simplicité ingénieuse des anciens a été remplacée par des combinaisons tellement inextricables, que nous avons perdu l'espoir d'y revenir, quand même l'Europe entière ferait un pacte dans ce but. Posons quelques principes pour nous guider dans cette étude. La qualité essentielle d'une monnaie est qu'elle conserve sa valeur depuis l'instant où on la reçoit jusqu'à celui où on la donne ; autrement, on ne recevrait plus, en échangeant ce qu'on vend contre ce qu'on achète, une marchandise égale en valeur à celle qu'on aurait livrée. Une autre propriété de la monnaie, c'est que sa valeur se mesure comme celle de tout autre objet, sur la quantité de choses qu'une autre personne consent à donner en échange ; si, contre une once de monnaie d'or, on consent à donner quinze fois plus de blé ou de toute autre marchandise qu'on n'en donnerait contre une once de monnaie d'argent, il sera aisé de conclure que la monnaie d'or, à poids égal, vaut quinze fois plus que la monnaie d'argent. Ainsi, déjà nous pouvons expliquer la folie des tentatives qui ont été faites à diverses époques pour altérer les monnaies, c'est-à-dire pour leur donner, par la force, une valeur qu'elles n'avaient pas. A mesure que ces altérations ont été opérées, le prix des marchandises s'est élevé, parce que chacun se refusait à en donner une quantité égale pour une valeur métallique devenue moindre. Aussi a-t-il fallu proclamer le *maximum* toutes les fois qu'on a voulu obtenir quelques résultats de ces grandes spoliations. Quand les écus d'une once furent réduits à une demi-once, sous Louis XIV, ils n'achetèrent plus que trente livres de froment au lieu de soixante. A toutes les autres époques de notre histoire, bien avant et bien après Louis XIV, les mêmes causes ont produit les mêmes résultats.

Les manipulations plus ou moins frauduleuses qui ont été exercées sur les monnaies, depuis l'antiquité jusqu'à nos jours, viennent d'une erreur des gouvernements, aujourd'hui encore assez répandue, et qui a fait supposer à la monnaie un caractère de fixité qu'elle n'a point. On s'est imaginé mal à propos que l'unité monétaire, en sa qualité de mesure des valeurs, avait elle-même une valeur invariable, et que lorsqu'on payait une marchandise tantôt plus, tantôt moins, c'était nécessairement la marchandise qui changeait de valeur, et non la monnaie. Cette erreur a servi de prétexte à la cupidité de plusieurs princes auxquels on persuadait imprudemment qu'il dépendait d'eux de doubler leurs ressources en déclarant que cent mille écus valaient six cent mille francs, comme s'ils ne devaient pas être punis le lendemain même de leur fraude, par l'augmentation du prix de toutes choses, et par la nécessité de doubler les contributions pour y faire face. Il faut donc renoncer aujourd'hui à comparer avec exactitude la valeur du revenu de chaque profession, dans les temps éloignés de nous, à celui des professions analogues dans le nôtre, parce qu'il est impossible de trouver pour cela une mesure commune, telle que le mètre pour les longueurs et le litre pour les capacités.

Quelles que soient les variations qu'ils lui aient fait subir, tous les peuples ont eu recours à la monnaie pour la commodité de leurs échanges. Les Lacédémoniens avaient des monnaies de fer, et les Romains des premiers temps de la république de la monnaie de cuivre. On a vu employer à cet usage, dans diverses contrées, des coquilles, des clous, des grains de cacao, des morceaux de cuir; mais, dès la plus haute antiquité, l'or et l'argent ont joui du privilége presque exclusif de servir de matière première aux monnaies. Le caractère inaltérable et homogène de ces métaux, leur divisibilité extrême, leur pureté native égale en tous lieux, leur résistance au frottement moyennant quelques particules d'alliage, peut-être aussi leur beauté naturelle, expliquent suffisamment le suffrage universel qu'ils ont obtenu dans tous les temps et dans tous les pays. Aussi, dès qu'on parle généralement de monnaie, il est convenu que c'est de la monnaie d'or et d'argent, et le premier fait historique auquel on s'intéresse est celui de savoir quelle a été, aux divers âges, la quantité de ces métaux en circulation. Qui ne comprend l'avantage qu'on a dû retirer d'un intermédiaire d'échanges aussi étendu sous un petit volume, recherché partout et partout accueilli, tandis qu'avec le simple troc des marchandises le commerce serait toujours demeuré dans l'enfance? Mais il se trouve que ce qu'on aurait tant d'intérêt à savoir, est précisément ce que nous avons le plus de peine à constater. Nous ne connaissons pas même d'une manière certaine le montant des monnaies actuellement en circulation dans notre pays, quoiqu'il y soit tenu un compte exact de toutes les pièces frappées depuis plusieurs années. On ignore le nombre et la valeur de celles qui sont fondues ou exportées ; on ne sait pas la quantité des monnaies de vieille fabrication qui existent encore. La petite monnaie de cuivre, qui a survécu à toutes les refontes et à toutes les réformes, forme aussi une portion difficile à apprécier de notre richesse monétaire et de celle des autres peuples. « J'ai trouvé dans nos provinces, dit J.-B. Say, de ces pièces de cuivre qui circulent depuis le temps où nous étions sous la domination des empereurs romains. Elles passent pour un liard, deux liards, un sou, deux sous, avec l'effigie de ces maîtres du monde. »

La multiplication rapide des lettres de change, des billets de banque, des papiers-monnaie ayant cours forcé, et en général celui de tous les effets de commerce, a beaucoup contribué à rendre plus difficile l'appréciation des monnaies en circulation. Mais il n'est pas nécessaire de connaître ces faits avec une parfaite exactitude, pour en tirer des conséquences d'une utilité pratique. L'essentiel est de savoir par quels signes se manifeste l'abondance ou la rareté du numéraire, car ces signes sont quelquefois très-trompeurs. Ainsi, dans les pays où règne une grande activité commerciale, l'argent est presque perpétuellement en circulation ; et il faut moins de numéraire qu'on ne pense pour suffire aux besoins des affaires [1]; tandis que dans d'autres contrées où l'argent abonde, mais où les transactions sont nulles, on croirait que la monnaie est fort rare, parce qu'elle ne circule point. A mesure que l'aisance publique augmente, il y a une partie des métaux précieux qui est employée en objets d'orfévrerie, et qui cesse de faire fonction de monnaie. Dans d'autres circonstances, l'argent baisse de valeur par suite de son abondance, et plusieurs mines cessent d'être exploitées qui l'étaient auparavant, jusqu'à ce qu'il y ait du profit à en reprendre l'exploitation. Il est nécessaire de tenir compte de toutes ces variations dans l'étude des questions monétaires, mais la connaissance exacte du numéraire possédé par chaque nation est inutile à leur solution.

Personne ne doute que dans les plus beaux jours de l'empire romain, alors que l'on évaluait à près d'un milliard le revenu annuel de l'Etat, il n'y eût une masse énorme de numéraire en circulation, et cependant l'in-

[1] Tout le monde sait qu'il existe à Londres un établissement connu sous le nom de *Clearing house*, où les commis des diverses maisons de banque viennent chaque jour régler les comptes de leurs patrons, par de simples échanges de créances, dont la balance seule est soldée en espèces, quand elle n'est pas considérable. Quelques milliers de francs suffisent ainsi pour terminer des transactions qui se montent à plusieurs millions.

dustrie n'existait pas. L'argent arrivait par le pillage [1] et s'en allait par les prodigalités. Le peu que les Romains tiraient des mines était dû au travail des esclaves, comme en Grèce, et il ne paraît pas qu'on y ait attaché une grande importance, même quand l'exploitation en fut affermée à des concessionnaires, et régularisée au profit des empereurs. Mais déjà l'accroissement du numéraire se faisait sentir dans les prix, et nous avons quelque peine à concevoir le taux énorme auquel s'étaient élevés à Rome, du temps même de Cicéron, une foule d'objets de consommation habituelle. Plus tard, l'avidité impériale, franchissant toutes les bornes, obligea les citoyens à travailler aux mines comme à des entreprises d'utilité publique, à l'instar des *corvées* du moyen âge [2], et ce régime était si dur, que sous l'empereur Valens des légions entières de mineurs se joignirent à l'invasion des Goths dans la Dacie. Cepen-

[1] Témoins les vers suivants de la *Pharsale* de Lucain, à propos de l'enlèvement, par Jules-César, du trésor déposé dans le temple de Saturne :

Tunc rupes Tarpeia sonat, magnoque reclusas
Testatur stridore fores : tunc conditus imo
Eruitur templo, multis non tactus ab annis,
Romani census populi, quem Punica bella,
Quem dederat Perses, quem victi præda Philippi ;
Quod tibi, Roma, fugâ populus trepidante reliquit ;
Quo te Fabricius regi non vendidit auro ;
Quidquid parcorum mores servâstis avorum ;
Quod dites Asiæ populi misêre tributum,
Victorique dedit Minoïa Creta Metello ;
Quod Cato longinqua vexit super æquora Cypro.
Tunc Orientis opes, captorumque ultima regum
Quæ pompeïanis prælata est gaza triumphis,
Egeritur : tristi spoliantur templa rapinâ ;
Pauperiorque fuit tunc primùm Cæsare Roma.

[2] Jacob, *On precious metals*, t. I, page 174.

dant l'accumulation des capitaux énormes dont jouissaient les chefs de l'aristocratie romaine n'a pas été sans influence sur le magnifique développement de la prospérité de l'empire, et nous ne saurions douter que la plupart des villes qui se sont élevées comme par enchantement sur tous les points du territoire, n'aient dû leur prospérité à cette cause. Tibère [1] était assez riche pour distribuer en secours à des incendiés une somme d'environ vingt millions de notre monnaie. Adrien dépensa près de quatre-vingts millions de nos francs en libéralités pour assurer la succession de son trône à Commode ; et l'empereur Sévère ne paya pas moins de trente-cinq millions de francs en frais de gratifications à son avénement.

Une seule circonstance nous semble néanmoins de nature à ébranler la foi qu'on a ajoutée jusqu'à ce jour aux merveilleux récits des historiens qui nous ont transmis le compte des millions entassés par les Romains : c'est qu'on n'a rien trouvé dans les ruines d'Herculanum et de Pompeï qui pût justifier ces exagérations. Presque tous les ustensiles recueillis étaient de fer ou de bronze, même ceux que nous faisons habituellement en argent, et cependant la richesse et la somptuosité des peintures, des ameublements, des statues, démontrait assez qu'on avait pénétré dans des demeures jadis habitées par des familles opulentes. Y aurait-il eu entre la monnaie et le métal employé des différences telles qu'on devait toujours convertir le dernier en espèces, ou bien faut-il réduire à de plus modestes proportions les richesses métalliques des Romains? Ce qui est certain, c'est que ces richesses ont été fort

[1] Suétone, *Vie de Tibère*, chap. xx.

considérables, car il a suffi de la translation du siége de l'empire à Constantinople, pour affaiblir d'une manière très-sérieuse la richesse de l'Occident. Les capitaux émigrèrent à la suite des grandes familles, avec leurs armées d'esclaves; et l'Italie, qui était le jardin de Rome, vit ses maisons de campagne désertées pour les ruines du Bosphore. M. Jacob [1] a publié, à ce sujet, un tableau de la décadence monétaire de Rome depuis Auguste jusque vers la fin du cinquième siècle, tableau duquel il résulterait que la diminution des espèces s'est opérée depuis l'ère chrétienne jusqu'à l'année 482, dans la proportion de neuf milliards à deux milliards de francs. Le mouvement de translation des espèces d'Occident à en Orient, qui se continue de nos jours, venait de commencer et ne s'est jamais arrêté [2].

Depuis l'année 482 jusqu'à la fin du neuvième siècle, le numéraire tomba de deux milliards à moins d'un milliard de francs, et même à 825 millions, selon les calculs de M. Jacob. L'apparition des mahométans suffit pour suspendre tous les travaux des mines; en même temps l'horrible confusion qui a régné en Europe depuis l'invasion des Barbares, ne permet plus de suivre avec exactitude la trace des richesses métalliques. Les prix s'abaissent de plus en plus, soit par l'influence du servage qui oblige au travail non rétribué une foule

[1] On trouve dans l'*Histoire des métaux précieux* du même auteur un prix courant d'environ quatre cents articles de consommation, sous le règne de Dioclétien, en 301, recueilli par MM. Vescovali et William Banks. Ce document contient des détails du plus haut intérêt pour l'étude des monnaies et des prix.

[2] On consultera avec fruit aujourd'hui sur la dépréciation successive de la monnaie l'excellent ouvrage de M. Leber : *Essai sur l'appréciation de la fortune privée au moyen âge*, 2e édit., 1847, Guillaumin. (*Note de l'éditeur.*)

d'hommes aujourd'hui salariés, soit par la rareté croissante des espèces. On n'entend plus parler des mines si riches et si abondantes qui existaient en Autriche, en Hongrie, en Bohême, en Saxe et dans le Tyrol. Les souverains reçoivent en nature, de leurs vassaux les tributs qui sont aujourd'hui payés en argent. On a vu que Charlemagne surveillait avec la plus bourgeoise sollicitude l'administration de ses domaines, et que la majeure partie de son revenu se composait des produits matériels qu'il en retirait par ses fermiers. La masse du peuple avait des consommations plus bornées, et le nombre des objets qu'elle achetait consistait principalement en matières alimentaires. On conçoit qu'il ne fallait pas beaucoup d'or ni d'argent pour payer un morceau de pain qui coûtait un liard, ou une botte de légumes, dont le maximum s'élevait rarement à un sou. Ainsi s'explique l'immense quantité de petite monnaie qui servait à la circulation dans ces temps peu prospères; les pièces d'or et d'argent étaient très-rares, et leur valeur s'affaiblit de règne en règne jusqu'à l'épaisseur d'une feuille de papier. Aussi, les heureux possesseurs de ces métaux précieux étaient-ils l'objet de l'adulation et de l'envie, témoins les Juifs, dont nous avons esquissé l'histoire économique et raconté la persécution. Nobles et vilains sollicitaient également leur bienveillance ; les nobles surtout, plus avides de jouissances, et qui achetaient le moyen de s'en procurer par toutes sortes de complaisances, et même par des présents aux femmes de ces hérétiques maudits [1].

L'emploi des métaux précieux était principalement usité dans le service des églises où brillaient des vases

[1] Agobardus, *de Insolentiâ Judæorum*, page 144.

magnifiques, d'énormes candélabres, des lampes, des balustrades, des statues d'or et d'argent. Les ornements des prêtres en absorbaient aussi des quantités considérables, et il en restait réellement fort peu pour la fabrication et le renouvellement des monnaies. Ces monnaies étaient généralement très-mal frappées, et l'on eût dit, à voir les progrès de l'orfévrerie contemporains de cette décadence du monnayage, que l'or et l'argent n'avaient plus d'autre destination que de servir à fabriquer des bijoux ou des vases sacrés. Personne n'ignore que saint Éloi était un grand orfévre du temps du roi Dagobert, comme le fut Alan de Walsingham chez les Anglais au moyen âge, et le célèbre Benvenuto Cellini en Italie, dans un siècle plus rapproché de nous. Lorsque Richard fut prisonnier en Allemagne [1], saint Louis en Égypte et le roi Jean en Angleterre [2], leur rachat ne put être effectué qu'en mettant en réquisition la vaisselle et les joyaux des nobles et des églises. Les historiens de l'époque saxonne, en Angleterre, parlent souvent d'une monnaie vivante (*living money*), qui était autorisée par la loi, et qui consistait à payer en *esclaves* et en *bétail* (*cattle*), toute espèce des marchandises mises en circulation. Plus tard, à mesure que la monnaie

[1] Les historiens évaluent la rançon de Richard à cinq millions de nos francs. Presque toutes les richesses métalliques des barons et des églises y furent employées.

[2] La rançon du roi Jean fut fixée à plus de trente millions de francs de notre monnaie. On paya d'abord un premier cinquième, qui parut si énorme qu'il aurait été impossible d'y faire honneur, si on ne se fût adressé aux Juifs, en leur assurant des priviléges. Le successeur du roi Jean était si pauvre qu'il se vit dans la nécessité de payer les dépenses de sa maison en une monnaie de plomb légèrement argenté. Les termes du payement de la rançon de Jean furent successivement ajournés, et la France devait encore le dernier cinquième quarante ans après le traité, quand une nouvelle guerre avec l'Angleterre éclata.

reparut, on n'admit plus la monnaie vivante que pour solder les appoints; et dans ce cas les chevaux, les bœufs, les vaches, les moutons et les esclaves ne pouvaient être donnés en payement que d'après une estimation convenue. Les amendes imposées par l'État ou par l'Église furent seules exceptées et payables à volonté, soit en écus, soit en *êtres vivants*. Il faut rendre néanmoins cette justice à l'Église, que, pour décourager le commerce des esclaves, elle finit par refuser d'en accepter aucun en payement. Le docteur Henry nous a laissé une histoire d'Angleterre dans laquelle se trouvent plusieurs évaluations curieuses du prix correspondant de la monnaie vivante à la monnaie de nos jours. D'après ses calculs, le prix du tarif pour un esclave était, en 997, d'environ 70 francs; d'un cheval, 45 fr.; d'une vache 8 francs; d'un mouton 1 franc 50 centimes. On sait, par les comptes qui ont été conservés dans la cathédrale de Strasbourg, que les salaires des maçons employés à la construction de ce monument, étaient de 3 à 4 centimes de notre monnaie par jour (1 ou 2 *pfennings*).

Sous le règne de Charlemagne, la livre d'argent se composait de douze onces de métal ; elle était divisée en vingt sous, chacun de douze deniers, et le denier correspondait à 6 sous environ de notre monnaie actuelle. Le pain de quatre livres se vendait pour moins de 5 centimes, ce qui peut donner une assez juste idée de la petite quantité de numéraire alors en circulation. Peu à peu la livre de Charlemagne tomba de 80 francs à 10 francs, où elle était descendue par des altérations successives, sous le règne du roi Jean. Mais les croisades firent refluer vers l'Occident une partie des métaux précieux qui avaient pris la route de l'Orient. La prise de Constantinople par les croisés donna lieu à un immense partage de butin, et Gibbon assure que l'empereur Alexis paya au marquis de Montserrat la somme énorme de seize cents livres pesant d'or. Néanmoins, il y a lieu de croire que, lors de la fondation du royaume de Jérusalem, les revenus du pays furent insuffisants à l'entretien du gouvernement, et que l'Europe dut verser des sommes considérables, chaque année, pour y pourvoir ; ce qui rend très-difficile l'appréciation exacte de la quantité du numéraire en circulation à cette époque. Tout ce qu'on sait, c'est qu'après l'impulsion qui résulta des grands mouvements de troupes et de vivres expédiés en terre sainte, les choses reprirent leur cours accoutumé, et que la diminution des espèces continua de se faire sentir dans tous les pays de l'Europe.

La découverte des mines du Nouveau-Monde arrêta brusquement cette diminution. Les masses métalliques que ces mines versèrent dans la circulation s'élevèrent en peu d'années à douze fois le montant de tout le numéraire préexistant, surtout après la découverte des mines du Potose, en 1545, les plus abondantes de toutes. Aussitôt on vit les prix s'accroître avec rapidité, et la production moyenne des mines put être évaluée à plus de 60 millions de francs par année, de 1546 à 1600. De 1600 à 1700, cette production s'éleva à 80 millions environ, annuellement ; et de 1750 à 1800, l'importation des espèces d'Amérique en Europe a dépassé constamment la somme de 180 millions par an. Mais c'est principalement de 1800 à 1810 que l'accroissement fut le plus considérable, puisqu'il a été estimé, d'après les meilleures autorités, à 250 millions de francs. On croirait, au premier abord, qu'un accroissement aussi rapide aurait dû produire une élévation correspondante dans les prix, et changer brusquement les conditions et le salaire du travail ; mais il n'en fut point ainsi. Les progrès de l'industrie contemporains de la découverte des mines nécessitèrent l'emploi d'une plus grande quantité de numéraire, et il en fallut d'autant plus, que la valeur de cette marchandise baissait par son abondance même. L'aisance, devenue plus générale, permit à beaucoup de personnes de convertir leurs épargnes en achats d'ustensiles d'or et d'argent. La découverte du cap de Bonne-Espérance, en ouvrant des communications directes avec le continent asiatique, accoutumé aux importations d'or et d'argent, empêcha la révolution monétaire nouvelle d'exercer sur les prix une réaction, qui aurait pu devenir dangereuse en Europe sans cette diversion.

Ainsi, à mesure que la masse du numéraire augmentait, le besoin s'en faisait plus vivement sentir ; des transactions qui avaient été jusque-là très-difficiles ou même impossibles, en employaient une quantité plus considérable et l'empêchaient de baisser de prix dans la même proportion que son abondance était accrue. Les économistes ne sont pas d'accord sur l'augmentation qui résulta de cette baisse du prix de l'argent dans le prix des marchandises. Adam Smith [1] ne l'évalue qu'au triple, tandis que le marquis de Garnier estime qu'elle fut deux fois plus considérable. Par une coïncidence vraiment remarquable, ce fut le moment que la plupart des souverains choisirent pour élever artificiellement la valeur des monnaies. Des édits royaux avaient porté, en France, à 16 et 18 livres la valeur numéraire du marc d'argent monnayé, au lieu de 8 à 10 livres pour lesquelles il était compté dans les premières années de ce siècle. L'effet

[1] *De la Richesse des nations*, liv. I, chap. V.

de ces deux causes, qui agissaient à la fois sur le prix nominal de toutes les denrées de consommation générale, produisit une hausse qui les fit paraître dix à douze fois plus chères qu'elles n'étaient auparavant. On ne savait comment expliquer ce phénomène commercial, qui devint le sujet d'un mémoire présenté à Catherine de Médicis, et imprimé à Bordeaux en 1586, sous ce titre : *Discours sur l'excessive cherté, présenté à la Reine, mère du Roi, par un sien fidèle serviteur* [1]. L'auteur de ce discours y passe en revue, dans les plus grands détails, le prix des grains, des viandes, fruits, légumes, fourrages et autres objets de consommation journalière ; le taux des salaires, gages, journées d'ouvriers en hiver et en été, tels que ces prix couraient soixante ou soixante-dix ans auparavant; et il établit qu'au moment où il écrit, la plupart de ces prix sont renchéris de dix à douze fois. Quant aux biens-fonds, dit-il, qu'on examine les maisons, fiefs, seigneuries, terres labourables, prés, vignes et autres biens auxquels on n'a rien augmenté depuis soixante ans, on verra qu'ils se vendent aujourd'hui six fois plus qu'ils ne se vendaient auparavant [2].

[1] *Notes de la traduction d'Adam Smith*; par Garnier, tome V, page 191.

[2] Les mêmes lamentations retentissaient alors en Angleterre. On remarque dans un sermon prononcé par l'évêque Latimer, sous le règne d'Édouard VI, ces paroles singulières que je transcris fidèlement dans le langage naïf de l'époque : The physician, if the poor man be diseased, he can have no help without too much ; and of the lawyer the poor man can get no counsell, expedition, nor help in this matter, except he give him too much. You landlords, you rentraisers, I may say you step-lords, you unnatural lords, you have for your possessions yearly too much. Poor men, which live of their labour, cannot, with the sweat of their face, have a living ; all kinds of victuals are so dear, pigs, geese, capons, chickens, eggs, etc. ! These things with others are so unreasonably enhansed and I think, verily, that if thus

Cette augmentation du prix des choses se manifeste dans tous les pays de l'Europe, à mesure que l'or et l'argent du Nouveau-Monde s'y répandait par l'entremise des Espagnols. On trouve dans le *Secret des finances* attribué à Froumenteau, que depuis la fin du règne de Louis XII jusqu'à l'année 1581, où ce livre fut imprimé, c'est-à-dire dans une période de soixante-quinze ans, les tributs publics avaient plus que quintuplé en France; le même accroissement s'étant fait sentir dans les autres contrées, il y eut une forte demande de travail pour y suffire, et c'est peut-être autant pour ce motif que par suite du développement de la civilisation que les prix momentanément exagérés, finirent par se maintenir dans une limite raisonnable, malgré l'accroissement artificiel du chiffre des monnaies par les altérations, et son accroissement réel par les importations. Toutes les habitudes changent; des entreprises hardies s'exécutent, des besoins nouveaux se manifestent avec la possibilité

continued, we shall at length be constrained to pay *for a pigge a pound.* »

On retrouve les mêmes doléances dans les écrivains espagnols. Voici comment s'exprimait à ce sujet le père D. Sancho de Moncada, auteur d'un ouvrage intitulé : *Restauracion politica de Espana,* qui résume assez bien l'économie politique de ce temps-là ; je cite textuellement : « Es verdad, que antes del descubrimiento de las Indias solìa comprarse por un quarto lo que ahora por seìs reales; valìa el cobre tres tanto mas que ahora la plata, pues pesaba un quarto lo que ahora un real de à dos; y ansi, mas rico estaba uno con cien reales en quartos que ahora con cinco mil. Y con la abondancia de plata y oro ha baxodo su valor, y conseiguientemente ha subido el de lo qua se compra con la moneda; y asi se introducen altos precios en todas las cosas, y faltando la plata y oro, quedan los hombles obligados à tan grandes gastos, imposibilitados de alcanzar las grandes cantidades que son menester parà ellos; porque antes que hubiese tanta plata, un pobre hallaba un quarto en ocho blancas, mas facilmente que ahora dos reales en diez y siete quartos. »

de les satisfaire ; de plus grands moyens d'échange facilitent le commerce et les spéculations. Toutefois, si l'Amérique n'eût pas été découverte, les pièces d'or et d'argent auraient été moins nombreuses, mais elles auraient eu plus de valeur ; il y aurait eu entre les marchandises et la monnaie des rapports très-différents de ceux qui existent aujourd'hui ; on aurait obtenu plus de choses avec moins d'argent ; mais la production aurait été longtemps languissante faute de capitaux, et la civilisation serait demeurée stationnaire avec elle. Ce qui le prouve, c'est que l'impulsion donnée au travail par l'augmentation des métaux précieux, ne s'est point arrêtée à ce premier pas. Bientôt les espèces n'ont plus suffi ; les lettres de change, les billets des banques de dépôt et de circulation, et toutes les institutions de crédit public et privé sont venus accroître la masse des moyens d'échange, et par eux stimuler au plus haut degré le travail. Il ne faut pas s'attacher aux abstractions : l'abondance ou la rareté du numéraire ne peut jamais demeurer un fait isolé ; l'équilibre tend sans cesse à s'établir. Quand les espèces métalliques abondèrent en Espagne, elles y excitèrent un vif désir de consommer, en fournissant aux citoyens de ce pays les facilités nécessaires pour se procurer dans les pays voisins tout ce qui pouvait flatter leurs goûts ou répondre à leurs besoins. L'Europe se mit à produire pour eux, et pendant près d'un siècle, eux seuls commandèrent le travail, et furent les plus puissants promoteurs de l'industrie. Il se fit par leurs mains une immense distribution de salaires, et les ouvriers osèrent entrevoir l'espérance d'obtenir, au moyen de leur paye, quelque chose de plus que le triste morceau de pain noir dont ils avaient vécu jusqu'alors.

Mais une telle métamorphose ne pouvait pas s'opérer sans douleur. Les premiers moments furent rudes à tous ceux qui vivaient d'un revenu fixe ou d'un salaire limité, avant que la hausse du fermage ou du salaire se fût mise en harmonie avec l'élévation du prix des choses. L'accroissement du numéraire agit dans cette circonstance comme la découverte d'une machine, qui commence par mettre à la retraite un certain nombre d'ouvriers, jusqu'à ce que la demande des produits provoqués par l'abaissement des prix, leur ait rendu de l'emploi. C'est ce qui explique comment, au lieu de se réjouir d'une circonstance qui, selon les idées vulgaires, devait enrichir tout le monde, les contemporains furent seulement frappés du renchérissement qui leur rendait la vie plus dure. On a vu quel était à cet égard l'état de l'opinion en France, en Angleterre et en Espagne ; et l'on ferait un livre fort curieux de toutes les jérémiades inspirées par ce phénomène de l'élévation des prix dont on s'effrayait d'autant plus qu'on n'y comprenait rien [1]. Et en effet, il était difficile de s'expliquer comment les denrées et les marchandises avaient pu ainsi augmenter de prix, puisqu'elles n'étaient ni plus rares, ni plus demandées. La même quantité de blé s'échangeait toujours contre une vache ou un certain nombre de moutons ; mais, quand il fallait mesurer ces marchandises au moyen de l'argent, les proportions n'étaient plus les mêmes ; l'acheteur se plaignait d'être obligé de donner plus de

[1] Le plus remarquable de ces écrits est assurément celui qui parut en 1581, pendant le règne d'Elisabeth, sous ce titre : *A briefe conceipte touching the commonwealthe of this realme of England.* Il a la forme d'un dialogue où figurent un propriétaire de terres, un fermier, un marchand, un fabricant et un théologien.

numéraire, oubliant que lorsqu'il devenait vendeur il en recevait aussi davantage. Toutefois, celui qui produisait plus qu'il ne consommait, voyait ses profits s'accroître quand il les évaluait en argent, tandis que celui qui se trouvait dans une position contraire, le simple consommateur, s'apercevait avec amertume de sa décadence, en présence de son revenu immobile devant l'élévation des prix. Mais comme dans une société organisée tout le monde est producteur en même temps, et presque dans les mêmes proportions que consommateur, le malaise devint de jour en jour moins considérable, et l'équilibre amena la prospérité. La monnaie ne tarda point à baisser de valeur en augmentant de masse, et la prédiction de l'évêque Latimer, qu'*un cochon coûterait bientôt plus d'une guinée*, se vérifia exactement. Il arriva en Europe ce qui arrive dans tous pays, quand l'affluence des espèces fait entreprendre des choses auxquelles on n'aurait pas songé si cette affluence n'eût pas permis de les exécuter.

M. de Humboldt a évalué à la somme énorme de trente milliards, le produit des mines du Nouveau-Monde, depuis la découverte jusqu'à nos jours. Sans admettre de confiance un chiffre aussi élevé, nous croyons qu'il n'a fallu rien de moins que la fécondité de ces mines pour suffire aux besoins de la circulation, dès que le travail eut été stimulé en Europe par l'importation de leurs premiers produits. La prospérité de l'Angleterre, de la Hollande, de l'Allemagne, de la France et celle de la Russie elle-même doivent être attribuées à l'impulsion industrielle que ces différents pays ont reçue des envois de numéraire américain, en échange de leurs matières premières ou de leurs marchandises fabriquées. Quand la guerre de l'indépendance, en suspendant au

Pérou et au Mexique les travaux des mines, réduisit la production des métaux précieux au tiers de ce qu'elle était auparavant, l'Europe y suppléa par le perfectionnement du crédit et par la multiplication des effets de tout genre qui ont pour but de remplacer ou de compléter les services de la monnaie. Cette révolution en sens contraire de celle qui suivit les premiers temps de la découverte se continue aujourd'hui, par suite de la diminution croissante des métaux précieux. En effet, si on compare la masse des marchandises actuellement en circulation à celle qui l'était il y a vingt ans, on verra qu'il aurait fallu un accroissement d'espèces d'au moins dix pour cent pour y faire face. Loin de là, les espèces diminuent, et la population augmente avec le besoin d'argent. Une cause extraordinaire et subite a concouru aussi depuis 1815 à en accroître la demande. Les gouvernements qui avaient émis une masse considérable de papier-monnaie pendant les longues guerres de la révolution et de l'empire, ont voulu le rembourser après la paix. Les États Américains eux-mêmes, d'où l'Europe tirait ses espèces, n'ont guère vécu que d'emprunts depuis cette époque ; et les habitudes de luxe se sont tellement répandues parmi nous, qu'une somme assez importante d'or et d'argent est employée chaque année en objets d'art ou de ménage ; 30 millions de francs y sont consacrés en France, et M. de Humboldt pense avec raison qu'on peut estimer au quadruple, c'est-à-dire à 120 millions, la consommation analogue qui s'en fait en Europe. M. Huskisson a fait connaître que, dans l'année 1828, le produit du droit d'essayage s'était élevé en Angleterre à 2,625,000 francs, ce qui suppose, dans ce pays seulement, une fabrication d'ustensiles d'or et d'argent de plus de 100 millions de francs.

Ainsi les flots de numéraire qui n'ont cessé de déborder sur l'Europe depuis la fin du quinzième siècle, commencent à se retirer [1]. La réaction s'opère avec

[1] Les choses ont bien changé depuis que l'auteur a écrit ces lignes. La révolution monétaire du XVIe siècle se reproduit sous nos yeux. La découverte des mines de la Californie en 1848, de celles de l'Australie en 1851, l'extension qu'a prise l'exploitation des gîtes aurifères de la Russie asiatique depuis la même époque, ont accru la production de l'or au point que l'équilibre de la circulation, qui s'était maintenu depuis le commencement de ce siècle, se trouve rompu de nouveau et que les métaux précieux sont en voie de subir une dépréciation, dont il est impossible jusqu'ici de fixer les limites. M. Levasseur, qui a recueilli récemment dans un excellent ouvrage (la *Question de l'or*, 1858, Paris, Guillaumin) tous les renseignements désirables sur l'accroissement de la production de l'or et l'influence qu'il a exercée déjà sur le prix des marchandises et la situation des diverses classes de la société, évalue comme il suit la masse des métaux précieux jetés dans la circulation pendant les huit années qui ont suivi la découverte des mines californiennes :

« La production totale du monde ou du moins des contrées qui sont en relation directe avec le grand marché des nations occidentales, durant la période de 1848 à 1856, a été de 1,821,820 kilogrammes ou 6,055,173,000 fr. en or, savoir :

Californie	752,400 kilog.	2,508,000,000 francs.
Australie	508,500	1,695,000,000
Russie	217,633	718,136,000
Anciennes mines d'or	343,287	1,133,937,000
Totaux	1,821,820 kilog.	6,055,173,000

« Et en argent, de 9,870,346 kilog. ou 2,170,596,120 francs.

« La valeur totale des deux métaux est de 8,226,769,120 francs.

« La moyenne annuelle est de 218,391 kilog. ou 672,297,000 francs pour l'or, de 1,096,705 kilog. ou 241,128,140 francs pour l'argent, et de 913,085,000 francs pour les deux métaux réunis. »

« Le rapport de l'argent à l'or est environ de 5 à 1 en poids et de 1 à 2,95 ou presque 3 en valeur.

« La production des mines d'or s'arrêtera-t-elle, ou diminuera-t-elle après ce brillant début? Je ne crois pas qu'il faille de longtemps s'y attendre. Après le premier élan de la découverte, la production s'est, il est vrai, quelque peu ralentie. Les bénéfices fabuleux avaient attiré tout à coup aux mines une foule immense

lenteur, sans doute, mais avec persévérance, et déjà les pays les plus avancés dans la carrière de l'industrie et du commerce sont obligés de demander au crédit ce

de travailleurs ; les déceptions en ont découragé une partie. Pourtant nous avons vu que l'émigration a continué, que le produit en Australie et en Californie, loin de diminuer, avait quelque peu augmenté, et que, si les profits n'étaient plus les mêmes, l'industrie de l'extraction de l'or, d'un autre côté, commençait à devenir plus régulière, et s'appliquait à trouver des procédés économiques. Les travailleurs isolés avaient fait place aux associations, la battée au *long tom* et aux machines ; des canaux apportaient l'eau des montagnes jusqu'au milieu des exploitations ; le mercure était plus souvent employé ; enfin les mineurs commençaient à peine à attaquer les champs immenses ouverts à leur activité.

» En Californie, la chaîne de la Sierra, dans toute son étendue, se compose en grande partie de quartz aurifère, et, parmi les terrains d'alluvion de ses vallées, beaucoup renferment aussi de l'or. C'est, nous l'avons dit, une exploitation qui peut s'étendre sur une longueur de 1,200 kilomètres et sur une largeur de 115 kilomètres, c'est-à-dire sur une superficie de 138,500 kilomètres carrés, des bords du Sacramento et du San-Joaquim aux sommets de la Sierra. Là ne se borne pas encore l'exploitation probable de l'avenir. Au nord de la Californie, l'Orégon contient aussi des gîtes aurifères ; au midi, les plaines et les montagnes de Sonora en contiennent également et semblent rattacher les mines du Mexique à celles de la Californie par la grande arête américaine, la chaîne du monde la plus riche en métaux de toute sorte.

» En Australie, c'est la chaîne orientale du continent, connue sous le nom de montagnes Bleues ou Alpes australiennes, qui présente les mêmes richesses. On a découvert d'abord l'or près de Bathurst; quelque temps après on le découvrit au sud, près de Melbourne, à 700 kilomètres de la première mine. Une troisième découverte a été faite au nord de Cokburn ; enfin on exploite aussi des mines au sud-ouest, dans le voisinage d'Adélaïde, à plus de 500 kilomètres de Melbourne. Ainsi la présence de l'or a été reconnue à divers endroits sur un développement d'environ 1,500 kilomètres, et, à mesure que les découvertes et l'exploitation avanceront, on la reconnaîtra sur bien des points intermédiaires ; on l'a même déjà signalée en dehors de cette première ligne d'exploitation. On a trouvé de l'or dans la Tasmanie, île située au sud du continent australien.

» En Russie et en Sibérie le champ est plus vaste encore. L'or se

que les mines ont cessé de fournir au gré de leurs besoins. L'or et l'argent tendent à jouer désormais dans les transactions le rôle dont les réserves sont chargées

trouve à la fois dans les vallées du Caucase, depuis la Mingrélie jusqu'à Tiflis, Elisavetopol et Mosdak; dans l'Oural, depuis Ekaterinenbourg jusqu'aux bords de la mer Glaciale; dans la Kirghizie, depuis les rives de l'Irtisch jusqu'à l'Ala-Koul et même jusqu'au Turkestan, dans les eaux du Sihoun et du Djihoun; dans l'Altaï, depuis le gouvernement de Tomsk, dans lequel se trouvent, sur la rive droite de l'Irtisch, des gîtes aussi riches que ceux de la Kirghizie sur la rive gauche, jusqu'à Nertschinsk, dans le district d'Irkoutsk, situé à plus de 5,000 kilomètres de la Mingrélie.

» L'exploitation s'étend déjà sur cette immense région dont bien peu de points, il est vrai, ont été jusqu'ici entamés.

» Il est peu de métaux qui soient répandus sur un plus vaste espace que l'or. Presque contemporain de l'homme, il n'apparaît que vers l'époque des dernières formations du globe, au milieu des roches de quartz d'où il a été entraîné par les eaux dans les dépôts qui forment aujourd'hui la croûte terrestre. C'est pourquoi on le rencontre à la surface de tant de terrains. On peut presque dire, sans exagération, qu'il est peu de chaînes qui n'en contiennent, peu de contrées dont quelque fleuve n'en charrie des paillettes. L'Adour, dans les Pyrénées, le Rhin, dans les Alpes, roulent de l'or dans leurs eaux. Rien donc de plus facile que de découvrir de l'or. Aussi l'élan donné par la découverte de la Californie a-t-il provoqué de toutes parts des exploitations. Il y en a eu au Canada, dans la Guyane, au Chili; celles du Caucase et de la Kirghizie datent aussi de cette époque.

» On s'est fait sans doute de grandes illusions sur ce sujet. Il y a partout de l'or; mais partout l'or ne vaut pas la peine d'être extrait. Les orpailleurs du Rhin ne gagnent pas plus de 1 fr. 50 c. par jour. Bien des exploitations commencées ou entrevues seront abandonnées. Les trois grandes chaînes de l'Australie, de la Californie et de la Sibérie ne seront pas fouillées dans toute leur étendue par les mineurs. Mais néanmoins les procédés nouveaux permettront de porter le travail plus loin qu'on ne l'avait fait jusqu'ici, et donneront des bénéfices où auparavant il n'y avait que de la perte. Déjà en Russie on est parvenu à exploiter des gîtes aurifères dont la production est de 1 gramme d'or sur 1,536,000 grammes de terre; l'avenir est avec les machines. En exploitant le quartz, toujours beaucoup plus riche que la terre d'alluvion,

dans les banques d'escompte. Un *clearing house* universel s'établira tôt ou tard pour régler tous les marchés par des compensations de créances, et l'on verra se

on est rémunéré de son travail quand on obtient 1 gramme d'or sur 2 kilogrammes de minerai ; les minerais ont donné beaucoup plus, et le perfectionnement des machines, qui sont toutes jusqu'à présent trop faibles, augmentera encore le profit. Nul ne peut dire quelle sera la limite de l'exploitation de l'or ; mais il est certain qu'on ne l'a pas encore atteinte.

» Ce qu'on peut affirmer, c'est qu'on la trouvera, non dans l'épuisement des gîtes aurifères, mais dans l'élévation du coût de production et dans la baisse de valeur de l'or sur le marché général du monde.

» Si l'avenir promet pour de longues années encore une abondante production aux mines d'or, il promet aussi de grandes richesses aux mines d'argent. On parle beaucoup aujourd'hui de l'inondation de l'or ; il y a dix ans on ne parlait que de l'inondation de l'argent, et la possibilité d'un énorme accroissement dans la quantité de ce métal inspirait des craintes à l'économie politique.

» La longue chaîne qui parcourt les deux Amériques, depuis les montagnes de l'Orégon jusqu'au Chili, renferme dans toute sa longueur, sur une étendue de plus de 12,000 kilomètres, des filons d'argent, comme elle renferme des minerais d'or. Elle n'a encore été attaquée que sur quelques points isolés ; et ces quelques points, tels que le Potose au Pérou, la Veta-Madre au Mexique, ont déjà rendu d'immenses richesses ; c'est de ses flancs qu'est sorti presque tout l'argent qui est aujourd'hui dans le commerce, puisque sur 31 milliards d'argent, l'Amérique seule en avait fourni 27 en 1848.

» Au Mexique, dans la Nouvelle-Grenade, au Pérou, dans la Bolivie, au Chili, on exploite des mines. Dans l'Amérique septentrionale, presque tous les fleuves, tous les ruisseaux qui descendent des hautes vallées des Andes roulent des sables argentifères. M. de Humbold pensait que l'Amérique n'avait pas une richesse moins grande en argent qu'en or : « La richesse des chaînes de montagnes de l'Amérique en gisements d'or et d'argent est étonnante, dit-il. En passant en revue la quantité des gisements d'or qui y abondent visiblement, gisements dont on a à peine commencé l'exploitation maintenant, et même dans quelques localités seulement, on reste convaincu que si on parvenait à apaiser les troubles politiques qui mettent obstacle à toute espèce d'industrie, et

réaliser l'utopie de Ricardo, que la monnaie est dans sa condition véritable, lorsqu'elle est à l'état de papier. N'en trouvons-nous pas déjà la preuve dans les opéra-

si on introduisait dans ces mines les procédés dont on se sert en Europe pour l'exploitation, les seules mines du Mexique déjà connues pourraient fournir une immense quantité d'argent. » Ailleurs il ajoute : « L'Europe serait inondée de métaux précieux si l'on attaquait à la fois, avec tous les moyens qu'offre le perfectionnement de l'art du mineur, les gîtes de minerais de Bolanos, de Batopilas de Sombrerete, de Rosario, de Pachuca, de Moran, de Zultepec, de Chihuahua, et tant d'autres, qui ont joui d'une ancienne célébrité... En général, l'abondance de l'argent est telle dans la chaîne des Andes, qu'en réfléchissant sur le nombre des gîtes de minerais qui sont restés intacts, ou qui n'ont été que superficiellement exploités, on serait tenté de croire que les Européens ont à peine commencé à jouir de cet inépuisable fonds de richesses que renferme le Nouveau Monde. »

« M. Boussingault, qui a plus récemment visité les mêmes contrées, partage entièrement sur ce point l'opinion de M. de Humboldt (page 81 et suivantes). »

Dans une autre partie de son livre (page 192 et suiv.), M. Levasseur constate ainsi les résultats de l'influence que l'accroissement de la production de l'or a exercée sur le prix des matières premières et des produits manufacturés.

« La hausse de 1856 sur 1847 est de 41 61 pour 100, c'est-à-dire que 141 fr. 61 c. ne pouvaient pas en moyenne acheter plus de marchandises en 1856 que n'en achetaient 100 fr. en 1847. L'argent en France avait donc perdu, en 1856, 29 pour 100 ou environ les 2/7 de sa valeur, dépréciation énorme dans un si court espace de temps, et à laquelle on aurait peine à croire, si elle n'était démontrée par des chiffres incontestables. Nous ne sommes pourtant qu'au début d'une révolution dont nous ne voyons pas encore le terme, et nous ne devons pas oublier, quelque inouï que nous paraissent de tels changements, qu'au XVIe siècle la hausse des marchandises a été, en cent vingt ans, de 1,200 pour 100, et que les métaux précieux ont perdu les 11/12 de leur valeur. Nous ne sommes pas dans une pareille situation, et il est certain que l'activité industrielle et l'extension du commerce arrêteront la baisse bien en deçà d'une pareille limite.

Il y a, toutefois, une remarque importante à faire sur ce chiffre de 29 pour 100. Il est évident que de quelque monnaie qu'on se serve, il fallait en 1856, en France, à peu près sept pièces de 1 fr.

tions des banques de France, d'Angleterre et des États-Unis? Qu'est-ce qu'un établissement qui opère pour sept ou huit cents millions d'escompte dans l'année, au

ou l'équivalent de sept pièces, là où cinq pièces suffisaient il y a dix ans. Mais il faut démêler dans ce renchérissement général la multiplicité des causes, voir ce qui est permanent et ce qui est passager, et ne pas attribuer uniquement à l'or ce changement dont il n'est pas seul coupable. S'il y a eu cherté, c'est que, depuis quelques années, la disette du blé a fait monter le prix de toutes les substances alimentaires au delà de la proportion naturelle. C'est que nous avons soutenu au loin une guerre coûteuse pour laquelle le gouvernement a dû faire d'immenses approvisionnements et produire la hausse par une demande considérable de produits. C'est enfin que l'industrie française, comme nous l'avons dit, a fait depuis quelques années, de rapides progrès, et qu'en appelant un nombre de consommateurs plus grand qu'autrefois à prendre une part des jouissances de la vie, elle a créé parmi les acheteurs une concurrence qui devait infailliblement produire la hausse : singulier effet des progrès de l'industrie, qui provoquent à la fois la baisse en créant plus de produits, et la hausse en créant plus de consommateurs. La disette, la guerre, le développement de l'industrie amenant une augmentation dans le nombre des consommateurs : trois causes qui ont contribué avec l'avilissement de l'or à la cherté. De ces trois causes, deux sont passagères : la guerre a cessé depuis le traité du 30 mars 1856, et la disette depuis la récolte de 1857. Mais la troisième est permanente et contribuera avec l'or à élever d'une manière définitive les prix de toutes choses. Quelle sera cette élévation, abstraction faites des causes passagères? Nous avons pu fixer d'une manière certaine les chiffres de 67 19 pour les produits naturels, de 14 94 pour les produits manufacturés, et de 41 61 pour les marchandises en général, parce que pour arriver à ces résultats, nous n'avions qu'à constater les prix réels du marché. Au delà nous n'avançons plus qu'à travers des hypothèses. Cependant il est un fait certain, c'est que les causes passagères ont dû, par leur nature même, agir beaucoup plus fortement sur les produits naturels que sur les produits manufacturés et que 67 17 et 14 94 ne marquent pas le rapport véritable des deux ordres de produits dans les temps ordinaires.

On reste dans les limites les plus probables de la vérité en disant que la guerre et la disette ont augmenté le prix des produits naturels de 20 pour 100 en moyenne, et celui des produits manu-

moyen d'un fonds social de cent millions en espèces, dont le quart suffirait pour les remboursements demandés? L'argent, comme on le voit, ne joue plus désormais qu'un rôle secondaire, et quoique sa valeur semblât augmenter par la réduction du produit des mines et par l'accroissement des besoins commerciaux, la monnaie de papier tend à la déprécier et à prendre sa place sur tous les marchés de l'univers. La lettre de change circule partout, préférablement aux écus, parce qu'elle est plus commode et qu'elle court moins de risques dans la circulation.

Cette révolution monétaire, presque accomplie en Europe, ne permettra plus le retour des altérations et des fraudes dont l'histoire des peuples présente de si nombreux exemples. A force d'expériences et de malheurs, on a fini par comprendre la nécessité d'un res-

facturés de 2 pour 100; que la spéculation qui a porté si haut tous les prix a dépassé la baisse des métaux et l'a exagérée d'une manière factice d'environ 5 pour 100; que par conséquent il reste une hausse permanente

« De 42 19 pour 100 sur les produits naturels;

» De 7 94 pour 100 sur les produits manufacturés;

» D'environ 25 pour 100, en moyenne, sur toutes les marchandises en général.

» Sur cette augmentation de 21 pour 100, 5 pour 100 à peu près sont dus au développement de l'industrie et à l'augmentation du nombre des consommateurs : il reste donc 20 pour 100 qui sont un effet de l'abondance des métaux précieux.

» Quand les causes passagères auront cessé d'agir, il faudra encore 125 francs pour acheter ce qui coûtait 100 fr. il y a dix ans; autrement dit, il faudra une pièce de cinq francs pour se procurer la même quantité de marchandises qu'on avait auparavant pour quatre francs : l'argent aura perdu 20 pour 100, un 1/5 de sa valeur. Si on faisait abstraction de la cause permanente que nous désignons sous le nom de développement de l'industrie, on trouverait que l'abondance seule des métaux précieux a produit une baisse de 16 67 pour 100 sur leur valeur. (*Note de l'éditeur.*) »

pect invariable pour tous les éléments qui concourent à la sécurité des échanges. Peuples et rois sont aujourd'hui guéris de la funeste manie de chercher dans la fausse monnaie des ressources précaires, toujours aussi honteuses qu'elles sont stériles. Mais qui pourrait nombrer les méfaits de ce genre dont l'histoire est toute pleine depuis la découverte du Nouveau Monde? Ceux qui n'avaient pas de mines, s'imaginèrent qu'ils en trouveraient l'équivalent dans la réduction du titre ou du poids de leurs écus, et la fausse monnaie devint pour les gouvernements une arme à deux tranchants, dont ils se blessaient eux-mêmes en essayant de s'en servir contre leurs ennemis. Ainsi firent les Hollandais dans leur révolution contre l'Espagne, et les Français, au dix-septième siècle, dans leur guerre contre les Espagnols. Venise et Florence même, ces républiques opulentes, ne se refusèrent pas ce supplément ignoble de revenu; et l'on peut ranger parmi les principales causes de la décadence des Florentins l'habitude prise par leurs négociants de se livrer au trafic des espèces monnayées plutôt qu'à la culture des arts qui avaient fait la fortune de leurs ancêtres. Le mal ne tarda point à jeter de profondes racines, et il y eut non-seulement de mauvaises monnaies, mais d'innombrables livres sur la monnaie. C'est peut-être le sujet économique sur lequel on ait le plus écrit. Chacun voulait avoir trouvé la pierre philosophale. Davanzati écrivait en 1582 : « L'or et l'argent sont des instruments qui font circuler sur tout le globe les biens des mortels, et que l'on peut considérer comme les causes secondaires d'une vie heureuse. » Serra publia, en 1613, son ouvrage intitulé : *Petit traité des causes qui peuvent faire abonder l'or et l'argent dans les royaumes*, et il s'attachait à prouver qu'à ses yeux les seules richesses étaient les matières d'or et d'argent. Montanari fit paraître, en 1680, son *Traité sur les monnaies*, dans lequel on retrouve, avec les préoccupations de ses prédécesseurs, en faveur des métaux précieux, des réflexions très-justes sur les phénomènes de la circulation. Un siècle auparavant, Gaspard Scaruffi, de Reggio, avait adressé au comte Tassoni un *Discours sur les monnaies*, plein de vues très-élevées, et digne encore d'intérêt aujourd'hui, après lesexcellents écrits qui ont paru sur la matière. C'est Scaruffi qui proposa le premier la marque de l'or et de l'argent, adoptée, depuis, dans toute l'Europe, pour servir de garantie au commerce de l'orfévrerie. Les autres écrivains italiens d'économie politique, Broggia [1], Neri [2], Carli [3], Beccaria [4], Vasco [5] ont répandu les plus vives lumières sur toutes les questions relatives aux monnaies, dont les économistes français ont résumé l'ensemble avec plus ou moins d'ordre et de netteté. Boutteroue, Leblanc, Abot de Bazinghen, Dupré de Saint-Maur, Boizard, Poulain, nous ont laissé des écrits plus complets que les Italiens, mais où l'on ne trouve pas la même hauteur de vues et la même originalité. En Hollande, en Angleterre, en Espagne, la question des monnaies a enfanté des milliers de livres, plus ou moins empreints des préjugés du temps, mais qui ne sauraient avoir désormais qu'une importance de curiosité, depuis que les économistes modernes ont éclairé cette étude par les travaux les plus brillants et les plus consciencieux.

1 *Traité des monnaies*, 1751.
2 *Observations sur le prix légal des monnaies*. 1751.
3 *Traité des monnaies*. 1760.
4 *Sur les désordres et les remèdes des monnaies*, 1762.
5 *Essai politique sur les monnaies*, 1772.

C'en est fait pour jamais des folles tentatives qui ont été renouvelées pendant plusieurs siècles contre l'intégrité du système monétaire. De tous les procès pendants au tribunal de la science, il n'y en a point qu'elle ait jugé avec plus d'expérience et de maturité, et sur lequel son jugement soit plus inattaquable. Chacun sait aujourd'hui que les véritables avantages que l'Europe a retirés de la découverte des mines du Nouveau Monde, ne viennent pas exclusivement de l'abondance des métaux précieux, mais de la culture des denrées consommables qui font la base de nos échanges avec ce pays. L'or et l'argent ont disparu; le coton, le sucre et le café sont restés. La seule découverte de la pomme de terre a mieux valu que celle des mines du Pérou et du Mexique.

CHAPITRE XXV.

De quelques fâcheuses conséquences de la découverte des mines d'Amérique. — Des premières apparitions de pauvres en Angleterre. — Ministère de Sully. — Ses réformes financières. — Ses idées erronées sur l'industrie et le commerce. — Il est le plus ardent propagateur du *système mercantile.* — Son penchant pour les lois somptuaires. — Ses rudes attaques contre les abus de finances. — Résultats définitifs de son administration.

Si l'on se bornait à examiner la surface des choses, il y aurait peut-être lieu de déplorer la découverte des mines du Nouveau-Monde. La grande importation de numéraire qui en fut la conséquence ne semble, en effet, avoir servi qu'à bouleverser l'Europe et à jeter la perturbation dans les esprits et dans les intérêts. Charles-Quint et Philippe II s'en servent pour assouvir leur ambition, en suscitant partout des guerres sanglantes et ruineuses; les autres princes n'y voient qu'une occasion d'accaparer le numéraire de leurs sujets, afin de lutter à armes égales contre les possesseurs de la nouvelle terre promise. Partout l'esprit de fiscalité se réveille à l'aspect des monceaux d'or et d'argent qui nous viennent de l'Amérique, et le premier résultat de cette inondation est de suspendre l'activité des peuples et des rois, uniquement pressés de courir après la richesse des mines, plutôt que d'encourager celle qui vient du travail. On a vu qu'elle fut la surprise des uns et les expédients imaginés par les autres, à l'apparition de ces phénomènes inconnus de hausse subite dans le prix des choses sans augmentation dans le taux des salaires. En vain on opposait aux incidents de chaque jour des palliatifs nouveaux; le mal renaissait sous mille formes imprévues, toujours plus menaçant et plus incurable. La fausse monnaie, les augmentations d'impôts, les exactions de tout genre n'y pouvaient porter remède, et la plus affreuse anarchie faillit désoler un moment toute l'Europe.

Qu'on se transporte, par la pensée, au temps de nos guerres civiles, sous Henri III, lorsque de toutes parts le vieux catholicisme, ébranlé jusqu'en ses fondements, essayait de ressaisir un pouvoir près de lui échapper. C'était l'époque la plus brillante des mines d'Amérique; chaque année les galions revenaient du Mexique chargés de piastres fortes, et cependant la pauvreté régnait partout, malgré ces éléments naissants d'opulence, et, d'une extrémité à l'autre, l'Europe était en proie à la discorde et à la misère. On n'entendait parler que d'extorsions et de pillages. « Le pays, s'écriait un écrivain français contemporain [1], est mangé non-seulement par la gendarmerie et par les gabelleurs; mais d'heure à autre sortent des citadelles les soldats qui vont à la picorée, avec des insolences et des excès tels et si grands, qu'il n'y a village ou maison qui, une, deux et trois fois la semaine, ne soit contrainte de distribuer à l'appétit de

[1] Froumenteau, *le Secret des finances*, édit. de 1581.

ces canailles; quand le soldat sort, le sergent y entre, et d'ordinaire les maisons sont remplies de gens d'armes, soldats, collecteurs de tailles, sergents et gabelleurs, tellement que c'est bien à merveille quand l'heure du jour a passé sans être visité de telles gens. »

La même chose se passait en Angleterre, en Flandre, en Italie, en Allemagne. On eût dit que des armées entières de soudards s'étaient ruées sur la fortune publique, et que les peuples étaient condamnés à verser désormais leurs sueurs et leur sang jusqu'à la dernière goutte pour assouvir cette soif d'or et d'argent qui dévorait leurs oppresseurs. Au lieu de seconder les ressources naturelles de chaque pays, les métaux précieux ne servirent d'abord qu'à les épuiser, et il a fallu près de trois siècles d'expériences et de malheurs pour nous apprendre que leur véritable destination était d'alimenter l'industrie plutôt que la guerre. Les mines d'Amérique ont été découvertes cent ans trop tôt ; elles n'auraient dû verser leurs trésors en Europe qu'après les longues guerres de religion, d'où sortirent la liberté d'examen, l'ordre dans les finances et la sécurité pour le travail. Aux mains d'un roi tel que Philippe II, leur action fut plus meurtrière que celle de la poudre, et c'est par elles, ou à cause d'elles que la France, l'Espagne et l'Angleterre ont été si longtemps désolées. Les princes qui n'avaient point de mines, en cherchèrent l'équivalent dans la bourse de leurs sujets, sans songer qu'en attaquant ainsi les capitaux en même temps que les revenus, ils frappaient la production dans sa source et l'État dans sa vie. Aussi, lorsqu'on étudie l'histoire de ces temps déplorables, on n'entend plus parler que de provinces épuisées, de maisons détruites, de malheureux errants dans les campagnes. Quand les états de Blois s'assemblèrent, on leur présenta l'énumération de ces scènes de désespoir et de ruine, et dans tous les diocèses, après chaque exposé des pertes en argent, on disait le nombre de prêtres égorgés, de moines, de soldats et bourgeois massacrés, de filles et de femmes violées, sans que jamais ce supplément au budget des misères contemporaines ait été oublié.

La plus horrible confusion régnait également en Angleterre, et le règne d'Élisabeth, dont les résultats devaient être si glorieux pour son pays, avait commencé sous des auspices très-lugubres. Henri VIII s'était emparé des biens des églises, sous prétexte de soulager ses sujets du poids des impôts qu'ils ne continuèrent pas moins à payer. Élisabeth poursuivit la mendicité d'une main inflexible, et au lieu de rendre quelques milliers d'ouvriers à la société, elle infesta l'Angleterre de voleurs. Déjà sous Henri VIII, selon le témoignage de Harrison, on en avait mis à mort plus de 72,000, et sous le règne d'Élisabeth, il ne se passait pas une année sans qu'on en envoyât trois ou quatre cents au gibet. Ces malheureux, errant par bandes de plusieurs centaines, pillaient les fermes, dévalisaient les voyageurs et bravaient au fond des bois les poursuites du gouvernement. Après avoir essayé contre eux toutes sortes de supplices, Élisabeth dut mettre leur subsistance à la charge des paroisses, et créer la fameuse taxe des pauvres, insuffisante pour les nourrir, mais non pour les empêcher de se multiplier. Ainsi, en Espagne, les mines du Nouveau-Monde avaient détourné l'administration et le peuple des véritables voies de la richesse, en leur assurant presque sans efforts un revenu indépendant du travail ; en France, elles venaient de forcer le prince à multiplier les impôts et les avanies de tout genre, pour se maintenir contre la concurrence des Espagnols, et en Angleterre, elles donnaient naissance à la taxe des pauvres, l'une des plus funestes inventions des temps modernes.

Il n'est pas impossible, toutefois, de reconnaître au milieu de ce chaos l'aurore d'nne époque plus prospère et d'un ordre de choses plus régulier. En vain les souverains s'efforçaient de retenir l'or et l'argent, de l'extorquer à leurs sujets, d'en favoriser l'entrée et d'en interdire la sortie ; l'or s'échappait par tous les pores et se rendait partout où l'appelaient de grandes transactions, c'est-à-dire de grands profits[1]. Peu à peu même, les gouvernements s'aperçurent que la perception des impôts avait besoin, pour devenir productive, d'être soumise à des règles sévères, et ces règles se firent jour dans la législation. Le parlement en Angleterre et Sully en France furent les auteurs de cette réforme, d'où devait bientôt sortir la science financière et avec elle le remède aux mauvais systèmes nés de l'ignorance contemporaine et de l'impéritie des gouvernements. Ici commence une ère nouvelle pour l'économie politique, et nous voyons enfin un système surgir du sein de l'anarchie affreuse qui a désolé l'Europe pendant les longues guerres de religion.

L'histoire a reconnu avec raison dans Sully la personnification la plus parfaite de ce système, et nous ne pouvons mieux le faire connaître qu'en exposant rapidement les principaux actes de l'administration de ce ministre célèbre. Ils ne sont pas tous conformes aux vrais principes, car Sully n'avait pas moins de préjugés

[1] « Le numéraire, dit Mengotti, est essentiellement rebelle aux ordres de la loi : il vient sans qu'on l'appelle, s'en va quoiqu'on l'arrête, sourd aux avances, insensible aux menaces, attiré seulement par l'appât des profits. »

que ses contemporains; mais il fut le premier administrateur résolu à ne pas marcher au hasard, et ses actes sont tous remarquables par un esprit d'ordre et de suite qui a exercé la plus grande influence sur l'économie politique de l'Europe. A peine investi de la confiance de Henri IV, il commença par bien étudier les charges et les ressources de la France, et il dressa le premier budget qui ait servi de base à la comptabilité publique. Ses recherches firent connaître une dette d'environ 300 millions de francs vers la fin de l'année 1595, et il s'appliqua aussitôt sans relâche à la création des *voies et moyens* nécessaires pour l'éteindre. Sa maxime principale était d'appliquer à chaque partie de la dépense une partie de la recette, sans permettre qu'elle fût jamais détournée pour un autre emploi. Il mit un frein à la fureur des traitants qui exploitaient le pays avec une telle audace, que, sur 150 millions de francs demandés aux contribuables, à peine 30 millions entraient dans le trésor public. Défense fut faite aux receveurs de saisir, sous aucun prétexte, le bétail et les instruments de labourage des cultivateurs en retard avec le fisc, et les peines les plus sévères furent infligées aux soldats qui *vexeraient* le paysan, soit pendant leurs marches, soit arrivés dans leurs quartiers, ce qui était, comme on l'a vu, une des plus horribles plaies de ce temps. Il ne fallut pas moins de fermeté pour réprimer l'avidité des gouverneurs de province, qui avaient poussé la licence jusqu'à lever des contributions pour leur compte et de leur seule autorité. Le duc d'Épernon, qui se faisait, par de semblables violences, soixante mille écus de rentes, osa résister à Sully, *qui soutint en homme de guerre son opération de finance*[1].

[1] Forbonnais, *Recherches sur les finances*, tome I, page 38.

Le courageux ministre, après avoir mis à la raison tous ces pillards de haut et bas étage, eut bientôt compris, et il répétait souvent, que pour enrichir le prince, il fallait enrichir les sujets. Tous ses soins se portèrent donc vers l'amélioration de l'agriculture, qu'il considérait comme la première industrie du pays [1]. Il lui prodigua des encouragements de toute sorte, et avant peu d'années la plus grande partie des terrains qui étaient tombés en friche par suite des malheurs de la guerre, avaient été remis en culture. Il abolit les entraves les plus gênantes pour la circulation, et il supprima les petites faveurs de toute espèce que l'habileté des courtisans avait surprises au roi. C'est ainsi que le duc de Soissons s'était fait octroyer l'autorisation de lever un droit de quinze sous par balle de marchandise qui sortait du royaume. Henri IV croyait avoir accordé une gratification de quelques milliers d'écus ; le courtisan en avait su tirer un revenu de trois cent mille francs. Sully fit rentrer au trésor ces revenus usurpés. Malheureusement ce grand ministre méconnut toute sa vie l'importance des manufactures. Il y avait chez lui tout à la fois une sorte de répulsion aristocratique pour le travail des métiers et une indifférence philosophique pour tous les objets de commodité et de luxe. Sully était un gentilhomme à l'âme stoïque, un véritable patricien romain des beaux jours de la république. On sait les longues querelles qu'il eut avec Henri IV au sujet des plantations de mûriers encouragées par ce prince, et qui faillirent le brouiller avec son ministre. Sully frémissait à l'idée de l'introduction des soieries en France : « Que

[1] *Labourage et pâturage,* disait-il, *sont les deux mamelles de l'État.*

fait-on, disait-il [1], en présentant au peuple la culture de la soie pour l'exercer ? on lui fait quitter un genre de vie dur et laborieux, tel qu'est celui des champs, pour un autre qui ne fatigue par aucun mouvement violent. On a remarqué de tout temps que les meilleurs soldats se tirent de ces familles de robustes laboureurs et d'artisans nerveux : substituez-y ces hommes qui ne connaissent qu'un travail que des enfants peuvent faire, vous ne les trouverez plus propres pour l'art militaire, que la situation de la France et son état politique lui font une nécessité indispensable de conserver et de maintenir. En même temps que vous énerverez les peuples des campagnes, qui, en toute manière, sont les vrais soutiens de l'État, vous introduirez par ceux de la ville le luxe avec toute sa suite, la volupté, la mollesse, l'oisiveté, qui n'est point à appréhender pour ceux qui ont peu et qui savent se contenter de peu. Eh ! n'avons-nous pas déjà en France un assez grand nombre de ces inutiles citoyens, qui, sous un habit d'or et d'écarlate, nous cachent toutes les mœurs de véritables femmes ! » Un censeur romain n'eût pas mieux dit; mais un ministre de l'agriculture et du commerce devait avoir d'autres idées.

C'est cette prévention philosophique contre le luxe [2] qui a inspiré à Sully la plupart des règlements fâcheux que son administration a imposés au commerce et à l'industrie. Toute consommation de produits étrangers lui semblait un larcin fait à la France et une atteinte portée

[1] *Mémoires de Sully*, tome II, page 289, édit. in-4°.

[2] Sully, d'ailleurs, prêchait d'exemple : « Il allait ordinairement vêtu de drap gris, avec un pourpoint de satin ou de taffetas sans découpure ni broderie. Il louait ceux qui se vêtaient de la sorte et se moquait des autres, qui portaient, disait-il, leurs moulins et leurs bois de haute futaie sur leur dos. »

PÉRÉFIXE, 3e partie.

à ses mœurs; toute sortie de numéraire une calamité qu'il fallait prévenir par des mesures énergiques. Il fut ainsi conduit à adopter les premières théories du *système mercantile* dont on doit le considérer comme le plus ardent propagateur. Jamais on n'avait déployé une rigueur plus grande contre les contrebandiers, surtout contre ceux qui exportaient de l'or ou de l'argent. A la confiscation des espèces saisies, il fit ajouter celle de tous les biens des contrevenants, et le roi déclara par serment qu'il n'accorderait jamais aucune grâce pour les délits de ce genre. La monnaie frappée au coin des différents princes de l'Europe avait eu cours jusque-là et s'employait indifféremment en France avec la monnaie marquée de l'empreinte du souverain; il fut défendu de s'en servir, excepté de celle d'Espagne, dont l'usage était trop général pour être supprimé brusquement. Mais cette défense porta un coup fatal au commerce, et resserra la circulation des capitaux, parce qu'on aimait mieux garder les espèces proscrites, que les porter à la monnaie où les attendaient d'énormes droits de seigneuriage. Sully crut appuyer par des lois somptuaires la mise en vigueur de ce système, qui avait pour but la réduction forcée de toutes les dépenses publiques et particulières, et qui devait, selon lui, amener la richesse et la prospérité *par la privation*. « Il est encore plus nécessaire de se passer des marchandises de nos voisins, disait-il [1], que de leur monnaie. La nécessité qu'on s'impose de s'habiller de telles étoffes plutôt que d'autres, n'est qu'un vice de notre fantaisie; mais le prix qu'on y met est un mal qu'on se fait à soi-même avec pleine connaissance de cause. » A cette occasion

[1] *Mémoires*, tome II, page 390.

les marchands de soie de Paris étant venus réclamer auprès de Sully, au nom du commerce de la ville, le ministre les reçut avec humeur et se permit, envers celui d'entre eux qui portait la parole, des outrages qui auraient bien mérité d'être vigoureusement réprimés [1].

Il ne voulut jamais supprimer non plus la douane de Vienne, plus connue, depuis, sous le nom de *douane de Valence*, et qui avait pour objet avoué de rendre presque impossible le commerce entre la France et l'Italie. Ce funeste péage établi sur le Rhône semblait en avoir fait un fleuve infranchissable, et força le commerce de prendre une autre route, au grand détriment de nos intérêts. Forbonnais rapporte le discours d'un député de Lyon aux états de Dauphiné, en 1600, dans lequel les tristes conséquences de l'opiniâtreté de Sully sont signalées avec énergie. « Cette douane, disait le député, fut établie pour la réduction de la ville de Vienne ; et quoique la ville de Lyon en eût, dès le principe, apprécié le danger, elle espéra qu'ayant été créée pour des besoins urgents et passagers, on en verrait plus tôt la fin que l'occasion de s'en plaindre. Mais, comme les choses qui paraissent au commencement douces et faciles se rendent avec le temps âpres et intolérables, ce subside est devenu un écueil qu'on ne rencontre point sans

[1] Le sire Henriot, chargé de la harangue, ayant mis genou à terre avant de la commencer, Sully le releva brusquement, et après l'avoir tourné de tous côtés pour contempler à l'aise son habit à l'antique, doublé de soiries de diverses couleurs, selon les habitudes de sa profession : « Eh ! là, mon bonhomme, venez-vous ici avec votre compagnie pour vous plaindre ? Mais vous êtes *plus beau* que moi ! Comment donc ? voici du taffetas, voici du damas, voici du brocart ; » et il se moqua de la députation, sans l'entendre, d'une manière si cruelle, que les marchands confus disaient en s'en allant : « *Le valet est plus rude et plus glorieux que le maître.* »

y faire naufrage. Depuis que le passage du Rhône a été décrié et que les marchands ont mieux aimé tenter tout autre hasard que de s'exposer à toutes sortes d'injustices, la ville de Lyon a bien reconnu que, de célèbre et florissante qu'on l'a vue, elle deviendra un désert, si la liberté du commerce n'est rétablie. Déjà toutes les marchandises qui, du Levant venaient à Marseille et de là à Lyon, ont quitté l'ancien passage et cherché d'autres routes plus longues, plus pénibles, mais plus sûres [1]. Ne pensez pas, messieurs, que nous soyons si peu instruits dans la science d'obéir, *la meilleure et la plus heureuse possession des sujets*, que nous pensions à contredire les intentions du roi, ni à diminuer ses finances. Les charges que les peuples souffrent, quoiqu'elles soient grandes, sont toujours réputées saintes et justes ; mais elles sont dans l'État ce que sont les voiles dans un vaisseau pour le conduire, l'assurer, et non pour le charger et le submerger. » L'historien Mathieu, qui a conservé ce discours, convient que les plaintes étaient générales et qu'elles ne furent point entendues.

Sully, toujours préoccupé des mêmes illusions qui lui faisaient redouter le commerce étranger et l'industrie intérieure comme des causes d'appauvrissement et de ruine, imagina de renchérir sur les restrictions que les anciens rois de France avaient mises à la liberté du travail. On sait que Henri III avait ordonné, en 1581, que tous négociants, marchands, artisans, gens de métier, résidant dans les villes et bourgs du royaume, seraient établis en corps, maîtrise et jurande, sans qu'aucun pût

[1] C'est depuis ce temps-là que le commerce de l'Italie avec l'Angleterre et la Flandre, qui se faisait en transit par la France, prit la route de mer et ne l'a plus quittée.

s'en dispenser. Un second édit, de 1583, avait déclaré *la permission de travailler* un droit royal et domanial ; en conséquence, le temps des apprentissages, la forme et la qualité des chefs-d'œuvre, les formalités pour la réception des maîtres et toute la vieille législation de saint Louis avaient été tellement revus et corrigés, que le travail était devenu une sorte de privilége. Sully n'abusa point du droit royal et domanial, mais il se mit à vendre des lettres de maîtrise, qui dispensaient les titulaires d'apprentissage et d'épreuves ; et créant les priviléges au sein des priviléges mêmes, il fit ce que saint Louis n'aurait point osé faire, malgré la différence des temps et des circonstances. Il agissait ainsi du fond de sa conscience, persuadé que l'industrie était une branche parasite de la production, nuisible à l'agriculture, et dont il eût dit volontiers avec Xénophon : « Que faire de gens, la plupart assis tout le jour et cloués à des métiers dont les produits énervent les consommateurs et nous font dépenser de l'argent ? »

La pensée dominante de Sully, en prenant toutes ces mesures, était de fournir aux besoins de l'État et d'avoir toujours sous la main des masses de numéraire considérables. Aucune résistance ne lui semblait tolérable, dès qu'il craignait d'être entravé dans l'exécution de cette tâche difficile. Tantôt il répondait aux parlements récalcitrants : « Le roi ne saurait trouver injuste ce qui convient à ses affaires ; » tantôt il faisait construire à la Bastille de nombreux caveaux destinés à recevoir des amas d'argent, dont il privait ainsi la circulation, mais qu'il croyait aussi nécessaires à la sûreté de l'État que des magasins de poudre à sa défense. Henri IV appuyait de temps en temps ces mesures par des discours étudiés, comme celui où il exposa dans un conseil extraordinaire les motifs qu'il avait de faire une réserve de fonds pour satisfaire aux exigences d'une guerre imprévue ou parer aux besoins d'une minorité orageuse. Sully a été préoccupé toute sa vie de cette inquiétude financière à laquelle il a sacrifié plus d'une fois des principes qui lui étaient chers; mais ses erreurs ont été plutôt celles de son temps que de son jugement, et il a pu se rendre à lui-même cette justice, dans ses mémoires, que l'abondance commençait enfin à renaître, et que les paysans, *délivrés de tous leurs tyrans dans la finance, la noblesse et la milice,* ensemençaient leurs champs et récoltaient en sécurité [1]. C'est alors qu'il songea à l'exécution des grands travaux dont le canal de Briare devait être le point de départ, et qu'il eut tant de peine à faire comprendre à Henri IV, peu habitué à prévoir les profits de si loin, lui qui avait vécu d'expédients et d'anticipations.

Sully a résumé lui-même ses doctrines économiques dans un exposé qui lui fut demandé par ce prince, et qu'il a reproduit dans ses mémoires. « Pour voir si mes idées se rapportaient aux siennes, dit-il, le roi voulut

[1] Ce n'était pas sans peine que Sully y était parvenu. Il raconte lui-même comment il lui fallait chaque jour livrer quelque babataille pour défendre les intérêts du pays. « Le roi, dit-il, venait de se laisser arracher une vingtaine d'édits, et je partais dans le dessein de faire une tentative auprès de lui, *en faveur du peuple*, lorsque je rencontrai la marquise de Verneuil qui me demanda quel était le papier que je tenais. Que pensez-vous faire de tout cela? me dit-elle. — Je pense, madame, faire des remontrances au roi. — Et pour qui donc, monsieur, voudriez-vous que le roi fît quelque chose, si ce n'est pour ceux qui sont ses cousins, parents et *maîtresses?* Tout ce que vous dites, madame, lui répliquai-je, serait si bon si S. M. prenait l'argent dans sa bourse; mais lever cela sur les marchands, artisans, laboureurs et pasteurs, il n'y a aucune apparence : *Ce sont eux qui nourrissent le roi et nous tous;* ils ont bien assez d'un maître, sans avoir tant de cousins, de parents, et de maîtresses à entretenir. »

que je lui donnasse une note de tout ce que je croyais capable de renverser ou simplement de ternir la gloire d'un puissant royaume. Je la présente ici comme un abrégé des principes qui m'ont servi de règle. Ces causes de la ruine ou de l'affaiblissement des monarchies sont les subsides outrés; les monopoles, principalement sur le blé; le *négligement* du commerce, du trafic, du labourage, des arts et métiers; le grand nombre de charges; les frais de ces offices; l'autorité excessive de ceux qui les exercent; les frais, les longueurs et l'iniquité de la justice; l'oisiveté, *le luxe et tout ce qui y a rapport;* la débauche et la corruption des mœurs; *la confusion des conditions;* les variations dans la monnaie; les guerres injustes et imprudentes; *le despotisme des souverains;* leur *attachement aveugle à certaines personnes;* leur prévention en faveur de certaines conditions ou de certaines professions; la cupidité des ministres et des gens en faveur; l'*avilissement des gens de qualité;* le mépris et l'oubli des gens de lettres; la tolérance des méchantes coutumes et l'infraction des bonnes lois; la multiplicité des édits embarrassants et des règlements inutiles. » Sully ne se montra pas toujours conséquent avec ses doctrines, pendant la durée de sa longue administration. Nous avons peine à concilier ce qu'il dit de l'importance des arts et métiers avec ses efforts pour empêcher l'établissement des manufactures de soie et surtout avec son système de *privations* qui fermait naturellement toute espèce de débouché aux produits des fabriques. Puisque le *négligement du commerce* et les variations dans la monnaie lui semblaient si préjudiciables au bien général de l'État, il n'aurait pas dû maintenir la douane de Vienne et troubler le régime des monnaies. Mais ses préjugés expliquent ses contradictions. Il ne pouvait accorder le développement de l'industrie avec son horreur pour le luxe et le besoin de suffire aux exigences financières de chaque jour. On peut dire que ces deux sentiments ont été les plus vifs et les plus énergiques de toute sa vie. Les exactions des gens de loi et des gens de finances excitaient particulièrement son indignation, et son ministère a été un long combat livré à leur rapacité. On ne connaît pas assez les campagnes vraiment héroïques qu'il a dirigées contre les abus de toute espèce et la hardiesse des réformes que la mort de Henri IV ne lui a pas permis d'exécuter. J'en donnerai une idée en finissant ce chapitre, afin qu'on puisse juger du mouvement qui s'opérait déjà dans les esprits, à cette époque, en matière d'économie politique.

Dans le gouvernement ecclésiastique, on devait dresser des listes de tous les bénéfices avec leurs dénominations et revenus [1], pour se rendre compte ainsi de l'importance de cette partie de la richesse nationale. Dans la noblesse, on eût fait le recensement de toutes les terres et des produits qu'elles rapportaient aux gentilshommes propriétaires ; dans la roture, on prenait les précautions nécessaires pour éviter aux laboureurs, artisans et commerçants, la moindre avanie de la part des soldats et des nobles. Sully poursuivait en même temps de ses anathèmes toutes les dépenses somptuaires : « On peut être assuré, disait-il, que si j'avais été cru, je n'aurais toléré ni les carrosses, ni les autres inventions de luxe, qu'à des conditions qui auraient coûté

[1] Nul bénéficiaire n'aurait pu avoir plus de dix mille livres de rente.

cher à la vanité. Des règlements particuliers devaient prescrire aux procureurs généraux de poursuivre et de punir exemplairement ceux qui par le scandale d'une vie prodigue et dissolue portaient un notable préjudice au public, aux particuliers ou à eux-mêmes. Le moyen qu'on leur donnait pour pouvoir le faire (c'est toujours Sully qui parle) était de leur joindre, en chaque juridiction, trois personnes publiques appelées *censeurs* ou *réformateurs*, choisies de trois ans en trois ans dans une assemblée publique et autorisées par leur charge, à laquelle étaient attachées toutes sortes d'exemptions, non-seulement à dénoncer aux juges tous pères, enfants de famille et telles autres personnes accusées de porter la dissolution au delà des bornes de l'honneur, et les dépenses superflues au delà de leurs facultés, mais encore à obliger les juges eux-mêmes, en les prenant à partie en cas de refus, à apporter le remède qui leur était prescrit contre les excès dans l'un et l'autre genre. Deux monitions devaient précéder toute poursuite criminelle; mais à la troisième on intentait une espèce d'action de curatelle par laquelle les mauvais ménages voyaient le maniement de leurs biens et effets passer en des mains qui ne leur en laissaient précisément que les deux tiers, et réservaient l'autre pour l'acquit de leurs dettes. Nulle condition n'en était exceptée, et aucun citoyen n'aurait vraisemblablement évité cette censure, parce qu'elle avait elle-même à répondre de ses actions à un tribunal supérieur, dont les ministres étaient aussi bien qu'elle fixés dans leur devoir par la menace d'une peine égale au déshonneur. Il aurait été établi en même temps qu'aucune personne de quelque qualité et condition qu'elle pût être, n'eût pu emprunter une somme, censée considérable par rapport à ses facultés, ni aucune autre la lui prêter, sous peine de la perdre, sans qu'il fût déclaré dans les contrats ou obligations à quoi on prétendait employer cet emprunt. Il était encore défendu, dans la même vue, à tous pères de famille de donner à un de leurs enfants, en les établissant, une somme plus grande que de justice, eu égard à leurs moyens présents, au nombre de ces enfants *nés ou à naître*, excepté le cas seul qui permettait à l'autorité paternelle méprisée ou blessée de punir un enfant vicieux ou dénaturé. »

On croirait entendre, en lisant ces lignes, une prédication saint-simonienne de nos jours, et la ressemblance des doctrines est encore plus frappante dans les dispositions menaçantes de Sully, pour détruire, ainsi qu'il le disait, *l'art méprisable de la chicane*. Dans les procès entre parents, le demandeur était tenu, avant toute chose, de faire offre et même sommation de remettre tous ses différends à l'arbitrage de quatre personnes, choisies parmi les parents ou amis des parties, deux par chacune; un sur-arbitre nommé par les arbitres devait les départager. « A l'égard des épices, salaires, vacations et autres frais, ainsi *que de tous les différents subterfuges de la chicane et de tous les autres abus du barreau dans les plaidoyers, les écritures, dont les plaintes se font entendre partout* [1] le roi croyait ne pouvoir mieux faire que de remettre tout ce détail à discuter et à régler à douze hommes choisis parmi les plus intelligents dans les affaires. » Sully eût donc fait rédiger deux cents ans plus tôt le code de procédure civile. Henri IV était tellement préoccupé du désir de ces réformes, que le jour où Sully lui en envoya le programme

[1] Rien n'est changé à cet égard depuis Sully.

rédigé de sa main, le roi le fit appeler sur-le-champ *pour en causer ensemble*, et aussitôt qu'il le vit : « Allez dire au capucins, s'écria-t-il, qu'on retarde ma messe, car il faut que je m'entretienne avec cet homme-là, qui n'est pas homme à messe. » La mort de Henri IV empêcha l'exécution de ces vues dont la plupart sans doute étaient impraticables, mais n'exprimaient pas moins la pensée économique de Sully, telle qu'on la trouve dans les actes accomplis de son administration. Le principal mérite de ce grand ministre fut d'avoir rétabli l'ordre dans les finances et d'avoir facilité par cela seul le retour ou plutôt la création des éléments essentiels de la prospérité publique. Son canal de Briare a ouvert en France la première voie hydraulique, à laquelle il ajouta bientôt sur les rivières l'établissement des coches publics, comme il avait organisé sur les routes les maisons de poste avec des chevaux pour les voyageurs. Il avait trouvé la France endettée de trois cents millions de francs, qui feraient près d'un milliard aujourd'hui : il la laissa presque entièrement libérée. Il réduisit les impôts, améliora les routes, les fortifications, le matériel de guerre, le domaine public, et fournit au trésor une réserve en espèces de quatorze millions déposés à la Bastille. Douze années avaient suffit pour amener ces résultats, qui préparèrent l'avénement des beaux jours du règne de Louis XIV, et qui installèrent definitivement l'économie politique dans les conseils de rois.

CHAPITRE XXVI.

Du ministère de Colbert et de ses conséquences économiques. — Edit et tarif de 1664. — Son véritable but. — Edit de 1667. — Encouragements au mariage. — Belles instructions données aux ambassadeurs. — Véritables doctrines de Colbert. — C'est à tort qu'on le considère comme le fondateur du système prohibitif.

Entre l'administration de Sully et celle de Colbert, il y a celle de deux prêtres, Richelieu et Mazarin, dissipateurs l'un et l'autre quoique pour des motifs différents, et dont les vues toutes personnelles n'ont rien de commun avec l'économie politique; mais il y a aussi le règne d'Élisabeth d'Angleterre et le développement de la puissance commerciale des Pays-Bas, magnifiques épisodes dans l'histoire de la science et du monde. Colbert domine ces deux événements de toute la hauteur de son génie, et l'éclat dont ils ont brillé en Europe pâlit devant le récit des grandes choses accomplies par le ministre de Louis XIV. Colbert est, en effet, le seul ministre qui ait eu un système arrêté, complet, et conséquent dans toutes ses parties, et c'est l'honneur éternel de son nom qu'il l'ait fait triompher en dépit des obstacles de tout genre amoncelés sous ses pas. Quoique ce système soit loin d'être irréprochable dans toutes ses parties, il était un progrès immense au temps de son apparition, et nous n'avons rien eu, depuis lors, qui puisse lui être comparé en fait d'étendue et de profondeur. Son organisation semble avoir conservé quelque chose du respect qui s'attache aux fondations religieuses; elle a fait secte, et cette secte compte aujourd'hui peut-être autant de fidèles que la grande église qui a pris pour bannière le principe immortel de la liberté commerciale [1].

C'est encore le besoin de rétablir l'ordre dans les finances, qui a donné naissance aux essais d'amélioration exécutés par Colbert. Cet illustre ministre eut bientôt compris que le plus sûr moyen de relever la fortune publique était de favoriser la fortune particulière, et d'ouvrir à la production les voies les plus larges et les plus libérales. Son principal mérite est d'avoir mis en parfaite harmonie tous les éléments qui devaient en assurer le succès. L'un des premiers actes de son ministère, le rétablissement des taxes sur une base uniforme, est un hommage rendu aux vrais principes, et l'on ne saurait douter que tous les autres n'eussent été conformes à ce glorieux précédent, si la science des richesses eût été, à cette époque, aussi avancée qu'elle l'est aujourd'hui. Colbert aurait certainement exécuté en France ce que M. Huskisson avait commencé en Angleterre, au moment où la mort est venue le frapper. C'est lui qui a commencé la plupart des réformes dont

[1] Depuis la publication de la première édition de cet ouvrage, l'administration de Colbert a été l'objet d'un ouvrage justement estimé, qui a été couronné d'abord par l'Académie française, et qui a valu ensuite à son auteur l'entrée à l'Académie des sciences morales et politiques, l'*Histoire de la vie et de l'administration de Colbert*, par M. Pierre Clément, 1846, in-8°. Paris, Guillaumin. (*Note de l'éditeur.*)

nous poursuivons l'accomplissement au travers des difficultés qu'il leur a créées; car il a souvent donné d'une main pour retirer de l'autre, et il a été obligé de faire plus d'une concession aux préjugés de ses contemporains et aux exigences de sa position. Mais son œuvre n'en demeure pas moins digne de nos hommages, comme le plus beau monument élevé à la science par la main du pouvoir et aussi comme une preuve de ce que les théories économiques peuvent offrir de ressources à un homme d'État.

Déjà, même avant son entrée aux affaires, les besoins de l'industrie et du commerce avaient trouvé des organes éloquents, et il n'est pas inutile d'exposer rapidement leurs griefs pour mieux apprécier l'immensité de la tâche dévolue à Colbert, et le mérite qu'il eut à l'accomplir. On a vu que Sully, malgré sa haute raison et sa force de volonté, n'avait pu parvenir à détruire une foule de taxes intérieures qui gênaient le commerce de province à province et dont quelques-unes, telles que la *douane de Valence*, étaient devenues de véritables fléaux. Ses successeurs avaient augmenté la plupart de ces taxes et ils en avaient créé de nouvelles accompagnées des formalités les plus vexatoires et des moyens coercitifs les plus odieux. Jamais la perception n'avait été plus dure ; elle ressemblait beaucoup aux avanies des collecteurs orientaux, et beaucoup de négociants avaient renoncé au commerce pour s'y soustraire. D'autres avaient quitté la France; et ceux qui avaient pu résister, épuisés par le fisc, voyaient diminuer chaque jour leurs ressources avec leurs capitaux entamés. L'agriculture elle-même, tant protégée par Sully, était tombée dans un profond découragement. Beaucoup de terres demeurèrent en friche, les bestiaux étaient abandonnés, et la

France commençait à se couvrir de vagabonds et de mendiants. On trouve une peinture fidèle de cet état de choses dans la requête présentée au roi, le 26 janvier 1654, par les six corps de marchands de la ville de Paris. « Sire, disaient les pétitionnaires, l'expérience apprend que les impôts excessifs n'ont jamais augmenté les revenus d'un État, parce qu'ils font perdre en gros ce qu'on gagne en détail. A vrai dire, il n'y a que le commerce et l'industrie qui attirent l'or et l'argent par lesquels les armées subsistent... Si nos ouvriers tirent profit de leur industrie, ce n'est pas sans l'aide des étrangers, qui nous fournissent toutes les laines fines, car nous n'en avons que de grossières ; aussi bien que les drogues pour les teintures, les épiceries, les sucres, les savons et les cuirs, dont on ne peut se passer et qui ne se trouvent point dans le royaume. Les étrangers ne manqueront pas, pour nous rendre le change, de charger toutes ces marchandises de grosses impositions, d'où il arrivera que nous n'en tirerons plus ou qu'ils défendront l'entrée de nos manufactures ; par ce moyen nos ouvriers demeureront sans emploi, et le nombre des inutiles et des mendiants augmentera. »

Colbert eut bientôt sondé la profondeur de cette plaie, et les mesures qu'il adopta prouvèrent qu'il avait à cœur de la guérir. L'édit de septembre 1664 réduisit les droits d'entrée et de sortie sur les marchandises à des proportions convenables, et supprima les plus onéreux. « Notre intention, disait le roi, est de faire connaître à tous nos gouverneurs et intendants en quelle considération nous avons *à présent* tout ce qui peut regarder le commerce, et pourquoi nous voulons qu'ils emploient leur autorité à faire rendre justice aux marchands, afin qu'ils ne soient pas divertis de leur trafic par la chicane... Nous avons convié tous les commerçants par des lettres circulaires de s'adresser directement à nous pour tous leurs besoins; nous les avons conviés de députer quelques-uns d'entre eux près de nous pour nous porter toutes leurs propositions ; et, en cas de difficultés, nous avons établi une personne à notre suite pour recevoir toutes leurs plaintes et faire toutes leurs sollicitations ; nous avons ordonné qu'il serait toujours marqué à notre suite une maison de commerce pour les y recevoir ; nous avons résolu d'employer tous les ans un million de livres pour le rétablissement des manufactures et l'augmentation de la navigation ; mais, comme le moyen le plus solide et le plus essentiel pour le rétablissement du commerce est la diminution et le règlement des droits qui se lèvent sur toutes les marchandises, nous avons ordonné de réduire tous ces droits en un seul d'entrée et un autre de sortie, et même de les diminuer considérablement, afin d'encourager la navigation, *de rétablir les anciennes manufactures* [1], de bannir la fainéantise, et de détourner par des occupations honnêtes l'inclination d'un grand nombre de nos sujets à une vie rampante, sous le titre de divers offices sans fonctions, lesquels dégénèrent en une dangereuse chicane qui infecte et ruine la plupart de nos provinces. »

En même temps Colbert défendait de saisir *pour fait de taille* les lits, habits, pain, chevaux et bœufs servant au labour, ni les outils dont les artisans et manœuvres

[1] C'est une erreur de croire que Colbert ait été le fondateur de l'industrie en France; il n'en a été que le restaurateur. Sous le règne de Henri IV et de Louis XIII, nos manufactures s'étaient déjà élevées à un très-haut degré de prospérité. On lit, dans les *Mémoires de Jean de Witt* (vol. VI, page 182) que dès l'année 1658 les objets de fabrique française exportés pour l'Angleterre et la Hollande seules s'élevaient à 80 millions de livres.

gagnent leur vie. Le cadastre fut réformé, afin que les biens ne pussent être imposés qu'en proportion de leur valeur et de l'étendue réelle du terrain. Les grands chemins du royaume et toutes les rivières étaient gardés par des armées de receveurs de péages, qui arrêtaient les marchandises au passage et en grevaient le transport d'une foule de frais abusifs, sans parler des retards et des avanies de tout genre. Un édit ordonna la recherche de ces servitudes dont la plupart furent abolies ou réduites à de justes limites. Mais en opérant ces utiles réformes dans le présent, Colbert en prépara d'autres pour l'avenir, par l'institution du conseil de commerce, dont les membres étaient chargés d'exposer officiellement les besoins de leur profession et ceux de l'industrie en général. L'examen des charges vendues fit découvrir qu'il y avait alors en France plus de quarante-cinq mille familles employées à des fonctions auxquelles six mille auraient suffi. Des masses énormes de valeurs étaient ainsi absorbées chaque année au détriment des professions laborieuses, et Colbert en poursuivit impitoyablement la réduction. Ce ministre professait le plus profond mépris pour la classe des rentiers et pour celle des hommes à offices qu'il considérait comme des parasites, vivant des sueurs de la communauté, et il s'occupa à en diminuer le nombre, soit en remboursant leurs charges, soit en limitant leurs bénéfices.

Le bail des droits de douane étant près d'expirer, Colbert saisit cette occasion pour en réviser le tarif, et quoique cette fatale mesure ait été considérée, depuis, comme le plus beau monument de son administration, nous croyons devoir l'exposer sous son véritable aspect, qui nous semble avoir été constamment méconnu. Colbert avait pour but, en révisant le tarif de douanes, d'en faire un moyen de protection pour les manufactures nationales, au lieu d'une simple ressource financière qu'ils étaient anciennement. La plupart des objets de fabrication étrangère furent frappés de droits qui devaient assurer aux marchandises françaises analogues le marché intérieur. En même temps, Colbert n'épargnait ni sacrifices, ni encouragements pour activer dans notre pays l'esprit manufacturier. Il faisait venir du dehors les ouvriers les plus habiles en tout genre, et il assujettissait l'industrie à une discipline sévère, pour qu'elle ne s'endormît point sur la foi des tarifs. Des amendes élevées furent infligées aux fabricants d'un article reconnu inférieur à la qualité qu'il devait avoir. Les produits des délinquants étaient attachés au poteau, pour la première fois, avec un carcan et le nom du manufacturier ; en cas de récidive, le manufacturier y était attaché lui-même. Ces rigueurs draconiennes auraient conduit à des résultats entièrement contraires à ceux que Colbert en attendait, si sa sollicitude éclairée n'avait tempéré par d'autres mesures ce que celle-ci avait de cruel. Ainsi, il nomma des inspecteurs de manufactures qui dirigèrent souvent les industriels dans la meilleure voie, et qui leur apportaient la connaissance des procédés les plus nouveaux, souvent achetés ou surpris à grands frais chez les fabricants étrangers. Colbert était loin d'attacher aux tarifs de douane l'idée de protection exclusive et aveugle qu'on n'a cessé de leur attribuer depuis son ministère. Il savait très-bien que ces tarifs engendreraient des représailles, et qu'ils apporteraient de sérieuses entraves au commerce, tout en encourageant les manufactures. Aussi tous ses efforts tendirent-ils à en atténuer les effets désastreux. Ses instructions aux consuls et aux ambassadeurs témoignent vivement de ses préoccupations à cet égard. Il leur recommandait d'aplanir toutes les difficultés que nos négociants pourraient rencontrer à l'étranger et de faire respecter leurs priviléges avec la dernière énergie. On ne peut lire sans admiration les dépêches qu'il expédia à M. de Béziers, ambassadeur de France a Madrid : « En cas que les sujets du roi, disait-il, reçoivent quelques mauvais traitements des gouverneurs ou autres officiers du Roi Catholique, soit en leurs personnes, soit en leurs vaisseaux ou marchandises, vous ferez connaître au conseil d'Espagne que S. M. n'est pas résolue à souffrir que ses sujets soient molestés en aucune façon, et *qu'on pourra faire perdre l'habitude prise jusqu'à présent de ne leur rendre aucune justice.* » Nous sommes aujourd'hui bien loin de ces hardiesses. « Je vous prie, ajoutait-il, d'examiner s'il ne se pourrait rien faire qui fût agréable aux marchands pour faciliter leur commerce ou l'augmenter. Comme les affaires qu'ils ont en Espagne demeurent ordinairement longtemps indécises, faute d'être sollicitées, il est nécessaire d'y établir une personne qui ait de l'intelligence et qui puisse s'appliquer uniquement au soutien et au soulagement des marchands. »

Dans une autre occasion, il écrivait à M. de Pompone, ambassadeur en Hollande : « Le commerce par mer de tout le monde se fait avec vingt mille navires environ. Dans l'ordre naturel chaque nation en devrait avoir sa part à proportion de sa puissance, du nombre de ses peuples et de ses côtes de mer ; les Hollandais en ont de ce nombre quinze à seize mille, et les Français peut-être cinq ou six cents au plus. Le roi emploie toutes sortes de moyens qu'il croit être utiles pour s'approcher un peu plus du nombre naturel que ses sujets en devraient avoir. » Et pour y parvenir, Colbert accorda des primes pour la navigation dans la Baltique et pour la pêche dans les mers éloignées; il supprima le droit d'aubaine à Marseille, afin d'y attirer les étrangers, et bientôt l'on vit des maisons opulentes du Levant s'établir dans cette ville où elles construisirent une grande quantité de navires. En même temps, l'édit du mois d'août 1669 déclarait le commerce de mer compatible avec la noblesse, et permettait à tout gentilhomme de s'y intéresser directement ou indirectement sans déroger. La création des entrepôts servait de compensation aux rigueurs de la douane; il y ajouta la faculté du transit par toute la France pour les marchandises étrangères. Son attention s'étendait jusqu'aux moindres détails de conservation et de propreté. « Prenez bien garde, mandait-il à M. de Souzy, de ne rien faire qui puisse troubler ni diminuer le commerce. Vous avez bien fait de faire arrêter le commis du bureau de Mortagne, qui avait retardé le passage des bateaux de charbon; il est de très-grande conséquence que les marchands ne soient vexés pour quelque prétexte que ce soit. Ne décidez jamais rien sans les avoir entendus. *Soyez plutôt un peu dupe avec eux* que de gêner le commerce, parce que ce serait anéantir les produits. Objectez néanmoins toujours la rigueur des ordonnances. »

Voilà comment Colbert entendait l'administration des douanes. Nous serions bien heureux aujourd'hui qu'elle fût entendue de la même manière dans son but et dans ses moyens d'exécution. Comme instrument de protection, il ne la séparait pas d'une activité infatigable dans l'industrie, et il est facile de voir que cette protection n'était à ses yeux qu'une mesure temporaire, tant il faisait veiller à ce qu'elle ne dégénérât point en prime donnée à l'insouciance et en vexations préjudiciables au commerce. On dirait qu'il en demande pardon à la France dans toutes les dépêches qu'il adresse à ses ambassadeurs. Il disait à son fils : « Il faut que vous sentiez aussi vivement tous les désordres qui arriveront dans le commerce et toutes les pertes que feront les marchands *comme si elles vous étaient personnelles.* » Non content d'avoir établi des entrepôts dans les ports, il les désigna pour *lieux d'étapes* aux navires du commerce étranger, en ordonnant que les droits qu'ils auraient payés leur seraient restitués, quand il leur conviendrait de réexporter leurs marchandises. A cette époque, la compagnie des Indes occidentales se trouvait hors d'état de soutenir son privilége exclusif. Les colonies manquaient des choses nécessaires, et le bas prix auquel on prenait leurs denrées désespérait les habitants. Colbert se décida à rendre le commerce libre, et il fit annoncer dans tous les ports que chacun aurait désormais le droit de s'y livrer. Plus on étudie les actes de l'administration de ce grand ministre, plus on est convaincu de sa haute équité et des tendances libérales de son système, jusqu'ici généralement préconisé comme hostile au principe de liberté. En vain les Italiens l'ont salué du nom de *Colbertisme*, pour désigner le régime exclusif, inventé par eux-mêmes et mis en honneur par les Espagnols : Colbert n'a jamais entendu sacrifier la majeure partie de ses concitoyens à quelques privilégiés, ni créer, au profit de certaines industries, des monopoles éternels[1]. On peut lui reprocher d'avoir été réglemen-

[1]. M. Henri Baudrillart, dans son ouvrage sur *Jean Bodin et son temps, tableau des théories politiques et économiques au* XVIe *siècle*, ouvrage qui jette beaucoup de jour sur les origines de l'économie politique en France, a marqué la véritable origine historique du système prohibitif dans notre pays. On y lit page 14 : « Le vrai

taire à l'excès, mais non d'avoir inféodé la France entière à quelques filateurs de laine et de coton. Il avait résumé lui-même en peu de mots son système dans le mémoire qu'il présenta au roi : « Réduire les droits à la sortie sur les denrées et sur les manufactures du royaume; diminuer aux entrées les droits sur tout ce qui sert aux fabriques ; repousser, par l'élévation des droits, les produits des manufactures étrangères [1]. «

parrain du système prohibitif en France, c'est le ministre de Charles IX, René de Biragues, garde des Sceaux en 1571, et Chancelier de France depuis la mort de Lhopital jusqu'en 1578. Il posa le premier en principe la double défense de faire sortir du pays les matières propres à la fabrication, et d'y faire entrer les produits des manufactures étrangères. Nous citerons les considérants de l'édit de janvier 1572 sur le commerce à l'étranger et sur la police du royaume : « Afin que nos dits sujets, lit-on dans le Recueil des anciennes lois françaises, t. XIV, se puissent mieux adonner à la manufacture et ouvrages de laines, lins et chanvres et fillaces qui croissent et abondent en nos dits royaumes et pays, et en faire et tirer le profit que fait l'étranger, lequel les y vient acheter communément à petit prix, les transporte et fait mettre en œuvre, et après apporte les draps et linges qu'il vend à prix excessif; avons ordonné et ordonnons qu'il ne sera doresnavant loisible à aucun de nos dits sujets et étrangers, sous quelque cause ou prétexte que ce soit, transporter hors nos dits royaume et pays aucunes laines, lins, chanvres et fillaces. Deffendons aussi très-expressément toute entrée en celtuy nostre dit royaume de tous draps, toilles, passements et cannetillles d'or ou d'argent, ensemble tous velours, satins, damas, taffetas, camelots, toilles et toutes sortes d'étoffes rayées ou y ayant or ou argent, et pareillement de tous harnois de chevaux, ceintures, espées et dagues, estrieux et éperons dorés, argentés ou gravés, sur peine de confiscation des dites marchandises... Davantage deffendons l'entrée en nostre dit royaume et pays de toutes sortes de tapisseries estrangères, de quelqu'étoffe et façon qu'elles soient, sur les mêmes peines que dessus. » On trouve à côté, inspiré par le même esprit, un édit sur la fabrication des draps (2 mars 1571), et un autre (juin 1572), sur le règlement du taux de l'intérêt mis à 6 p. 0/0.

(*Note de l'éditeur.*)

[1] Forbonnais, *Considérations sur les finances*, t. II, page 434.

Tel était l'esprit de son premier tarif, publié en septembre 1664. Il avait surtout eu pour but de faciliter les approvisionnements de la France en matières premières, et les relations de son commerce intérieur par l'abolition des barrières provinciales, et par l'établissement des lignes de douanes à l'extrême frontière. Les résistances qu'il rencontra dans plusieurs localités paralysèrent longtemps ses bonnes intentions; mais à force de persévérance, il parvint à faire partager à toutes les parties de la France le bienfait de ses réformes. Le seul reproche qu'on soit en droit de lui adresser, c'est d'avoir abusé de l'instrument protecteur qu'il venait de créer, en exagérant dans le tarif de 1667 les mesures exclusives dirigées contre les manufactures étrangères par celui de 1664. Ce ne fut plus dès lors une question d'industrie, mais une question de guerre, nommément avec la Hollande, et cette guerre éclata en 1672, après de longues et inutiles négociations. Le nouveau tarif excluait une foule de marchandises hollandaises; sur son refus de les admettre, la France vit aussitôt frapper d'interdiction ses vins, ses eaux-de-vie et les produits de ses manufactures. L'agriculture, déjà condamnée à de rudes souffrances par la défense d'exportation des grains, l'une des erreurs de Colbert, éprouva un rude échec de la prohibition nouvelle qui atteignait ses produits les plus importants. C'est de la même époque que datent les premières guerres de représailles commerciales entre la France et l'Angleterre, hostilités qui devaient coûter tant de sang et de larmes aux deux peuples. On vit donc tout à la fois en France, sous l'influence de ce système, l'industrie prospérer et l'agriculture languir. Je ne sais si Colbert craignit aussi de voir la population diminuer; mais il fit rendre à cet égard, en novembre 1666, un édit qui n'est guère d'accord avec les théories de Malthus. En vertu de cet édit, tout chef de famille, père de dix enfants, était exempt de contributions pendant toute sa vie. S'il était gentilhomme, le roi lui accordait mille francs de pension, et deux mille francs, s'il avait douze enfants. La faveur de l'exemption des taxes était étendue aux jeunes gens qui se mariaient à vingt ans, pour en jouir pendant cinq années, et par compensation, l'impôt atteignait le célibataire de vingt ans, même sous le toit paternel. En même temps Colbert essayait de mettre un terme au développement des communautés religieuses; il avait fait défendre aux particuliers de leur léguer ni vendre à fonds perdu leurs héritages ou propriétés quelconques. Mais toutes ces combinaisons n'eurent aucun résultat efficace. Les mesures par lesquelles Colbert ouvrait de nouvelles sources de richesse au pays valaient mieux que ses primes d'encouragement à la fécondité des gentilshommes, car il fallut y renoncer en 1683, après qu'elles eurent engendré plus d'abus que de citoyens.

La paix de Nimègue força pareillement la France de renoncer au système d'exclusions organisé par Colbert contre les manufactures étrangères. Chaque jour, chaque événement apportait ainsi une modification à ce que les idées de ce ministre avaient de trop absolu; mais ses doctrines prohibitives avaient été déposées dans un terrain où elles devaient être religieusement conservées sous les auspices de l'intérêt personnel. Les manufacturiers français s'habituèrent à considérer, comme un droit, la protection qui leur avait été accordée comme une faveur; et ce qui, dans la pensée de Colbert, ne devait être que temporaire, devint à leurs yeux définitif. Le développement industriel prodigieux qui suivit son système, les règlements promulgués pour le soutenir, la renommée même de son auteur, tout contribua à propager la funeste doctrine de l'hostilité naturelle des peuples manufacturiers. C'est de là que sont nées ces expressions aujourd'hui proverbiales, quoique vides de sens, du prétendu danger qu'il y a *à devenir tributaire de l'étranger*, *à laisser envahir notre marché par des marchandises étrangères*, à nous *laisser ravir notre or*, et mille autres semblables; comme si tous les acheteurs n'étaient pas tributaires des vendeurs, et ceux-ci à leur tour des acheteurs; comme si, enfin, un peuple ne devait pas recevoir en échange de ses marchandises les marchandises de ses voisins, à moins de leur donner de l'or. S'il en était autrement, il n'y aurait plus de commerce; car que serait un commerce dans lequel on ne voudrait ni laisser sortir de l'or, ni laisser entrer des marchandises? L'Europe aura longtemps à souffrir de ce préjugé qui a enfanté tant de guerres, et qui a jeté tous les peuples dans la voie dangereuse des industries privilégiées. Non, Colbert n'en fut pas coupable, et c'est en vain que les uns en font honneur et les autres reproche à sa mémoire; Colbert était un homme de haute probité, ennemi de tous les monopoles et le plus rude adversaire des priviléges de tout genre. Jamais ce ministre, qui déjà rêvait l'égale répartition des taxes, et qui savait dire à son maître d'austères vérités, n'aurait organisé de fond en comble le triste régime qu'on a voulu batipser de son nom.

Nous ne citons que pour mémoire les grands travaux qu'il fit exécuter pour agrandir la viabilité de la France, et le canal du Languedoc, cette belle imitation du canal de Briare, qui a laissé si loin derrière lui son modèle. C'est la pensée de Colbert et non le détail de ses œuvres que nous avions à faire connaître; et le simple exposé de ses travaux économiques a dû suffire pour la révéler tout entière. Pendant la durée de son ministère, Colbert n'a commis d'autres erreurs que celles qui lui étaient imposées; ou qu'un sentiment exagéré d'amour pour son pays lui inspira dans quelques rares circonstances. Tels furent les droits élevés qu'il établit dans son tarif de 1667, dans l'intention d'assurer à la France la production des articles qu'elle tirait du dehors, et encore, faut-il le dire, ce tarif ne contenait aucune prohibition absolue. « Colbert avait jugé sagement que la défense d'importer est suffisamment représentée par des droits, surtout lorsqu'ils sont élevés à un certain taux. Alors, en effet, si l'industrie ne sait ou ne veut pas, avec la forte prime que lui accorde le tarif, satisfaire au goût des consommateurs, ceux-ci ont encore le choix des fabrications étrangères, en payant un tribut volontaire dont l'État profite, au refus des industriels. Cette liberté restreinte éveille entre les différents peuples une émulation d'industrie que le monopole national étouffe au contraire [1]. » Assurément Colbert était loin de penser qu'un jour, après que l'industrie française aurait pris rang en Europe, son tarif serait jugé insuffisant et flanqué de prohibitions que lui-même n'avait pas trouvées nécessaires pour la protéger, lorsqu'elle ne faisait que de naître. Il était réservé à notre époque, si justement glorieuse du progrès des manufactures, de réclamer tout à la fois des médailles pour les récompenser et des prohibitions pour les sou-

[1] M. Bailly, *Histoire financière de la France*, t. I, p. 454.

tenir. Nous serions heureux, sous ce rapport, de rétrograder jusqu'à Colbert et de revenir à ses tarifs ; plus heureux encore, si nos ambassadeurs recevaient quelquefois de ces fières instructions, comme celles qu'il expédiait à M. de Béziers et à M. de Pompone ! Qu'on cesse donc de mettre sous la protection de Colbert les nombreux monopoles dont la France est aujourd'hui obsédée. Ces monopoles sont l'œuvre des temps malheureux que la génération présente a traversés ; ils sont tous postérieurs au traité de 1786, et issus des grandes guerres de la révolution et de l'empire. Rétablis comme instruments de haine et d'extermination, ils n'auraient pas dû survivre à la guerre : nous espérons qu'ils ne survivront pas à la paix.

FIN DU TOME PREMIER.

TABLE DES MATIÈRES

DU TOME PREMIER.

FIN DE LA TABLE DES MATIÈRES DU TOME PREMIER.

Saint-Denis.— Typ. de A. Moulin, sr de M. Drouard.

EXTRAIT DU CATALOGUE

DE LA LIBRAIRIE DE GUILLAUMIN & Cie.

JOURNAL DES ÉCONOMISTES

REVUE MENSUELLE

Paraissant le 15 de chaque mois par livraison de 160 pages.

DEUXIÈME SÉRIE. — 5e année.

36 fr. par an et 19 fr. pour 6 mois pour *toute la France.* — Chaque numéro séparément : 3 fr. 50

Prix de la 1re série, comprenant les années 1842 à 1853 inclus, et formant 20 vol. grand in-8. 366 fr.

Prix des dix premières années de la 2e série (1854 à 1859 inclus), et formant 12 vol. grand in-8. 216 fr.

Prix de la collection complète, formant, année 1859 comprise, 57 vol. grand in-8. 582 fr.

DICTIONNAIRE DE L'ÉCONOMIE POLITIQUE

contenant, par ordre alphabétique :

L'exposition des principes de la science, l'opinion des écrivains qui ont le plus contribué à sa fondation et à ses progrès, la Bibliographie générale de l'Économie politique, par noms d'auteur et par ordre de matières, avec des Notices biographiques et une appréciation raisonnée des principaux ouvrages,

Par MM. *Frédéric Bastiat; H. Baudrillart,* prof. au Collége de France; *Ad. Blaise; Blanqui,* de l'Institut; *Maurice Block; Ch. de Brouckère; Cherbuliez; Michel Chevalier,* de l'Institut, conseiller d'État; *Ambroise Clément; Al. de Clercq; A. Cochut; Ch. Coquelin; A. Courtois; Frédéric Cuvier,* conseiller d'État; *Arist. Dumont,* ingénieur; *Ch. Dunoyer,* de l'Institut; *Dupuit,* ingénieur en chef; *Gust. Du Puynode; Léon Faucher,* de l'Institut, ancien ministre d'État; *Joseph Garnier,* prof. à l'école des ponts et chaussées; *Louis Leclerc; Alfred Legoyt; G. de Molinari; Maurice Monjean; Moreau-Christophe; P. Paillottet; Esq. de Parieu,* de l'Institut, vice-président du conseil d'État; *H. Passy,* de l'Institut; *Quételet,* corresp. de l'Institut; *Ch. Renouard; L. Reybaud,* de l'Institut; *Nat. Rondot; Horace Say,* de l'Institut, ancien conseiller d'État; *Léon Say; Emile Thomas,* ingénieur; *Vée; Ch. Vergé; Vivien,* de l'Institut; *De Watteville,* inspecteur général des établissements de bienfaisance; *Wolowski,* de l'Institut.

2 beaux et forts volumes très-grand in-8 de près de 1,000 pages chacun, à deux colonnes, sur papier collé et fabriqué exprès, avec *huit magnifiques portraits* gravés sur acier.

Prix, *franco,* pour toute la France .... 50 fr.
Idem, en demi-relieure, veau ou chagrin 55

ANNUAIRE DE L'ÉCONOMIE POLITIQUE

ET DE LA STATISTIQUE

Par M. M.-J. Garnier, M. Block et Guillaumin.

15e année, 1 très-fort volume in-18. — Prix : 5 francs.

Année 1844 épuisée.	Années 1848 et 49... 3 fr. 50 chacune.
— 1845 .... 1 fr. 50	— 1850 à 54... 4 —
— 1846 et 47... 2 50 chacune.	— 1855 à 60... 5 —

COLLECTION DES PRINCIPAUX ÉCONOMISTES

AVEC NOTICES, NOTES ET COMMENTAIRES

Par MM. Blanqui, E. Daire, H. Dussard, A. Fonteyraud, de Molinari, Monjean, Rossi, J.-B. Say et Horace Say.

16 volumes grand in-8. — 160 fr., reliés 200 fr.

I. *Économistes financiers du dix-huitième siècle :* **Vauban**, **Boisguillebert, Law, Melon** et **Dutot**, 2e édit., 1 très-fort vol. de 932 pages, avec portrait de Vauban. 15 fr.

II. *Physiocrates :* **Quesnay, Dupont de Nemours, Mercier de la Rivière, Baudeau, Le Trosne**, 1 vol en 2 parties. 16 fr.

III et IV. **Turgot**. *Œuvres,* 2 forts vol. avec portrait. 20 fr.

V et VI. **Ad. Smith**. *Recherches sur la nature et les causes de la richesse des nations.* 2 vol. avec portrait. (Épuisé.)

VII. **Malthus**. *Essai sur le principe de la population,* 2e édit., 1 vol. orné d'un beau portrait. 10 fr.

VIII. **Malthus**. *Principes d'Économie politique,* suivis de : *Des définitions en Economie politique,* etc., 1 vol. 10 fr.

IX. **J.-B. Say**. *Traité d'Economie politique,* 6e édit., 1 vol. 10 fr.

X et XI. **J.-B. Say**. *Cours complet d'économie politique pratique,* 3e édition. 2 vol. 20 fr.

XII. **J.-B. Say**. *Œuvres diverses :* Mélanges et correspondance, Catéchisme, Petit volume, etc. 1 vol avec portrait. 10 fr.

XIII. **Ricardo**. *Œuvres complètes,* nouvelle traduction française par M. *Alc. Fonteyraud.* 1 beau vol. 12 fr.

XIV. *Mélanges,* 1re partie : **David Hume, V. de Forbonnais, Condillac, Condorcet, Lavoisier, Franklin**, avec notes et notices par MM. *Daire* et *G. de Molinari.* 1 vol. 10 fr.

XV. *Mélanges,* 2e partie : **Necker, Galiani, de Montyon, J. Bentham**, avec notes et notices par *de Molinari,* 1 vol. 10 fr.

ECONOMISTES ET PUBLICISTES CONTEMPORAINS

40 à 50 volumes format in-8 ordinaire

Ouvrages déjà publiés & se vendant séparément :

Histoire de l'Économie politique, par *Blanqui,* de l'Institut, 3e édition, 2 vol. in-8. 8 fr.

Principes d'Économie politique, par *Mac Culloch,* traduits par *A. Planche.* 2 vol. in-8. 15 fr.

Principes d'Économie politique, par *J. St. Mill;* traduits par MM. *H. Dussard* et *Courcelle-Seneuil.* 2 vol. in-8. 15 fr.

Cours d'Économie politique fait au Collége de France par *P. Rossi,* de l'Institut. 3e édition, 4 vol. in-8. 30 fr.

Traité du Droit pénal, par le même; avec une introduction par *Faustin-Hélie,* de l'Institut. 2 vol. in-8. 14 fr.

Mélanges d'Économie politique, de politique, *d'histoire et de législation*, par le même. 2 vol. in-8. 15 fr.

Œuvres complètes de Frédéric Bastiat, revues et annotées par *P. Paillottet* et de *Fontenay*. 6 vol. in-8. 30 fr.

De la Liberté du travail, par M. *Ch. Dunoyer*, de l'Institut. 3 forts vol. in-8. 18 fr.

Organisation de l'industrie, par *Banfield;* traduit de l'anglais par *Em. Thomas*. 1 vol. in-8. 6 fr.

Observations sur l'état des classes ouvrières, par *Th. Fix*, 1 vol. in-8. 5 fr.

Système financier de la France, par M. le marquis d'*Audiffret*, de l'Institut, sénateur. 2e édition, 5 vol. in-8. 37 fr. 50

Etudes sur l'Angleterre, 2e édition; par *Léon Faucher*, de l'Institut. 2 vol. in-8. 12 fr.

Mélanges d'Économie politique et de finances, par le même, 2 vol. in-8. 12 fr.

Principes d'Économie politique, par M. *G. Roscher*, professeur à l'Université de Leipzig; traduits, annotés et précédés d'une introduction par M. *Wolowski*, de l'Institut. 2 vol. in-8. 15 fr.

Examen du système commercial, connu sous le nom de *Système protecteur*, par *Michel Chevalier*, membre de l'Institut. 1 vol. in-8. 2e édition. 7 fr. 50 c.

L'Économie politique *au moyen âge*, par M. *Cibrario*, traduit par M. *Barneaud*, avec une introduction par M. Wolowski, de l'Institut. 2 vol. in-8. 12 fr.

BIBLIOTHÈQUE DES SCIENCES MORALES ET POLITIQUES

CHOIX D'OUVRAGES D'ÉCONOMIE POLITIQUE, FINANCES, STATISTIQUE, MORALE, POLITIQUE, PHILOSOPHIE.

Jolie collection sur papier glacé, gr. in-18. (*Ouvrages publiés.*)

1re livraison. — **Etudes sur l'Angleterre,** par *Léon Faucher*, de l'Institut; 2e édition, beaucoup augmentée. 2 vol. 7 fr.

2e. — **Mélanges d'Economie politique et de finances,** par le même, 2 forts vol. 7 fr.

3e. — **Essai sur l'Economie rurale de l'Angleterre, de l'Ecosse et de l'Irlande,** par M. *L. de Lavergne*, de l'Institut, 3e édition, 1 vol. 3 fr. 50

4e. — **La France avant ses premiers habitants,** par M. *Moreau de Jonnès*, de l'Institut. 1 vol. 3 fr. 50

5e. — **Statistique de l'industrie de la France**, par le même, 1 vol. 3 fr. 50

6e. — **Des délits et des peines,** par *Beccaria*. Nouvelle édition, avec *Introduction* et *Commentaire*, par M. *Faustin-Hélie*, de l'institut. 1 vol. 3 fr.

7e. — **Etudes sur les réformateurs,** par M. *L. Reybaud*, de l'Institut, 6e édition. 2 vol. 6 fr.

Ouvrage qui a obtenu, en 1841, le grand prix Montyon.

8e. — **Eléments de Statistique,** par M. *Moreau de Jonnès*, de l'Institut. 2e édition, considérablement augmentée. 1 vol. 3 fr. 50

9e, 13e et 14e. — **Œuvres complètes de Frédéric Bastiat,** mises en ordre et précédées d'une notice par MM. *R. de Fontenay* et *Paillottet.* 6 beaux vol. 21 fr.

10e. — **Histoire de l'Economie politique,** par *A. Blanqui,* de l'Institut, 3e édition. 2 vol. 6 fr.

11e. — **Histoire du communisme,** ou *Réfutation des utopies sociales,* par M. *Alf. Sudre.* 5e édition. 1 fort vol. 3 fr. 50

Ouvrage auquel l'Académie a décerné, en 1849, le prix Montyon.

12e. — **Philosophie du droit,** par M. *E. Lerminier.* 3e édition, revue et augmentée. 1 très-fort vol. 5 fr.

15e. — **Etudes administratives,** par *Vivien,* de l'Institut, 3e édition. entièrement refondue. 2 vol. 7 fr.

16e. — **Précis élémentaire,** par *Blanqui,* de l'Institut. 3e édit., suivie du *Résumé de l'Histoire du commerce et de l'Industrie*, par le même, 2e édition. 1 vol. 2 fr. 50

17e. — **L'abbé de Saint-Pierre,** *Sa vie et ses œuvres,* avec notes et éclaircissements, par *G. de Molinari.* 1 vol. 3 fr. 50

18e. — **Manuel de l'Économie politique,** par M. *H. Baudrillart,* professeur suppléant au Collége de France. 1 fort vol. 3 fr.

19e. — **Tout pour le travail.** *Manuel de morale et d'économie politique,* par *A. Leymarie.* 1 vol. 3 fr.

20e. — **Saint-Simon; sa vie et ses travaux,** par M. *Hubbard,* suivi des plus célèbres écrits de Saint-Simon. 1 vol. 3 fr. 50

21e. — **L'Agriculture et la Population,** par M. *Léonce de Lavergne,* de l'Institut. 1 vol. 3 fr. 50

22e. — **Manuel de morale et d'économie politique,** par M. *J.-J. Rapet.* 1 fort vol. 3 fr. 50

Prix extraordinaire de 10,000 fr. dans le concours Félix de Beaujour.

23e. — **Etudes de philosophie morale et d'économie politique,** par M. *H. Baudrillart.* 2 vol. 7 fr.

24e. — **Précis du droit des gens moderne de l'Europe,** par *G.-F. de Martens.* Nouvelle édition, revue, annotée et précédée d'une Introduction par M. *Ch. Vergé.* 2 forts vol. 7 fr.

25e. — **Le crédit et les banques,** par *Ch. Coquelin,* 2e édition, 1 vol. 3 fr. 50

26e. — **Recherches sur la nature et les causes de la richesse des nations,** par *Ad. Smith.* Nouvelle édition, avec les notes de tous les commentateurs et de nouvelles notes, par *Joseph Garnier.* 3 vol. 10 fr. 50

27e. — **Essai sur l'histoire du droit français,** depuis les temps anciens jusqu'à nos jours, y compris le droit public et privé de la Révolution française, par M. *Laferrière,* membre de l'Institut, inspecteur général des Ecoles de droit. 2 vol. in-8. 7 fr.

28e. — **Voyage agronomique en France,** pendant les années 1787, 1788 et 1789, par *Arthur Young.* Nouvelle traduction, par M. *Lesage,* ancien élève de l'Institut agronomique de Versailles, précédée d'une Introduction, par *Léonce de Lavergne,* membre de l'Institut. 2 vol. grand in-18. 7 fr.

29e. — **Traité d'Économie politique,** par M. *J. Garnier.* 4e édition, considérablement augmentée. 1 vol. 4 fr. 50

30e. — **Théorie des sentiments moraux,** par *Adam Smith,* traduction de Mme *de Condorcet,* avec une Introduction et des Notes par *H. Baudrillart.* 1 vol. 4 fr.

Saint-Denis. — Typ. de A. Moulin, succr de M. Drouard.

LIBRAIRIE DE GUILLAUMIN ET Cie

BIBLIOTHÈQUE DES SCIENCES MORALES ET POLITIQUES

FORMAT GRAND IN-18. — OUVRAGES PUBLIÉS

Manuel d'Économie politique, par M. H. BAUDRILLART, professeur au collége de France. 1 vol. . . . . 3 fr. 50
Couronné par l'Académie française.

Œuvres complètes de Fréd. Bastiat, mises en ordre, revues et annotées par MM. R. DE FONTENAY et PAILLOTTET, 6 vol. 21 fr.

Études sur l'Angleterre, par Léon FAUCHER, membre de l'Institut. 2e édition. — 2 beaux vol. . . . . 7 fr.

Mélanges d'Économie politique et de finances, par le même. 2 beaux vol. 7 fr.

Essai sur l'économie rurale de l'Angleterre, de l'Écosse et de l'Irlande, par M. L. DE LAVERGNE, membre de l'Institut. 3e édition. 1 vol. . . . . 3 fr. 50

L'Agriculture et la Population, par le même. 1 vol. . . . . 3 fr. 50

La France avant ses premiers habitants, et origines nationales de ses populations, par M. MOREAU DE JONNÈS, membre de l'Institut. 1 vol. . . . . 3 fr. 50

Statistique de l'industrie de la France, par le même. 1 vol. . . . . 3 fr. 50

Éléments de statistique, par le même. 2e édition revue et considérablement augmentée. 1 vol. . . . . 3 fr. 50

L'Abbé de Saint-Pierre, membre exclu de l'Académie française. SA VIE ET SES ŒUVRES, précédées d'une appréciation et d'un précis historique, suivies du jugement de J. J. Rousseau sur le *projet de paix perpétuelle ou Polysynodie*, ainsi que du projet attribué à Henri IV, et du plan d'Em. Kant pour rendre la paix universelle, etc., avec des notes et des éclaircissements, par G. DE MOLINARI. 1 vol. 3 fr. 50

Des délits et des peines, par BECCARIA. — Nouvelle édition, précédée d'une introduction et accompagnée d'un Commentaire, par M. FAUSTIN-HÉLIE, de l'Institut, cons. à la Cour de cassation. 1 vol. 3 fr.

Études sur les réformateurs ou *Socialistes modernes* par M. L. REYBAUD, de l'Institut. 6e édition. 2 beaux vol. 6 fr.
Couronné par l'Académie française.

Histoire du communisme, par M. Alf. SUDRE. 5e édition. 1 fort vol. . . . . 3 fr. 50
Couronné par l'Académie française.

Philosophie du droit, par M. LERMINIER, ancien professeur au collége de France. 3e édition. 1 fort vol. . . . . 5 fr.

Études adm[illegible] bre de l'I[illegible]

Histoire d[illegible] BLANQUI, [illegible]

Précis élém[illegible] **tique**, pa[illegible] tut. 3e éd[illegible]

[Histoire du Commerce] TOIRE DU COMMERCE, par le même. 2e édition. 1 vol. . . . . 2 fr. 50

Précis du Droit des Gens moderne de l'Europe, par MARTENS. Nouvelle édition, accompagnée des notes de PINHEIRO-FERREIRA, précédée d'une introduction et complétée par l'exposition des doctrines des publicistes contemporains, par M. CH. VERGÉ, avocat, docteur en droit. 2 vol. 7 fr.

Tout par le travail, *Manuel de Morale et d'Économie politique*, par M. LEYMARIE. 1 vol. . . . . 3 fr. 50
Mention honorable de l'Académie des sciences morales et politiques.

Saint-Simon, sa vie et ses œuvres, par M. HUBBARD, suivi de fragments des plus célèbres écrits de Saint-Simon. 1 vol. 3 fr.

Manuel de Morale et d'Économie politique, à l'usage des classes ouvrières, par M. J. J. RAPET. 1 fort vol. . . . 3 fr. 50
Ouvrage auquel l'Académie des sciences morales et politiques a décerné le prix extraordinaire de 10,000 fr.

Études de philosophie morale et d'*Économie politique*, par M. H. BAUDRILLART. 2 vol. . . . . 7 fr.

Du Crédit et des Banques, par CH. COQUELIN. 2e édit. revue et annotée par M. COURCELLE-SENEUIL (1859). 1 v. gr. in-18. 3 f. 50

Recherches sur la nature et les causes de la richesse des nations, par Adam SMITH. Traduction de G. GARNIER, avec des notes de tous les commentateurs, la notice biographique de M. BLANQUI, de nouvelles notes et une table analytique des matières, par M. J. GARNIER. 3 v. gr. in-18. [illegible]

Théorie des sentiments moraux, par le même, trad. de l'angl. par Mme de CONDORCET, suivi d'une *dissertation sur l'origine des langues*, par le même. Nouv. édit. revue, aug. et précédée d'une introd. par M. BAUDRILLART. 1 v. in-18. 3 fr. 50

Voyage en France pendant les années 1787, 1788 et 1789, par Arthur YOUNG. Trad. nouvelle par M. LESAGE, enrichie de notes et précédée d'une Introduction par L. DE LAVERGNE de l'Institut. 2 v. gr. in-18 avec une carte. . . . . [illegible]

Essai sur l'histoire du Droit français *depuis les temps anciens jusqu'à nos jours*, par M. F. LAFERRIÈRE, de l'Institut. 2e édit. refondue et augmentée. 2 v. gr. in-18. 7 fr.

Traité d'Économie politique, par M. JOSEPH [illegible] édit. 1 fort vol. . . 4 fr. 50

[illegible] *sous presse*.

[illegible] **Économie politique** [illegible] LEY, archevêque de Dublin, [illegible] A. PLANCHE sur la 4e édit. [illegible] augmentée. 1 vol. gr. in-18.

[illegible] RÈTÉ.

www.ingramcontent.com/pod-product-compliance
Ingram Content Group UK Ltd.
Pitfield, Milton Keynes, MK11 3LW, UK
UKHW021843190726
13855UKWH00001B/131